职业教育金属材料检测类规划教材

射线检测

主　编　王乐生
副主编　张　发　王　义
参　编　袁　浩　陈俊敏　周文波
　　　　薛　茜　田　丽
主　审　李建军

机械工业出版社

本书旨在突出职业教育的特点，力求理论知识深度适宜，以实际应用为着眼点，结合最新的技术、设备和标准，对实际操作进行了充分的讲解。综合考虑知识的系统性及职业教育对就业的要求，除射线检测相关内容外，本书还补充了必要的材料、工艺、缺陷、相关的标准和规范及一些特殊技术的内容。

本书共分为十个单元，包括射线检测的物理基础、射线检测的设备和器材、射线检测工艺、暗室处理技术、射线照相底片的评定、射线检测技术的应用、辐射防护、射线检测工艺文件的编制、射线检测的质量管理和射线检测实验。

为便于教学，本书另配备了电子教案，选择本书作为教材的教师可来电索取（010-88379201），或登录网站 www.cmpedu.com，注册并免费下载。

本书可作为职业教育无损检测及其相关专业的教材，同时也可作为相关专业技术人员的学习和参考用书。

图书在版编目（CIP）数据

射线检测/王乐生主编. —北京：机械工业出版社，2009.8（2025.6 重印）
职业教育金属材料检测类规划教材
ISBN 978-7-111-28238-9

Ⅰ. 射… Ⅱ. 王… Ⅲ. 射线检验-职业教育-教材 Ⅳ. TG115.28

中国版本图书馆 CIP 数据核字（2009）第 160280 号

机械工业出版社（北京市百万庄大街 22 号　邮政编码 100037）
策划编辑：齐志刚　　责任编辑：王佳玮　　版式设计：霍永明
责任校对：李秋荣　　封面设计：王伟光　　责任印制：张　博
北京机工印刷厂有限公司印刷
2025 年 6 月第 1 版第 6 次印刷
184mm×260mm · 13.25 印张 · 326 千字
标准书号：ISBN 978-7-111-28238-9
定价：39.00 元

电话服务　　　　　　　　网络服务
客服电话：010-88361066　　机　工　官　网：www.cmpbook.com
　　　　　010-88379833　　机　工　官　博：weibo.com/cmp1952
　　　　　010-68326294　　金　书　网：www.golden-book.com
封底无防伪标均为盗版　机工教育服务网：www.cmpedu.com

前　言

为了进一步贯彻"国务院关于大力推进职业教育改革与发展的决定"的文件精神，加强职业教育教材建设，满足现阶段职业院校金属材料检测类专业对教材的需求，机械工业出版社于2008年8月在北京召开了"职业教育金属材料检测类专业教材建设研讨会"。在会上，来自全国的金属材料检测专业骨干教师和企业专家经过多次研究讨论，结合现阶段金属材料检测技术的发展现状及国家有关法规、标准的规定，确定了系列教材的编写计划。本书是依据高职教育培养目标编写的，是系列教材中针对射线检测技术的分册。

本书的编写原则，一是紧密围绕教学大纲，强调解决实际问题；二是突出职业教育的特点，理论与实践结合，适当增加典型应用案例等的介绍；三是内容编排按照基础理论、相关标准、编制检测规程和实验与操作的顺序进行。考虑到职业教育的就业特点——就业面广、就业部门众多，故书中补充了必要的材料、工艺、缺陷、相关的标准和规范及一些特殊技术的内容，以帮助读者更全面的理解工作过程。

本书的编写过程中，除了参考了国内外的相关专著、教材、手册和文献外，还参考了其他行业的培训教材，并将编者在多年射线检测工作中积累的经验和在教学中的一些体会编入其中，使理论与实践有机地结合为一体。

本书由王乐生主编，张发、王义任副主编，具体编写分工如下：绪论、第一单元、第八单元由王乐生编写，第二单元由王义编写，第三单元由袁浩、陈俊敏编写，第四单元由张发编写，第五单元由王义、王乐生编写，第六单元由张发、王义编写，第七单元由周文波、薛茜编写，第九单元由张发、田丽编写；第十单元由王义、袁浩、陈俊敏编写，全书由中国石油管道焊接培训中心李建军教授任主审。

限于编者水平，书中难免存在缺点和不足之处，敬请广大读者批评指正。

编　者

目　录

前言

绪论 ·· 1
　一、无损检测的相关知识 ································ 1
　二、射线检测的发展 ·· 1
　三、射线检测的应用和特点 ····························· 2

第一单元　射线检测的物理基础 ······················ 3
模块一　原子与原子结构 ······································ 3
　一、元素与原子 ·· 3
　二、核外电子运动规律 ···································· 3
　三、原子核结构 ·· 5
模块二　X射线与γ射线 ······································ 5
　一、X射线与γ射线的性质 ····························· 5
　二、X射线的产生及特点 ································· 6
　三、放射性与放射性衰变 ································ 9
模块三　射线与物质的相互作用 ························ 10
　一、光电效应 ··· 11
　二、康普顿效应 ··· 11
　三、瑞利散射 ··· 12
　四、电子对效应 ··· 12
　五、各种相互作用发生的相对几率 ··············· 13
模块四　射线衰减规律 ······································· 14
　一、基本概念 ··· 14
　二、单色窄束射线衰减规律 ·························· 14
　三、多色宽束射线的衰减规律 ······················ 15
模块五　射线检测的原理与特点 ························ 17
　一、射线检测的原理 ······································ 17
　二、射线照相的特点 ······································ 18
　练习 ··· 19

第二单元　射线检测的设备和器材 ·················· 20
模块一　X射线机 ··· 20
　一、X射线机的种类和特点 ··························· 20
　二、X射线管 ·· 21
　三、高压发生器 ··· 24
　四、X射线机的基本结构 ······························· 25

　五、X射线机的主要技术条件 ······················· 28
　六、X射线机的使用、维护和修理 ················ 29
模块二　γ射线机 ·· 33
　一、γ射线源的主要特性参数 ······················· 33
　二、γ射线检测设备的特点 ··························· 34
　三、γ射线检测设备的分类与结构 ················ 34
　四、γ射线探伤机的操作 ······························· 37
　五、γ射线检测设备的维护及故障排除 ········· 39
模块三　管道爬行器 ·· 40
　一、概述 ·· 40
　二、工作原理简介 ··· 40
　三、使用与维护 ··· 40
模块四　射线照相胶片 ······································· 41
　一、射线照相胶片的构造与特点 ··················· 41
　二、感光原理及潜影的形成 ·························· 42
　三、底片黑度 ··· 43
　四、射线胶片的特性 ······································ 43
　五、卤化银粒度对胶片性能的影响 ··············· 46
　六、工业射线胶片系统的分类 ······················ 46
　七、胶片的使用与保管 ·································· 47
模块五　射线检测辅助设备器材 ························ 48
　一、黑度计（光密度计） ······························· 48
　二、增感屏 ··· 48
　三、像质计 ··· 52
　四、其他辅助器材 ··· 53
　练习 ··· 55

第三单元　射线检测工艺 ································· 57
模块一　射线照相灵敏度的影响因素 ················ 57
　一、概述 ·· 57
　二、射线照相对比度 ······································ 57
　三、射线照相清晰度 ······································ 59
　四、射线照相颗粒度 ······································ 63
　五、小结 ·· 63
模块二　灵敏度和缺陷检出的有关研究 ············ 64
　一、最小可见对比度 ΔD_{min} ······················· 64
　二、射线底片黑度与照相灵敏度 ··················· 65

三、几何因素对小缺陷对比度的影响 …… 66
模块三　透照工艺条件的选择 …… 67
　　一、射线源和能量的选择 …… 67
　　二、焦距的选择 …… 70
　　三、曝光量的选择与修正 …… 73
模块四　散射线的控制 …… 76
　　一、散射线的来源和分类 …… 76
　　二、散射线的控制措施 …… 77
模块五　曝光曲线的制作及应用 …… 79
　　一、曝光曲线的制作 …… 80
　　二、曝光曲线的应用 …… 81
模块六　透照方式 …… 83
　　一、透照方式的选择 …… 83
　　二、一次透照长度 …… 86
　　练习 …… 91

第四单元　暗室处理技术 …… 92
模块一　暗室基本知识 …… 92
　　一、暗室布局 …… 92
　　二、暗室设备器材的使用 …… 93
　　三、配液注意事项 …… 93
　　四、胶片处理程序和操作要点 …… 94
模块二　暗室处理技术 …… 95
　　一、显影 …… 95
　　二、停显 …… 100
　　三、定影 …… 100
　　四、水洗和干燥 …… 102
模块三　自动洗片机 …… 103
　　一、自动洗片机的原理 …… 103
　　二、自动洗片机的特点 …… 103
　　三、自动洗片机的组成 …… 104
　　四、自动洗片机使用时的注意事项 …… 105
　　练习 …… 105

第五单元　射线照相底片的评定 …… 107
模块一　评片工作的基本要求 …… 107
　　一、底片质量要求 …… 107
　　二、评片的主要条件与环境设备要求 …… 110
　　三、人员要求 …… 111
模块二　评片基本知识 …… 112
　　一、观片的基本操作 …… 112
　　二、投影的基本概念 …… 112
　　三、焊接缺陷的危害性及分类 …… 114

模块三　底片影像分析 …… 117
　　一、焊接缺陷影像 …… 117
　　二、铸件缺陷影像 …… 121
　　三、常见伪缺陷影像及识别方法 …… 125
　　四、表面几何影像的识别 …… 126
　　五、底片影像分析要点 …… 127
模块四　焊接接头的质量等级评定 …… 129
　　一、质量分级规定 …… 129
　　二、评片实例 …… 131
　　三、射线检测结果的记录与报告 …… 133
　　练习 …… 136

第六单元　射线检测技术的应用 …… 137
模块一　典型工件的射线透照技术 …… 137
　　一、大厚度比试件的透照技术 …… 137
　　二、小直径管对接接头射线检测技术 …… 138
　　三、T形接头射线检测技术 …… 141
　　四、球罐γ射线全景曝光工艺 …… 142
模块二　特殊焊接接头射线检测技术 …… 144
　　一、电阻点焊接头射线检测技术 …… 144
　　二、钎焊接头射线检测技术 …… 145
模块三　其他射线检测方法与技术 …… 146
　　一、高能射线照相 …… 146
　　二、射线实时成像检测技术 …… 148
　　三、数字化射线成像技术 …… 152
　　四、中子射线照相 …… 154
　　练习 …… 157

第七单元　辐射防护 …… 158
模块一　辐射剂量的定义、单位与标准 …… 158
　　一、照射量 …… 158
　　二、吸收剂量 …… 159
　　三、吸收剂量与照射量的关系 …… 159
　　四、剂量当量 …… 161
模块二　剂量测定方法和仪器 …… 162
　　一、辐射监测的内容及分类 …… 162
　　二、剂量仪器的工作原理 …… 163
　　三、剂量仪器的选择及校准 …… 163
　　四、场所辐射监测仪器 …… 164
　　五、个人剂量监测仪器 …… 165
模块三　辐射损伤的机理和防护标准 …… 166
　　一、辐射损伤机理 …… 166
　　二、影响辐射损伤的因素 …… 168

三、我国现行的辐射防护标准 …………… 170
模块四　辐射防护的基本方法和防护
　　　　计算 ……………………………………… 172
　　一、辐射防护的基本方法 ………………… 172
　　二、照射量的计算 ………………………… 175
　　三、防护计算 ……………………………… 177
模块五　事故的处理程序 …………………… 179
练习 ……………………………………………… 180

第八单元　射线检测工艺文件的编制 …… 181
模块一　射线检测通用工艺规程 …………… 181
模块二　射线检测工艺文件 ………………… 181
　　一、射线检测工艺卡 ……………………… 181
　　二、工艺稳定性控制 ……………………… 182
　　三、新技术、新工艺、新材料、新设备
　　　　使用的控制 …………………………… 182
　　四、射线检测工艺卡编制 ………………… 183
　　五、焊缝透照的基本操作 ………………… 185
练习 ……………………………………………… 186

第九单元　射线检测的质量管理 ………… 187
模块一　全面质量管理 ……………………… 187
　　一、全面质量管理概述 …………………… 187
　　二、全面质量管理和 ISO9000 族标准 …… 187
　　三、质量保证体系 ………………………… 188
模块二　射线检测的质量管理 ……………… 188

　　一、射线检测人员的管理 ………………… 189
　　二、射线检测设备及器材的管理 ………… 190
　　三、射线检测消耗材料的管理 …………… 192
　　四、射线检测工艺的管理 ………………… 192
　　五、射线检测过程的管理 ………………… 195
　　六、射线检测设施与环境的管理 ………… 197
　　七、射线检测质量管理的持续改进 ……… 197
模块三　射线检测人员的健康管理 ………… 198
　　一、常规医学监督 ………………………… 198
　　二、放射工作人员的健康要求 …………… 199
　　三、放射工作人员的医学检查项目
　　　　要求 …………………………………… 200
　　四、特殊人员的健康管理 ………………… 200
　　五、放射工作人员的保健 ………………… 200
练习 ……………………………………………… 201

第十单元　射线检测实验 ………………… 202
模块一　板件对接焊缝 X 射线检测工艺
　　　　实验 …………………………………… 202
模块二　管件对接焊缝 X 射线检测工艺
　　　　实验 …………………………………… 202
模块三　X 射线检测的评片及缺陷分析
　　　　实验 …………………………………… 203

参考文献 ……………………………………… 205

绪 论

一、无损检测的相关知识

无损检测是指在不损坏检测对象的前提下，以物理或化学方法为手段，借助于先进的技术和设备器材，对检测对象内部及表面的结构、性质、状态进行检查和测试的方法。在无损检测技术的发展过程中，出现过三个名称，即无损探伤（Non-distructive Inspection）、无损检测（Non-distructive Testing）、无损评价（Non-distructive Evaluation）；这三个名称体现了无损检测从探伤到评价的演变。

无损探伤是最早期的名称，其涵义是探测和发现缺陷；无损检测是当前阶段的名称，其内涵是不仅探测缺陷，还包括探测检测对象的一些其他信息，例如结构、性质、状态等，并试图通过测试，掌握更多的信息；无损评价不仅包括前两个名称的内涵，更重要的是对缺陷的形状、尺寸、位置、取向、内含物，缺陷部位的组织作出较明确的描述，尤为重要的是检测缺陷部位的组织、残余应力等，结合成像技术、自动化技术、计算机数据分析和处理等技术，与材料力学、断裂力学等学科知识综合应用，对检测对象的质量和性能给出全面、准确的评价，进而对设备寿命进行评估。

对无损检测来说，设计、结构分析人员，材料、工艺人员与无损检测人员的相互协作非常重要。从事无损检测工作的技术人员除必须掌握检测方法的理论基础，正确运用检测技术，也需要对设计要求有很好的理解，对制造过程有丰富的知识，以了解不同工艺可能引起的缺陷特征，及其对材料性能的影响。

二、射线检测的发展

射线检测技术是一种重要的无损检测技术，它是依据被检工件由于成分、密度、厚度等的不同，对射线产生不同的吸收和散射的特性，从而对被检工件的质量、尺寸、特性等作出判断的方法。

1895 年，德国物理学家伦琴发现 X 射线；1912 年，美国物理学家库利吉博士研制出新型 X 射线管，这种 X 射线管可以承受高电压、高管电流，为 X 射线的工业应用提供了基础；1922 年，美国马萨诸塞州某工厂安装了库利吉 X 射线机，工作电压为 200kV，管电流达 5mA，第一次完成了真正的工业射线照相，此后，射线照相技术得到了迅速的发展；1930 年前后，射线照相检测技术正式进入工业应用；1940 年前后，科学家首次提出了射线照相检测的底片质量问题；1962 年前后，科学家建立了完整的、至今仍在指导常规射线照相检测技术的基本理论；1970 年以后，图像增强器射线实时成像检测技术、射线层析检测技术等发展迅速；1990 年以后，射线检测技术进入了数字射线检测技术时代，成像板及线阵列射线实时成像检测技术和 CT 技术是发展的重点。

对于工业应用，射线检测技术已形成为一个完整的技术系统，一般可划分为射线照相检测技术、射线实时成像检测技术、射线层析检测技术和辐射测量技术四类。射线照相检测技术主要包括 X 射线照相检测技术、γ 射线照相检测技术、热中子射线照相检测技术和非胶片射线照相检测技术，此外还有电子射线照相检测技术等。射线实时成像检测技术主要采用图像增强器、成像板和线阵列等构成的射线实时成像检测系统。目前在工业应用中，线阵列射线实时成像检测系统显示了更优越的性能。射线层析检测技术，即CT技术和康普顿成像检测技术，主要应用在精密件、特殊结构件和研究领域。

三、射线检测的应用和特点

射线检测技术不仅可用于金属材料（钢铁材料和非铁金属）的检测，也可用于非金属材料和复合材料的检测，特别是它还可以用于放射性材料的检测。检测技术对被检工件或试件的表面和结构没有特殊要求，所以它可以应用于各种产品的检测。射线检测技术在工业与科学研究等方面的主要应用包括：

1）探伤：铸造、焊接工艺缺陷检测、复合材料构件检测等。
2）测厚：厚度在线实时测量。
3）检查：机场、车站、海关检查，结构与尺寸测定等。
4）研究：弹道、爆炸、核技术、铸造工艺等动态过程研究，考古研究，反馈工程等。

射线检测技术与其他常规无损检测技术，如超声检测技术、磁粉检测技术、渗透检测技术、涡流检测技术比较，具有的主要特点是：

1）对被检工件无特殊要求，检测结果显示直观。
2）检测技术和检测工作质量可以自我监测。

在应用中，射线检测技术需要考虑的主要问题是辐射防护问题。射线具有辐射生物效应，对人体可以产生伤害，因此在应用射线检测技术时必须考虑辐射防护问题，必须按照国家和地方的有关标准、法规做好辐射防护工作，应力求避免辐射事故。

第一单元　射线检测的物理基础

> **内容导入**：射线检测的原理是射线在穿透物质时，由于吸收和散射，通过不同区域的射线强度不同，用胶片把这种差异记录下来，经过暗室处理，就得到了黑白程度不同的影像，对影像进一步分析，进而进行质量评价，可以得到指导生产的结论。射线是怎样产生的，有哪些种类，在穿透物质时与物质的相互作用等物理基础知识是本单元的主要内容。

模块一　原子与原子结构

一、元素与原子

迄今为止，已发现的元素有 100 多种，其中自然存在的有 94 种，人工合成的有十几种。为了便于表达和书写，每种元素都用特定的英文字母来表示，称为元素符号，例如，碳的元素符号是 C，钴的元素符号是 Co，铁的元素符号是 Fe。

原子是元素的具体存在，是体现元素性质的最小微粒。原子质量极其微小，例如氢原子质量为 1.673×10^{-24} g，以常用质量单位表示很不方便，因此物理学中采用"原子质量单位"，用符号"u"表示，即规定碳的同位素 $^{12}_{6}C$ 质量的 1/12 为 1u，而相对原子质量就是某元素原子的平均质量与原子质量单位的比值。照此规定，氢元素的相对原子质量为 1，氧元素的相对原子质量为 16。

原子由一个原子核和若干个核外电子组成。原子核带正电荷，位于原子中心，电子带负电荷，在原子核周围高速运动。原子核所带的正电荷与核外电子所带的负电荷数量相同，所以整个原子呈电中性，核外电子数等于核电荷数。不同元素的核电荷数不同，核外电子数也不同。原子核仍然可以再分，试验证明，原子核是由两种更小的粒子，即质子和中子组成的，中子不带电，1 个质子带 1 个单位正电荷。原子核中有几个质子，就有几个核电荷，因此得到以下关系

$$质子数 = 核电荷数 = 核外电子数 = 原子序数$$

质子的质量为 1.6726×10^{-24} g，中子的质量为 1.6749×10^{-24} g，两者质量几乎相等。用原子质量单位度量，质子的质量为 1.007u，中子的质量为 1.009u，都接近于 1，而电子太轻，计算相对原子质量时可以忽略不计，由此得以下关系

$$相对原子质量 = 质子数 + 中子数$$

$$中子数 = 相对原子质量 - 质子数 = 相对原子质量 - 原子序数$$

某相对质量数为 A、原子序数为 Z 的原子（元素）X 则可记为 $^{A}_{Z}X$。

二、核外电子运动规律

1911 年，物理学家卢瑟福根据 α 粒子散射实验，提出了原子的核式结构模型。他设想，

原子中的带正电部分集中在很小的中心体内，即原子核，并占有原子的绝大部分质量，原子核外散布着带负电的电子。这个模型很快被广泛接受，但是核外电子的分布情况并不清楚。

1913年，物理学家玻尔在原子核式结构模型的基础上，提出了后人称为卢瑟福—玻尔原子模型的原子结构模型，即原子结构的行星模型。

原子结构的行星模型认为，原子由带正电荷的原子核和 Z 个核外电子组成，Z 为原子序数。原子核位于原子的中心，电子围绕原子核运动，但电子绕核运动的轨道不是任意的，也不能连续变化。电子只能沿一些分立的，满足一定条件的轨道运动，这些轨道称为量子轨道。

关于原子结构，玻尔提出了两条假设：一是原子只能存在于一些具有分立能量为 E_1、E_2、E_3、…的稳定状态上。处于稳定状态的原子不辐射能量，只有在原子从一个稳定状态跃迁到另一个稳定状态时，它的能量才发生改变。这些稳定状态对应的不连续的能量数值组成原子的能级。二是原子从能量为 E_n 的稳定状态跃迁到能量为 E_m 的稳定状态时，将发射或吸收一个频率为 ν 的光子，频率由下式决定

$$h\nu = E_n - E_m \tag{1-1}$$

式中　　$h\nu$——光子的能量（J）；

　　　　h——普朗克常数，其值为 6.626×10^{-34} J·s；

　　　　ν——辐射频率（Hz）。

这个关系称为玻尔频率规则。这些稳定状态称为"定态"，能量最低的定态称为"基态"，其他定态均称为"激发态"。处于基态的自由原子相当稳定，处于激发态的原子均不稳定，在很短的时间后将释放能量回到基态。

按照玻尔的理论，原子内部的电子呈壳层分布，这些壳层称为电子壳层或电子层。电子壳层的分布按原子内电子所具有的能量大小排列而成，能量越大的电子，离核的平均距离越远。各壳层自核向外排列，最内层（在原子物理中，n 称为电子壳层的主量子数）$n=1$ 并称为K层，$n=2$、3、4、5、6、7等，则称为L、M、N、O、P、Q层等。

不同能量的电子运动状态不同，能量低的电子通常在核附近的区域运动，能量高的电子通常在离核较远的区域运动，也就是说，能量低的电子出现在离核较近区域的机会多，能量高的电子出现在离核较远区域的机会多。如果把在一定电子层上的电子所占据的空间称为一个"轨道"，则电子在不同的轨道上运动，但这并不是通常所说的运动轨道。按照这种理论，核外电子也可以称为轨道电子。现代物理学的观点认为，电子壳层并不表示电子在空间的确切位置，属于某一壳层的电子可以穿越另一壳层的电子轨道，这些轨道也不是一条严格确定的路径。

核外电子的分层排布（也就是其可能的运动状态）服从下列规律：

1）泡利不相容原理：在同一原子中，不能存在运动状态完全相同的电子。

2）能量最低原理：核外电子总是先排布在可能的能量最低的轨道上，使原子的能量处于最低的状态，这时候原子才是稳定的。

按照上述规律，各层可能存在的电子数最多为 $2n^2$，即第1层最多可以存在 $2 \times 1^2 = 2$ 个电子；第2层最多可以存在 $2 \times 2^2 = 8$ 个电子，依此类推。

【想一想】

你能想象出核外电子的运动状态吗？

三、原子核结构

原子核由质子和中子组成。质子是一种物质微粒，其质量为 1.6726×10^{-24} g，带有一个单位的正电荷，电量为 $1.6021892 \times 10^{-19}$ C，中子也是一种物质微粒，其质量为 1.6749×10^{-24} g，不带电荷。不同原子的原子核含有的质子数和中子数不同。原子核的半径为 10^{-14} m，仅为原子半径的万分之一，它的体积只占原子体积的几千亿分之一，可见，在原子内部存在很大的空间，电子就在这个空间中围绕原子核旋转。

在原子核中，作用的力除了库仑力、万有引力、磁力外，还存在强大的核力，其他力远小于核力。核力具有下列特性：

1）核力是一种短程力，随着距离的增大，作用力急剧减小，作用距离为 10^{-15} m。
2）核力具有饱和性，一个核子（质子、中子统称为核子）只与相邻的核子发生作用。
3）核力与电荷大小无关，它比电场力强得多，质子和中子都受到核力的作用。

核力的上述性质决定了原子核的稳定特性，精确的测定发现，原子核的质量总是小于构成原子核的质子和中子的质量之和，这种现象称为质量亏损。

物质的能量和质量之间存在着密切的联系，它们之间的关系是

$$E = mc^2 \tag{1-2}$$

这就是著名的质能方程。这个方程说明：物质具有的能量与它的质量存在着简单的正比关系。核子在结合成原子核时出现质量亏损，所以要放出能量，大小为

$$\Delta E = \Delta m c^2 \tag{1-3}$$

例如中子和质子组成氘核时，由于质量亏损，放出 2.2MeV 的能量，可见核反应涉及的能量十分巨大。

核子结合成原子核时释放的能量称为原子核的结合能。原子核不同，结合能也不同，每个核子的平均结合能也不同。结合能越大原子核就越稳定。

【想一想】

试推导中子和质子组成氘核时，放出 2.2MeV 的能量。

模块二　X 射线与 γ 射线

通常所说的射线可以分为两类，一类是电磁辐射，另一类是粒子辐射。X 射线、γ 射线与无线电波、红外线、可见光、紫外线一样都属于电磁辐射，电磁辐射的能量子是光（量）子，电磁辐射与物质的作用是光子与物质的相互作用。粒子辐射是指各种粒子，如 α 粒子、β 粒子、质子、电子、中子等，形成的粒子流。粒子辐射与物质的相互作用是粒子与物质的作用，不同粒子特性不同，作用的机制和过程也不同。显然，两类辐射在本质上有不同，在与物质作用时也具有各自的规律和特点（实际上，不同的粒子辐射也不同）。从如图 1-1 所示的电磁波谱中可以看到各种电磁辐射所占据的波长范围。

一、X 射线与 γ 射线的性质

电磁波的波长 λ 和频率 ν 及波速（光速）c 的关系式为

$$\lambda = \frac{c}{\nu} \tag{1-4}$$

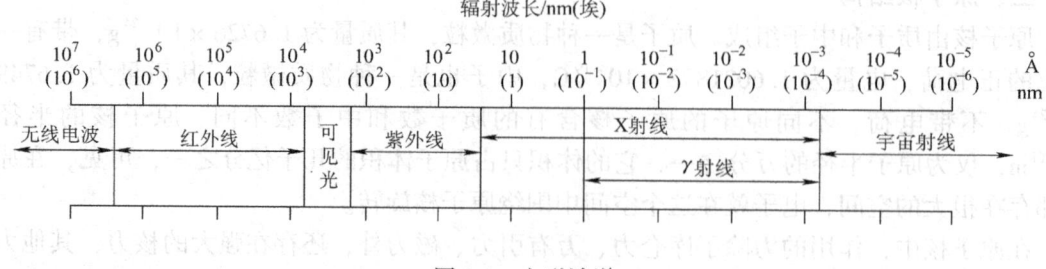

图 1-1　电磁波谱

X 射线和 γ 射线具有以下性质：

1) 在真空中以光速直线传播。

2) 本身不带电，不受电场和磁场的影响。

3) 在媒质界面上只能发生漫反射，而不能像可见光那样产生镜面反射。X 射线和 γ 射线的折射系数非常接近于 1，所以折射的方向改变不明显。

4) 可以发生干涉和衍射现象，但只能在非常小的缝隙中发生，例如晶体组成的光栅中才能发生这种现象。

5) 不可见，能够穿透可见光不能穿透的物质。

6) 在穿透物质的过程中，会与物质发生复杂的物理和化学作用，例如电离作用、荧光作用、热作用，以及光化学作用。

7) 具有辐射生物效应，能够杀伤生物细胞，破坏生物组织。

二、X 射线的产生及特点

1895 年，物理学家伦琴在暗室里做阴极射线气体放电的实验时，发现了一种奇异的射线，这种射线不可见，能使荧光材料发光，考虑到射线的神秘性及本性的不确定性，当时伦琴称之为 X 射线。实验证明，X 射线是由高速运动的电子撞击金属靶时产生的射线。高速电子急剧减速，其动能转化为电磁辐射，产生 X 射线。

在 X 射线管中产生的 X 射线，其强度随波长的分布如图 1-2 所示，这种强度随波长分布的关系称为 X 射线谱。

如图 1-2 所示，X 射线谱由两部分组成：连续 X 射线谱（钨靶）和特征 X 射线谱（钼靶，标识 X 射线谱）。连续谱是图中从最短波长开始，随着波长的增长强度逐渐变化的部分；特征谱是在某些波长的强度变化叠加在连续谱上的线状谱线部分。两种谱的特点不同，产生的机理也不同。

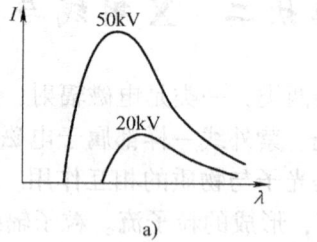 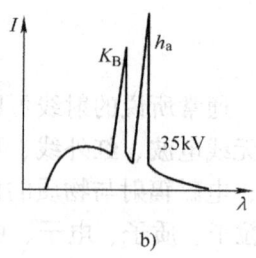

图 1-2　钨靶与钼靶 X 射线管的 X 射线谱
a) 钨靶　b) 钼靶

在 X 射线管中，灯丝加热后将发射电子，这些电子在 X 射线管两端所施加的高压电场的作用下，高速飞向阳极，那么一个电子到达阳极时获得的最大动能为

$$E_k = \frac{1}{2}mv^2 \tag{1-5}$$

当它到达阳极时，如全部能量转化成动能，由此发射的光子可能有的最大能量为

$$E_k = eV = h\nu = \frac{hc}{\lambda_{\min}} \tag{1-6}$$

代入各值，得

$$\lambda_{\min} = \frac{hc}{eV} = \frac{12.4}{V} \tag{1-7}$$

式中　e——电子的电量，$e = 1.60 \times 10^{-19}$ C；
　　　c——光速，$c = 3 \times 10^8$ m/s；
　　　V——管电压（kV）；
　　　h——普朗克常量，$h = 6.626 \times 10^{-34}$ J·s。

在计算 X 射线的最短波长时常用此公式。

连续谱中最大强度对应的波长与最短的波长之间有以下近似的关系

$$\lambda_{\max} = 1.5\lambda_{\min} \tag{1-8}$$

连续谱的分布特点可以理解如下：在一定加速电压下获得一定能量的大量电子，在靶面上的减速过程将是各种各样的，不同的减速过程发生的可能性不同，极少量的电子经过一次或很少次数的撞击就损失了全部的能量，多数电子需经过多次撞击过程逐渐损失掉全部能量，因此，辐射的光子能量有小有大、多种多样，这样就形成了连续谱。

对于 X 射线管，其发出的连续谱射线的总强度 I 为如图 1-2 所示的连续谱中曲线下的面积。实验可得，存在以下关系

$$I = K_i Z i V^2 \tag{1-9}$$

式中　i——管电流（mA）；
　　　Z——靶物质的原子序数；
　　　V——管电压（kV）；
　　　K_i——系数，约为 $1.1 \times 10^{-6} \sim 1.4 \times 10^{-6}$。

如图 1-3 所示给出了连续 X 射线谱的强度与管电压、管电流和靶物质原子序数的基本特点。

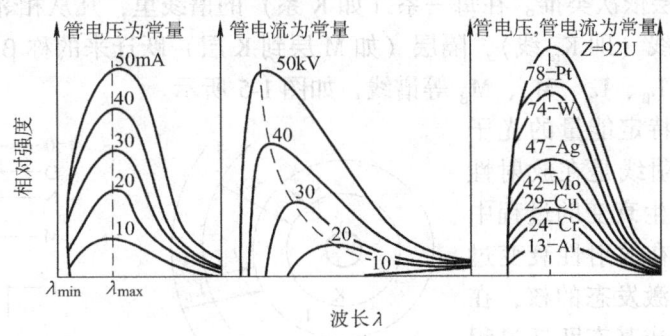

图 1-3　连续 X 射线谱的基本特点

在 X 射线管中，连续谱 X 射线转换效率 η 等于连续谱 X 射线总强度与 X 射线管输入功率之比，显然它等于

$$\eta = I/Vi = K_i Z i V^2 / Vi = K_i Z V \tag{1-10}$$

可见，X 射线的转换效率与管电压和靶物质原子序数成正比。在其他条件相同的情况下，管电压越高，转换效率越高；管电压的高压波形越接近恒电压，转换效率也越高。实际

上，X射线的转换效率是比较低的，输入的能量绝大部分转换为热能，例如，当电压为100kV时，X射线的转换效率仅为1%，而产生能量为4MeV的X射线的加速器，其转换效率仅为36%，所以，X射线管必须有良好的冷却装置，以保证阳极不被烧坏。

当X射线管两端所加的电压超过某个临界值V_k时，波谱曲线上除连续谱外，还在特定波长位置出现强度很大的线状谱线，称为特征谱或标识谱。这种线状谱线的波长只与阳极靶的材料有关，而与管电压和管电流无关。不同靶材料的激发电压V_k各不相同。如图1-4所示，分别向钨靶和钼靶加35kV的管电压时，由于所加电压高于钼的激发电压（$V_k=20$kV）而低于钨的激发电压（$V_k=69.51$kV），所以钼靶的波谱上有特征谱线而钨靶的波谱上没有特征谱线。

当X射线管的管电压超过激发电压V_k时，阴极发射的电子可以获得足够的能量，与阳极靶相撞时，可以把靶原子内层轨道的电子击出，使内层轨道出现空穴，邻近电子层的电子跃迁到空位，同时放出一个光子。光子的能量等于发生跃迁的两能级能量值之差。不同原子其原子层结构不同，各层之间的能量差也就不同，因此，辐射光子的能量也就不同，形成了特定波长的光子。从这些谱线的波长能够识别原子的结构特点，也因为如此，才称这些谱线为特征谱或标识谱线。特征谱的能量很低，故在X射线检测中不起什么作用。

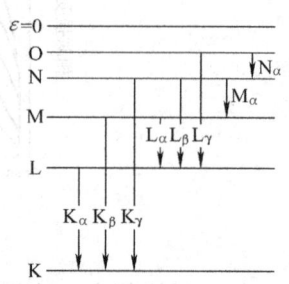

图1-4　X射线特征谱

特征谱的主要特点是：

1）每一谱线都有特定的波长，电子撞击的物质不同，这些特定波长的值也不同。

2）特征谱可以分成若干组，称为系，每一系的谱线都有自己特定的结构和激发电压，只有电子的加速电压超过激发电压时，才能产生该系的特征谱线。

任何电子跃迁到K层时产生的谱线统称K系特征谱，跃迁到L层时产生的谱线统称L系特征谱，其他各层依次类推。在每一系（如K系）的谱线里，凡从相邻层（L层到K层）跃迁来的称为α谱线（即K_α线），隔层（如M层到K层）跃迁来的称β谱线（即K_β线），同理产生K_γ、L_α、L_β、L_γ、M_α、M_β等谱线，如图1-5所示。

γ射线是具有特定能量的光子流。简单地说，γ射线是在放射性同位素的原子核发生衰变的过程中产生的，其实质是在放射性衰变过程中所产生的处于激发态的核，在向低能级的激发态或基态跃迁过程中产生的辐射。显然，γ射线的产生过程不同于X射线。

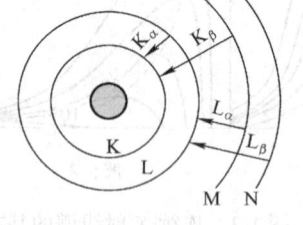

图1-5　特征谱产生示意图

不同的原子核具有不同的能级结构，所以，不同的放射性元素辐射的γ射线具有不同的能量，但其射线均为线状谱。

γ射线也是波长很短的电磁波，在本质上与X射线相同。

对于一个γ射线放射性源，描述它的放射性活跃程度的物理量是放射性活度。放射性活度的定义为放射性源在单位时间内（通常是 1s）发生衰变的核的个数，单位名称是贝可（勒尔），单位符号是 Bq，1Bq = 1/s，即 1Bq 是 1s 发生一个核的衰变。放射性衰变的专用单位符号是 Ci，其单位名称为居里

$$1\text{Ci} = 3.7 \times 10^{10}\text{s}^{-1}$$

它与贝可的关系是

$$1\text{Ci} = 3.7 \times 10^{10}\text{Bq}$$

应注意的是，活度不等于射线强度，对于同一放射性元素，活度大的辐射出射线强度也大，但对不同的放射性元素，不一定存在这样的关系。

【想一想】

当电压为 100kV 时，X 射线的转换效率仅为 1%，此时靶是什么材料？如果转换效率提高到 3%，电压需提高多少？

三、放射性与放射性衰变

1896 年，法国物理学家贝克勒尔发现铀和含铀的矿物能发射出看不见的射线，这种射线能使胶片感光。物质发射这种射线的性质称为放射性，具有这种性质的元素称为放射性元素，自然界存在的放射性元素称为天然放射性元素。原子序数高于 83 的天然存在的元素都具有放射性，某些元素的同位素也具有放射性，称为放射性同位素。通过人工方法得到的放射性同位素，称为人工放射性同位素。天然放射性同位素仅有 60 多种，人工放射性同位素已有 1600 多种，在射线检测中应用的 γ 射线源，大都是人工放射性同位素。

在人们发现的 2000 种核素中，绝大部分是不稳定的，它们会自发变为另一种核素，同时放出各种射线，这种现象称为放射性衰变。放射性衰变有多种形式，其中最主要的有：

1. α 衰变

原子核放出带两个正电荷、质量数为 4 的氦核（$^{4}_{2}\text{He}$）的过程称为 α 衰变。α 射线穿透物质的能力很弱，在空气中也只能飞行几个厘米，但具有很强的电离能力。以 X 表示原来的核（母核），以 Y 表示衰变后的核（子核），α 衰变一般表示为

$$^{A}_{Z}X \rightarrow ^{A-4}_{Z-2}Y + ^{4}_{2}\text{He}\ (\alpha)$$

2. β 衰变

原子核放出 β 粒子的衰变过程称为 β 衰变。它主要包括 β⁻ 衰变、β⁺ 衰变和轨道电子俘获（EC）。

β⁻ 衰变放出电子，同时放出反中微子，衰变形式表示为

$$^{A}_{Z}X \rightarrow ^{A}_{Z+1}Y^{-} + \bar{\nu}_{e}$$

β⁺ 衰变放出正电子，同时放出中微子，衰变形式表示为

$$^{A}_{Z}X \rightarrow ^{A}_{Z-1}Y + e^{+} + \nu_{e}$$

β 衰变中放出的电子能量具有连续谱分布的特性。

轨道电子俘获（EC）的过程为：母核俘获核外轨道上的一个电子，使母核中的一个质子转为中子，过渡到子核的同时放出一个中微子。由于 K 层电子最"靠近"原子核，所以 K 层电子的俘获最易发生。

电子俘获一般可表示为

$$^{A}_{Z}X + e^{-} \rightarrow ^{A}_{Z-1}Y + \nu_{e}$$

3. γ衰变

当放射性原子核发生α衰变或β衰变时，往往衰变到子核的激发态，处于激发态的原子核是不稳定的，它要向低激发态跃迁，同时放出γ射线，这种现象称为γ跃迁或γ衰变。γ射线是波长很短的电磁波，穿透能力很强，但它的电离作用却很小。

放射性原子核的衰变过程是自发的，但该过程却遵循一定的统计规律。衰变过程中，尚未发生衰变的原子核的数目可由下式表示

$$N = N_0 e^{-\lambda t} \tag{1-11}$$

式中 N_0——初始时刻（$t=0$）放射性物质未发生衰变时原子核的数目；

N——t时刻放射性物质尚未发生衰变的原子核的数目；

t——经过的衰变时间（s）；

λ——衰变常数，单位时间内原子核发生衰变的几率。

可见，原子核衰变服从指数规律。

衰变常数可以描述放射性原子核衰变的快慢，其值越大，放射性元素衰变越快。不同的放射性元素，其衰变常数不同，它反映了放射性物质的固有属性。

放射性原子核半数发生衰变所需的时间称为半衰期，通常用$T_{\frac{1}{2}}$表示，即当$t = T_{\frac{1}{2}}$时，$N = N_0/2$，于是由式（1-11）可得

$$\frac{N_0}{2} = N_0 e^{-\lambda T_{\frac{1}{2}}} \tag{1-12}$$

$$T_{\frac{1}{2}} = \frac{\ln 2}{\lambda} = \frac{0.693}{\lambda} \tag{1-13}$$

$T_{\frac{1}{2}}$与λ一样，是放射性原子核的特征常数，λ越大，$T_{\frac{1}{2}}$越小。

【例】 已知^{60}Co放射性同位素的半衰期为5.3年，其衰变常数是多少？8年后其放射强度衰变到初始强度的百分之几？

解 由式（1-13）得

$$\lambda = \frac{0.693}{T_{\frac{1}{2}}} = \frac{0.693}{5.3}\text{年} = 0.131/\text{年}$$

由式（1-11）得

$$\frac{N}{N_0} = e^{-0.131 \times 8} = 0.35$$

答 ^{60}Co的衰变常数为0.131/年，8年后其放射强度衰变到初始强度的35%。

【想一想】

使用γ射线进行探伤时，相同的透照厚度和距离，暴光时间是否相同？

模块三 射线与物质的相互作用

X射线、γ射线射入物质后，将与物质发生复杂的作用，这些作用从本质上说是光子与物质原子的相互作用，包括光子与原子、电子及自由电子、原子核的相互作用。其中主要的

作用有光电效应、康普顿效应、电子对效应和瑞利散射，由于这些作用，一部分射线被物质吸收，一部分射线被散射，使得穿透物质的射线强度减弱。

一、光电效应

入射光子与原子轨道中的束缚电子相互作用，把全部能量传递给这个电子，获得能量的电子克服原子核的束缚成为自由电子，发射出去，而光子本身消失掉，这一过程称为光电效应，如图1-6所示。光电效应发射出的电子称为光电子。

光电效应具有以下三个主要特征：

1）光子的能量 $h\nu$ 在碰撞中全部被原子吸收，全部吸收的含意是：光子的一部分能量用以克服电子的结合能，剩下的能量则作为光电子的动能，光子能量已全部消耗，光子本身已不存在。

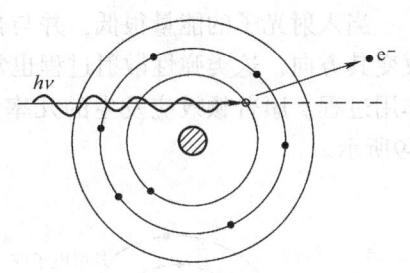

图1-6 光电效应的示意图

2）光子与自由电子不能产生光电效应，光电效应应遵守动量守恒定律。轨道电子吸收光子的能量而作为光电子发射之后，剩下的整个原子将后跳以保持动量守恒，自由电子没有第三者（原子核）来保持动量守恒，因此它不能吸收光子而成为光电子。电子在原子中被束缚得越紧就越容易使原子核参加上述过程，发生光电效应的几率就越大，所以，K层上发生光电效应的几率最大，约占80%，L层次之，M层、N层更次之。

3）光电效应伴随着二次射线和俄歇电子的产生。发生光电效应时，从内层上发射出电子，在此层上就留下空穴，使该原子处于激发态。此时，外层的电子向内层跃迁填补空穴，使原子恢复到较低的能量状态，这两个层之间的能量差就以标识X射线的形式释放。这时产生的标识X射线与入射射线相对比称为二次标识X射线。

在原子内层上产生空穴后，二次标识X射线仅是释放能量的一种途径，另一种途径是外层电子向内层跃迁时，释放的能量立即被原子内较外层的一个电子吸收，而产生另一个光电子，相对于第一个光电子而言，它是次级光电子，这种现象是法国物理学家俄歇在1923年首先发现的，所以又称为俄歇电子，这个过程也称为次级光电效应、内转换或无辐射跃迁。

光电效应发生的几率与射线能量和物质原子序数有关，它随着光子能量的增大而减小（图1-7），随着原子序数Z的增大而增大。

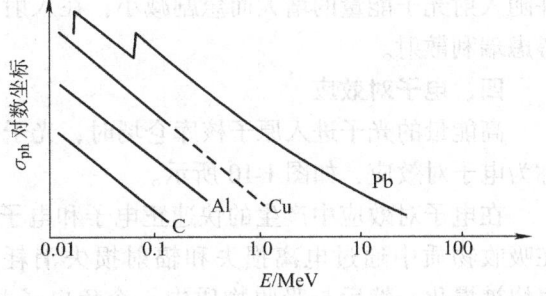

图1-7 原子的光电截面与入射光子能量的关系

二、康普顿效应

1923年，美国物理学家康普顿在进行X射线与物质散射的实验时，发现被散射的X射线中，除了与入射光子具有相同波长的成分外，还有波长增长的部分出现，增长的数量随散射角的不同而不同。这是电磁理论无法解释的，而康普顿用量子说给予了圆满的解释，因而该现象被称为康普顿效应。

康普顿效应是入射光子与原子外层轨道电子或自由电子发生碰撞的过程，如图1-8所示，能量为 $h\nu$（波长为 λ）的入射光子，与原子外层轨道电子碰撞之后，它的部分能量传递给电子，使电子从原子的电子轨道飞出，这种电子称为反冲电子，同时，入射光子的能量减少，成为散射光子，并偏离入射光子的传播方向。反冲电子和散射光子的方向都与入射光子的能量相关，随着入射光子能量的增加，反冲电子和散射光子的偏离角都减少，如图1-8所示，$h\nu$ 和 $h\nu'$ 为入射光子和散射光子能量，θ 为散射光子与入射光子运动方向间的夹角，称为散射角，φ 为反冲电子的反冲角。

当入射光子的能量很低，并与自由电子相互作用时，入射光子的能量将不改变，而仅仅改变其方向，这类弹性散射过程也常单独称为汤姆逊散射，这个作用过程是非常次要的相互作用过程。康普顿效应发生的几率大致与物质原子序数成正比，与光子能量成反比，如图1-9所示。

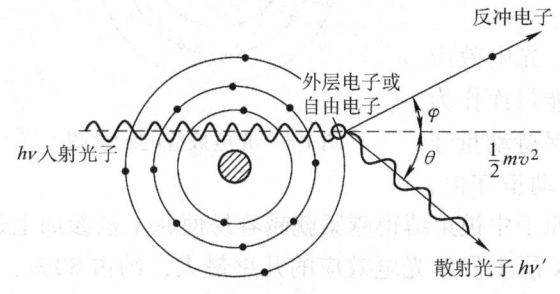
图1-8　康普顿效应示意图

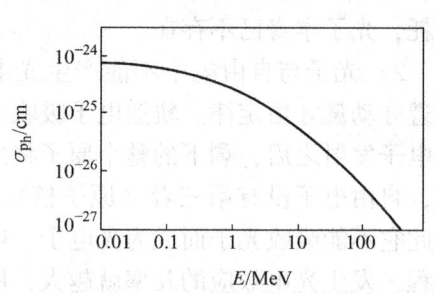
图1-9　康普顿效应与入射光子能量的关系

三、瑞利散射

瑞利散射是入射光子与原子内层轨道电子碰撞的散射过程。在这个过程中，一个束缚电子吸收入射光子后跃迁到高能级，随即又释放一个能量约等于入射光子能量的散射光子，光子能量的损失可以不计，也可以简单地认为是入射光子与原子这个整体发生的散射。

瑞利散射发生的几率与原子序数和入射光子的能量有关，随着原子序数的增大而增大，并随入射光子能量的增大而急剧减小，在入射光子能量较低时，例如 0.5~200keV 时，必须考虑瑞利散射。

四、电子对效应

高能量的光子进入原子核库仑场时，光子被全部吸收，同时发射出一对正负电子的现象称为电子对效应，如图1-10所示。

在电子对效应中产生的快速正电子和电子一样，在吸收物质中通过电离损失和辐射损失消耗能量，很快被慢化，然后与吸收物质中一个负电子相互转化为2个能量为0.51MeV的光子，这种现象称为电子对湮没。

根据能量守恒定律，只有当入射光子能量大于 $2m_0c^2$ 即 $h\nu > 1.022\text{MeV}$ 时，才能发生电子对效应，入射光子的能量除一部分转变为正负电子对的静止质量（1.022MeV）外，其余作为它们的动能。电子对效应发生的几率与物质原子序数的平方成正比，近似与光子能量的对数成正比。

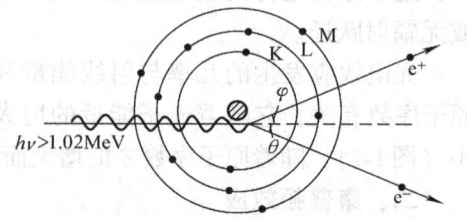
图1-10　电子对效应示意图

五、各种相互作用发生的相对几率

光电效应、康普顿效应、电子对效应发生的几率与物质的原子序数和入射光子能量有关，对于不同的物质和不同的能量区域，这三种效应的相对重要性不同，图1-11所示为各种效应占优势的区域，由图可以看出：

1) 对于低能量射线和原子序数高的物质，光电效应占优势。

2) 对于中等能量射线和原子序数低的物质，康普顿效应占优势。

3) 对于高能量射线和原子序数高的物质，电子对效应占优势。

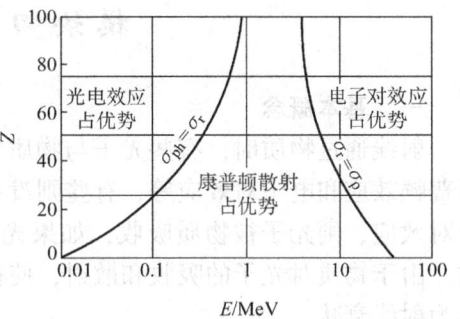

图1-11 三种相互作用占优势的区域

σ_{ph}—光电效应的发生几率
σ_c—康普顿效应的发生几率
σ_p—电子对效应的发生几率

图1-12所示为射线与铁相互作用时，各种效应发生的几率，由图中可以看出，当光子能量为10keV时，光电效应占绝对优势。随着能量的增加，光电效应逐渐减少，而康普顿效应的影响却逐渐增大。稍过100keV时，两种效应各占50%，瑞利散射在此能量附近发生的几率达到最大，但也不超过10%。在1MeV左右，康普顿效应发生的几率最大，射线强度衰减几乎均由其造成，光子能量继续增大，电子对效应引起的吸收逐渐增大，康普顿效应发生的几率逐渐减小。在10MeV左右，电子对效应与康普顿效应作用大致相等，超过10MeV以后，电子对效应的几率越来越大。

各种效应对射线照相质量会产生不同的影响，例如：光电效应和电子对效应引起的吸收有利于提高照相对比度，而康普顿效应产生的散射线会降低对比度。对轻金属试件照相质量往往比重金属试件照相质量差，使用1MeV左右能量的射线照相，其对比度往往不如较低能量射线或更高能量射线，这些都是康普顿效应的影响造成的。

X射线与物质相互作用导致强度减弱及能量转化的结果可用图1-13来总结表示。

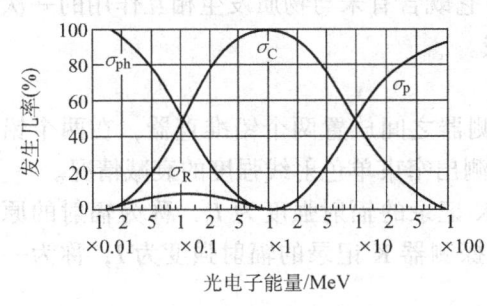

图1-12 铁中各种效应发生的几率

σ_R—瑞利散射的发生几率

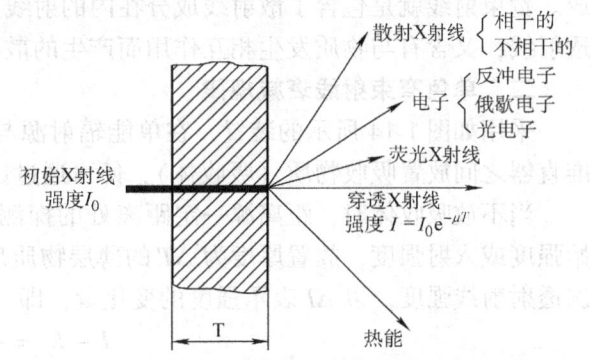

图1-13 X射线与物质相互作用

【想一想】

试述各种相互作用发生的几率。

模块四 射线衰减规律

一、基本概念

射线通过物质时，有些光子与物质发生复杂的相互作用，主要的相互作用是光电效应、康普顿效应和电子对效应等，有些则没有。如果光子与物质发生的相互作用是光电效应和电子对效应，则光子被物质吸收，如果光子与物质发生康普顿效应和瑞利散射，则光子被散射。由于物质对光子的吸收和散射，使得穿过物质的射线强度低于入射射线强度，这种现象称为射线衰减。

对于某一特定的光子而言，在通过物质时，要么与物质发生四大效应之一，要么不发生作用，但对于众多光子的集合而言，通过物质时，这四大效应都有可能出现（对应相应的能量范围）。这样，穿过物质后的射线通常由两部分组成：一部分是未与物质发生相互作用的光子，其能量和方向均未发生变化，称为透射射线（又称一次射线）；另一部分是发生过一次或多次康普顿效应的光子，其能量和方向都发生了改变，称为散射线。图 1-13 所示为射线与物质相互作用后的情形。

1. 单色射线与连续谱射线

按射线的能量，可以将射线分为单色射线和连续谱射线。

单色射线是指由单一波长的电磁波组成的射线，即射线中只含有一种能量的光子，又称单能辐射。它的射线谱应是线状谱，如 ^{60}Co 放射的 γ 射线就是线状谱。

连续谱射线是指包含连续分布能量的射线，即射线含有不同能量的光子，或者说射线波长包含从一个波长到另一个波长的一段范围，它的射线应是一连续谱，例如通常的 X 射线源在某一高压下产生的 X 射线就是连续谱射线。

2. 窄束射线和宽束射线

窄束射线和宽束射线的主要区别是是否包含了散射线，窄束射线是指不包括散射线成分在内的射线束，又称透射射线，即通过物质后的射线束仅由未与物质发生相互作用的光子组成。宽束射线就是包含了散射线成分在内的射线束，它既含有未与物质发生相互作用的一次透射线，又含有与物质发生相互作用而产生的散射线。

二、单色窄束射线衰减规律

采用如图 1-14 所示的装置，在单能辐射源与探测器之间放置两个铅准直器，在两个铅准直器之间放置吸收物质（吸收体），便可通过试验测出窄束单色射线强度的衰减情况。

当不放吸收体时，距离源一定距离处的探测器 K 记录的辐射强度为 I_0，称为辐射的原始强度或入射强度，放置厚度为 ΔT 的薄层物质后，探测器 K 记录的辐射强度为 I，称为一次透射射线强度。以 ΔI 表示强度的变化量，即

$$I - I_0 = -\Delta I \tag{1-14}$$

负号表示强度在减弱。

实验表明，射线穿透物质时，其强度的减弱与吸收体的性质、厚度及射线光子的能量有关。对于一束射线，在均匀的媒介中，在很小的厚度范围内，强度的衰减量与入射射线的强度和穿透物质的厚度成正比，有如下关系

$$-\Delta I = \mu I_0 \Delta T \tag{1-15}$$

对上式积分，并设 $T=0$ 时，$I=I_0$ 便可得单色窄束射线强度衰减公式

$$I = I_0 e^{-\mu T} \quad (1-16)$$

式中　I_0——入射射线强度；
　　　I——一次透射射线强度；
　　　T——吸收体厚度；
　　　μ——线衰减系数（cm^{-1}）。

线衰减系数 μ 是一个重要的系数，入射到物质中的射线的光子，

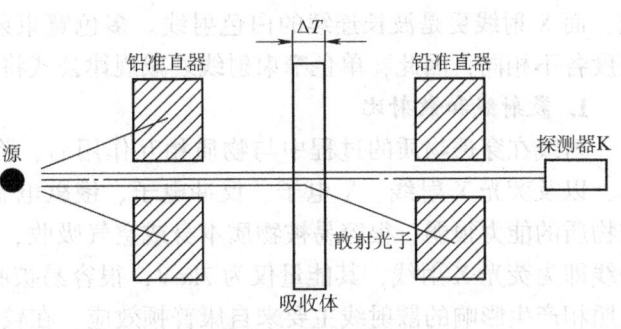

图 1-14　单色窄束射线强度衰减测量装置示意图

在穿过物质的过程中，有的与物质发生了相互作用，有的则没有，线衰减系数表示的就是入射光子通过单位厚度的物质时，与物质发生各种相互作用的可能性。线衰减系数可以写成

$$\mu = \mu_{光} + \mu_{康} + \mu_{瑞} + \mu_{电} \quad (1-17)$$

式中　$\mu_{光}$——光电效应的线衰减系数；
　　　$\mu_{康}$——康普顿效应的线衰减系数；
　　　$\mu_{瑞}$——瑞利散射的线衰减系数；
　　　$\mu_{电}$——电子对效应的线衰减系数。

线衰减系数 μ 与射线光子的能量、物质的原子序数和密度有关，大致存在以下关系

$$\mu = k\rho Z^3 \lambda^3$$

对于同一种物质，射线能量不同时衰减系数不同。对于同一能量的射线，通过不同物质时，其线衰减系数也不同。

理论上常采用质量衰减系数这一物理量，即线衰减系数除以物质的密度所得到的值，记为 μ_m，即有

$$\mu_m = \frac{\mu}{\rho} \quad (1-18)$$

式中　ρ——物质的密度。

当物质为混合物或化合物时，假若构成物质的各元素的质量分数分别为 w_1、w_2、w_3、…，相应的质量衰减系数分别为 μ_{m1}、μ_{m2}、μ_{m3}、…，则物质的质量衰减系数可按下式计算

$$\mu_m = w_1\mu_{m1} + w_2\mu_{m2} + w_3\mu_{m3} + \cdots \quad (1-19)$$

在实际应用中，常引入半价层（半值层）这一物理量描述吸收体对一定能量射线的衰减程度。半价层是指入射射线的强度减少一半时穿过的吸收物质厚度，记为 T_h，因此有

$$I = I_0 e^{-\mu T_h} \quad (1-20)$$

把 I/I_0 代入上式，得 $1/2 = e^{-\mu T_h}$，两边取对数得

$$T_h = \frac{\ln 2}{\mu} = \frac{0.693}{\mu} \quad (1-21)$$

由上文可知，同一吸收体对不同能量的射线，其半价层不同；不同吸收体对同一能量射线，其半价层也不同。

三、多色宽束射线的衰减规律

工业射线检测中应用的不可能是单色窄束射线，而是包含着散射线成分在内的不同能量射线，例如常用的放射性同位素发出的 γ 射线是几种甚至十几种能量光子的组合，属多色射

线，而 X 射线更是波长连续的白色射线。多色宽束射线通过物质时，不同能量的射线衰减程度各不相同，因此，单色窄束射线衰减规律公式将不适应。

1. 散射线和散射比

射线在穿透物质的过程中与物质相互作用后，除了直线前进的透射射线外，还有散射线，以及荧光 X 射线、X 电子、反冲电子、俄歇电子，向各个方向射出，其中各种电子穿透物质的能力很弱，很容易被物质本身或空气吸收，荧光 X 射线能量也较低。例如铁的 K_β 谱线即为荧光 X 射线，其能量仅为 7keV，很容易被吸收，一般不会对照相造成影响。对射线照相产生影响的散射线主要来自康普顿效应，在较低能量范围。

应用宽束射线时，其本身的散射线通过物质时被吸收，同时，射线与物质相互作用可产生新的散射线，其中，一部分被物质吸收，另一部分未被物质吸收。再者，射线与周围环境物质相互作用也产生散射线，因此，同时到达探测器的射线束就有一次透射线 I_p 和散射线 I_s。设到达探测器的射线总强度为 I，则有

$$I = I_p + I_s = I_p(1 + I_s/I_p) = I_p(1 + n) \tag{1-22}$$

式中　n——散射比，$n = I_s/I_p$ 其大小与射线能量、穿透物质的种类、穿透厚度等诸多因素有关。

2. 平均衰减系数

如果射线不是由单一能量的光子组成，而是由几种不同能量的光子组成，不同能量的光子与物质作用程度各异，那么各种光子通过物质时的强度衰减将各不相同。

设一束多色射线的初始强度为 I，其中，不同能量的光子束流强度分别为 I_{01}、I_{02}、…，在物质中的衰减系数分别为 μ_1、μ_2、…，一次透过射线总强度为 I，不同能量射线的分强度为 I_1、I_2、…，则以下关系式成立

$$I_0 = I_{01} + I_{02} + I_{03} + \cdots$$
$$I = I_1 + I_2 + I_3 + \cdots$$

其中　　　　　　　　　$I_1 = I_{01}e^{-\mu T}$，$I_2 = I_{02}e^{-\mu T}$，$I_3 = I_{03}e^{-\mu T}$

考虑到总的强度衰减结果，可以归纳得到以下关系式

$$I = I_0 e^{-\bar{\mu}T} \tag{1-23}$$

此即为多色射线强度衰减公式，式中 $\bar{\mu}$ 称为平均衰减系数，可根据试验数据计算得出。

多色射线穿透物质的过程中，能量较低的射线分量强度衰变多，而能量较高的射线分量强度衰减相对较少，这样，透射射线的平均能量将高于初始射线的平均能量，此现象被称为多色射线穿透物质过程的线质硬化现象。随着穿透厚度的增加，穿过物质后射线的平均能量逐渐增高，线质逐渐变硬，平均衰减系数 $\bar{\mu}$ 的数值逐渐减小，而平均半价层 T_h 逐渐增大。

图 1-15 所示为连续 X 射线穿透物质前后强度变化的情况，由图可知，波长较长的部分射线强度衰减较大，从而使透射射线的平均波长变短。

3. 多色宽束射线强度衰变规律

多色宽束射线穿过物质后，到达检测器的强度由式 (1-22) 可得

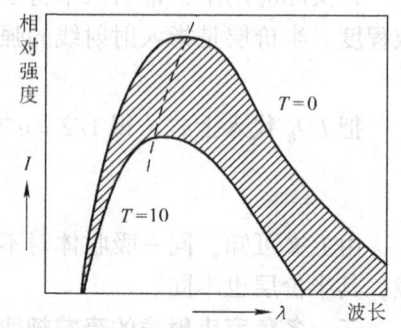

图 1-15　连续谱 X 射线穿过物质后强度的变化

$$I = I_p + I_s = I_p(1+n) = I_0 e^{-\bar{\mu}T} \tag{1-24}$$

式中 I ——透射射线强度，为一次透射射线 I_p 和散射射线 I_s 强度之和；

　　　I_0 ——初始射线强度；

　　　$\bar{\mu}$ ——平均衰减系数；

　　　T ——穿透物质的厚度；

　　　n ——散射比。

【想一想】

什么是单色射线和多色射线？什么是窄束射线和宽束射线？

【试一试】

试述单色窄束射线和多色宽束射线的衰减规律。

模块五　射线检测的原理与特点

射线检测是工业无损检测诸多方法中的一种重要的方法，它最主要的应用是检测试件内部的宏观几何缺陷。根据所使用的射线种类、记录的器材、工艺和技术等特点，射线检测又有不同的分类。

射线照相是指应用 X 射线或 γ 射线透照试件，以工业胶片作为记录载体的无损检测方法，该方法是最基本的，应用最广泛的一种射线检测方法。

一、射线检测的原理

射线在穿透物质时，吸收和散射使其强度减弱程度取决于所透过物质的衰减系数和射线穿透的厚度。如果被照物质局部区域存在着缺陷或结构存在差异，且构成缺陷的物质的衰减系数不同于被照物质，这将改变对射线的衰减，使得通过该区域的射线强度的衰减程度不同于其他部位，用胶片把这种差异记录下来，通过暗室处理，就得到了黑白程度不同的影像，对影像进一步分析，进而可对试件进行质量评价。底片上相邻区域的黑度差定义为对比度。

如图 1-16 所示，设试件厚度为 T，线衰减系数为 μ，若试件内部有一小缺陷，其在射线穿透方向上的尺寸为 ΔT，线衰减系数为 μ'，假如没有试件，射线到达胶片位置处的射线强度为 I_0，透照试件时，一次透射射线强度为 I_p（非缺陷部位）和 I'_p（缺陷部位），散射比为 n，透射射线总强度为 I，则有

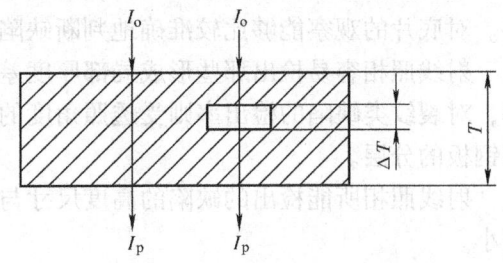

图 1-16　射线检测基本原理

$$I = I_0 e^{-\mu T}(1+n) \tag{1}$$

$$I_p = I_0 e^{-\mu T} \tag{2}$$

$$I'_p = I_0 e^{-\mu(T-\Delta T) - \mu' \Delta T} \tag{3}$$

$$\Delta I = I'_p - I_p = I_0 e^{-\mu T}(e^{(\mu-\mu')\Delta T} - 1) \tag{4}$$

ΔI 为缺陷与其附近完好部位透过射线的强度差，I 为背影辐射强度，取两者之比，即式

(4) /式 (1) 得

$$\frac{\Delta I}{I} = \frac{(e^{(\mu-\mu')\Delta T} - 1)}{(1+n)} \tag{5}$$

引用近似公式

$$e^x = 1 + x(|x| < 1)$$

则有

$$e^{(\mu-\mu')\Delta T} = 1 + (\mu-\mu')\Delta T$$

代入上式得

$$\frac{\Delta I}{I} = \frac{(\mu-\mu')\Delta T}{(1+n)} \tag{1-25}$$

如果缺陷物质的 μ' 值与 μ 相比较小，则 μ' 可以忽略（例如钢制工件存在气孔类缺陷），式 (1-25) 可写作

$$\frac{\Delta I}{I} = \frac{\mu\Delta T}{(1+n)} \tag{1-26}$$

因为射线强度差异是底片产生对比度的根本原因，所以把 $\Delta I/I$ 称为主因对比度。式 (1-26) 是射线检测的基本原理关系式，它给出了一个小的厚度差与射线强度变化之间的关系。不难看出，影响主因对比度的因素是透照厚度差、线衰减系数和散射比，只要缺陷在射线透照方向上具有一定的尺寸，其线衰减系数与物质的线衰减系数具有一定的差别，散射比控制在一定的范围内，则缺陷在底片上就会产生一定的影像。

二、射线照相的特点

射线照相在锅炉、压力容器、压力管道的制造检测和在用检测中得到了广泛的应用，它适宜的检测对象是各种熔化焊接方法（电弧焊、气体保护焊、电渣焊、气焊等）得到的对接接头，也适宜检测铸钢件，特殊情况下也可用于检测角焊缝或其他一些特殊结构件，一般不适用于钢板、钢管、铸件母材的检测，也较少用于钎焊、摩擦焊等焊接方法的接头的检测。

射线照相用胶片作为记录介质，通过暗室处理，可得到缺陷的直观图像，且可以长期保存。对底片的观察能够比较准确地判断缺陷的性质、数量、尺寸和位置。

射线照相容易检出那些形成局部厚度差的缺陷，对气孔和夹渣之类的缺陷有很高的检出率，对裂纹类缺陷的检出率则受透照角度的影响，不能检出垂直于照射方向的薄层缺陷，例如钢板的分层。

射线照相所能检出的缺陷的高度尺寸与透照厚度有关，可以达到透照厚度的1%，甚至更小。

射线照相检测薄工件没有困难，几乎不存在检测厚度下限，但检测厚度上限受射线穿透能力的限制，而穿透力取决于射线光子的能量。420kV 的 X 射线机可穿透的钢厚度约为 80mm，γ 射线可穿透的钢厚度约为 150mm，更大厚度的试件则需要使用特殊的设备——加速器，此时最大可穿透厚度达 400mm 以上。

射线照相适用于几乎所有的材料，在钢、钛、铜、铝等金属材料及其合金上使用，均能得到良好的效果，该方法对试件的形状、表面粗糙度没有严格的要求，材料晶粒度对其不产生影响。

射线照相的检测成本较高，检测速度慢。射线对人体有伤害，需要采取防护措施。

练 习

1. 简述核力的基本特点。
2. 放射性衰变有哪些主要方式？试述放射性衰变的规律。
3. 简述 X 射线和 γ 射线的主要性质。
4. 连续谱 X 射线的强度分布有哪些特点？
5. 简述特征 X 射线的基本理论。
6. 简述光子与物质相互作用的主要过程。
7. 简述宽束射线、窄束射线的概念。
8. 简述 X 射线和 γ 射线穿过物体时的衰减规律。
9. 简述原子结构行星模型的基本理论。
10. 连续谱射线穿过一定厚度的物体后发生了哪些变化？简述产生这些变化的原因。

第二单元 射线检测的设备和器材

> **内容导入**：射线检测的设备和器材主要有射线机、射线照相胶片和一些辅助设备和器材等。通过本单元的学习，应掌握射线机的基本原理、结构及简单故障排除；了解射线照相胶片的构造、特点、性能及对性能的影响因素；了解射线检测的辅助设备、器材等。

模块一 X射线机

工业 X 射线检测使用的低能 X 射线机，它主要由四部分组成：射线发生器（X 射线管）、高压发生器、冷却系统和控制系统。

一、X 射线机的种类和特点

1. 按 X 射线机的结构分类

X 射线机通常可分为：便携式 X 射线机、移动式 X 射线机和固定式 X 射线机三类。

（1）便携式 X 射线机 采用组合式射线发生器，其 X 射线管、高压发生器、冷却系统共同安装在一个机壳中，也简单地称为射线发生器。在射线发生器中充满绝缘介质，过去所使用的绝缘介质为高抗电强度的变压器油，其抗电强度应不小于 30～50kV/2.5mm，现在通常采用六氟化硫（SF_6）作为绝缘介质，用 SF_6 气体代替变压器油，不仅大大减轻了绝缘介质的重量，而且由于 SF_6 的绝缘性能优于变压器油，使得高压元件之间的绝缘距离缩短，从而减小了机头尺寸。所填充的 SF_6 气体的气压通常不应超过 0.49MPa（5.0kgf/cm^2），气压过高容易引起机壳爆裂，但也不能过低，一般不低于 0.34MPa（3.5kgf/cm^2）。整机由两个单元构成，即控制器和射线发生器，它们之间由低压电缆连接。便携式 X 射线机的管电压一般不超过 320kV，管电流经常固定为 5mA，连续工作时间一般为 5min。采用充气绝缘的便携式 X 射线机的特点是：体积小、重量轻、便于携带，适用于高空和野外现场进行射线检测。

（2）移动式 X 射线机 由分立的各个部分组成，但它们共同安装在一个小车上。冷却系统为良好的水循环冷却系统。X 射线管采用金属陶瓷 X 射线管，管电压不高于 160kV（或 150kV），尺寸小，射线发生器通常就是 X 射线管，它与高压发生器之间采用长达 15m 左右的高压电缆连接，以便于现场的防护和操作。移动式 X 射线机的体积和重量一般都比较大，安装在移动小车上可以方便地移动到现场、车间，进行射线检测。

（3）固定式 X 射线机 采用结构完善、功能强的分立射线发生器，高压发生器，冷却系统和控制系统，射线发生器与高压发生器之间采用高压电缆连接，高压电缆的长度一般为 2m。其体积大、重量也大，不便移动，因此固定安装在 X 射线机房内。这类 X 射线机已形成 150kV、250kV（225kV）、320kV、450kV（420kV）等规格的系列产品，其管电流可达

30mA,甚至更大,系统完善,工作效率高。它是实验室应优先选用的 X 射线机。

2. 按 X 射线机的使用性能分类

X 射线机可分为:定向 X 射线机、周向 X 射线机和管道爬行器。

(1) 定向 X 射线机 这是一种普及型、使用最多的 X 射线机,其机头产生的 X 射线辐射方向为 40°左右的圆锥角,一般用于定向单张摄片。

(2) 周向 X 射线机 产生的 X 射线束向 360°方向辐射,主要用于大口径管道和容器环焊缝摄片。

(3) 管道爬行器 为了解决很长的管道环焊缝摄片而设计生产的一种装在爬行装置上的 X 射线机,该机在管道内爬行时,用一根长电缆提供电力和传输控制信号,利用焊缝外放置的一个小同位素 γ 射线源确定位置,使 X 射线机在管道内爬行到预定位置进行摄片。

3. 其他分类方法

X 射线机的其他分类方法也很多,例如按照 X 射线机的工作电压可将其分为恒压 X 射线机和脉冲 X 射线机;按照加在 X 射线管上的电压脉冲频率可将其分为恒频 X 射线机和变频 X 射线机;按照所使用的 X 射线管可将其分为玻璃管 X 射线机和陶瓷管 X 射线机;按照 X 射线管焦点尺寸可将其分为微焦点、小焦点和常规焦点 X 射线机等。目前较多采用的分类方法是按照结构进行分类。

【想一想】

结合前面所学内容,思考在不同的工作环境应如何选择 X 射线机?

二、X 射线管

X 射线管是 X 射线机的核心部件,熟悉它的内部结构和技术性能,有助于探伤人员正确使用和操作 X 射线检测设备,延长其使用寿命。普通 X 射线管的基本结构如图 2-1 所示,是一个真空度为 $1.33 \times 10^{-5} \sim 1.33 \times 10^{-4}$ Pa ($10^{-7} \sim 10^{-6}$ mmHg) 的二极管,主要由阳极(即金属靶)、阴极(即灯丝)和保持其真空度的玻璃外壳构成。

阳极是产生 X 射线的部位,主要由阳极体、阳极靶和阳极罩组成,阳极的基本结构如图 2-2 所示。阳极体为具有高热传导性的金属电极,典型的阳极体由无氧铜制造,其作用是支承阳极靶,并将阳极靶上产生的热量传送出去,避免靶面烧毁。阳极靶的作用是承受高速电子的撞击,产生 X 射线。阳极靶紧密镶嵌在阳极体上,与阳极体具有良好的接触。由于工作时阳

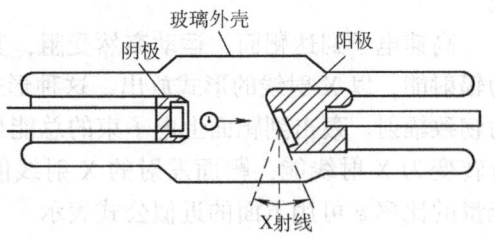

图 2-1 X 射线管结构示意图

极靶直接承受高速电子的撞击,电子的大部分动能转换为热能,因此阳极靶必须耐高温;此外,阳极靶的材料应具有高原子序数,才能具有较高的 X 射线转换效率,所以,对工业射线照相检测用的 X 射线管,其阳极靶采用钨制造。阳极靶的表面应磨成镜面,并与 X 射线管轴线成一定角度,靶面与管轴垂线所成的角度常称为靶面角。阳极靶可以采用不同的结构,以产生不同的辐射,例如,常用锥形靶和平面形靶产生周向辐射 X 射线,也有的 X 射线机采用特殊的旋转阳极靶,它不仅可以改善散热状况,而且可以获得更高的管电流。

从阴极飞出的高速电子撞击阳极靶时会产生二次电子,二次电子可集聚在 X 射线管的

管壳内壁上成为表面电荷，形成一定电位，对飞向阳极的电子束产生不良影响，阳极罩用来吸收高速电子撞击阳极靶时产生的二次电子。阳极罩的另一作用是吸收一部分散乱射线。阳极罩常用铜制造，在朝向阴极方向有一小孔，阴极发射的电子从这个小孔进入，撞击阳极靶；阳极罩的侧面也有一个小孔，常用原子序数很小的、几毫米厚的薄铍板覆盖，称为窗口，阳极靶产生的X射线从此窗口辐射出来。

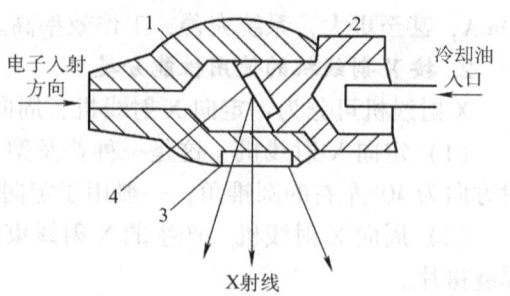

图2-2　阳极的基本结构示意图
1—阳极罩　2—阳极体
3—放射窗口　4—阳极靶

由于X射线管能量转换率很低，阳极靶接受电子轰击的能量约有99%转换为热能，因此X射线管工作时阳极的冷却十分重要，如冷却不及时，阳极过热会排出气体，降低管子的真空度，严重过热可使靶面熔化以至龟裂脱落，使整个管子丧失工作能力。

X射线管的阳极特性是指在一定的阴极灯丝电流下，管电流与管电压的关系。图2-3所示是X射线管的阳极特性曲线。从图中可以看到，最初管电流随着管电压的升高而增加，但当管电压达到一定值以后，管电流趋于饱和。产生这种饱和特点的原因是灯丝发射的电子已接近全部到达阳极靶。当X射线管的管电压较低时，为了得到较大的管电流，只能采用更大的灯丝电流，但实际上灯丝电流也只能在一定范围内调整，这也就限定了低管电压下可使用的最大管电流。

阴极是X射线管中发射电子的部位，它由灯丝和一定形状的金属电极——聚焦杯（阴极头）构成。灯丝由钨丝绕成一定形状，聚焦杯包围着灯丝。灯丝在灯丝电流加热下可发射热电子，这些电子在X射线管的管电压作用下，高速飞向阳极靶，最终通过轫致辐射在阳极靶产生X射线。

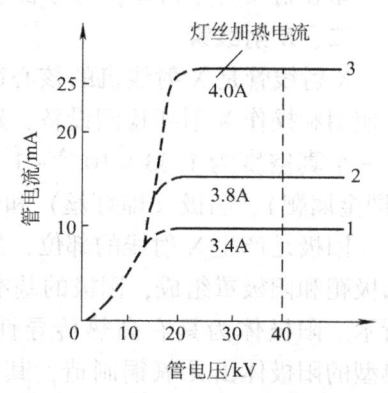

图2-3　X射线管的阳极特性曲线

高速电子到达靶面，运动突然受阻，其动能部分转变为辐射能，以X射线的形式放出，这种形式产生的辐射称为轫致辐射。轰击到靶面上电子束的总能量只有极小一部分转变为X射线能，靶面发射的X射线能量与电子束总能量的比率 ε 可用下面的近似公式表示

$$\varepsilon = 1.1 \times 10^{-9} ZV \tag{2-1}$$

式中　Z——靶材组成元素的原子序数；

V——X射线管的极间电压（又称管电压）（V）。

例如：对于一只铜靶的X射线管，在30kV条件下工作时，$\varepsilon = 0.1\%$，而一只钨靶的X射线管在100kV条件下工作时，$\varepsilon = 0.8\%$。可见X射线管产生X射线的能量效率是十分低的，但是，目前X射线管仍是最实用的发生X射线的器件。

灯丝发射电子的能力随灯丝温度，也就是灯丝的加热电流而改变，当灯丝温度增高时，发射电子的能力也增大。由于钨的熔点高（3370℃），且蒸发率低，所以工业探伤用X射线管的灯丝采用钨制造。灯丝的主要形状有圆形、线形、矩形等，灯丝的形状、尺寸及聚焦杯的形状、尺寸，与灯丝的相对位置等，都直接影响 X 射线管的焦点。可通过调节灯丝变压器的电压改变灯丝电流，进而调节灯丝温度，过高的灯丝电流将烧毁灯丝。

  X 射线管的阴极特性是指在一定管电压下，管电流与灯丝电流之间的关系。图 2-4 所示是 X 射线管的阴极特性曲线。

  X 射线管的管壳封出一个高真空腔体，并在腔内封装阳极和阴极。管内的真空度应达到 $1.33 \times (10^{-5} \sim 10^{-3})$ Pa。管壳必须具有足够高的机械强度和电绝缘强度。工业射线检测常用的 X 射线管的管壳主要采用玻璃与金属或陶瓷与金属制造，采用玻璃与金属制造管壳的 X 射线管称为玻璃 X 射线管，采用陶瓷与金属制造管壳的 X 射线管分为两类，一类是金属陶瓷 X 射线管，另一类是波纹陶瓷 X 射线管。图 2-5 所示是波纹陶瓷 X 射线管的结构示意图。

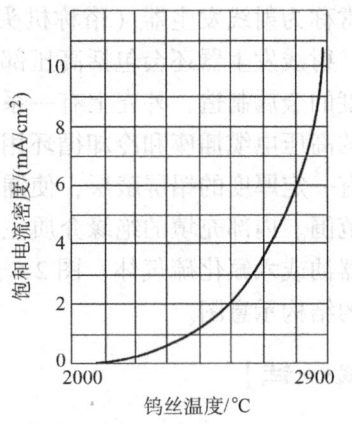

图 2-4   X 射线管的阴极特性曲线

  金属陶瓷 X 射线管以不锈钢管代替玻璃管壳，用陶瓷材料绝缘，与玻璃管壳的 X 射线管比较，它的主要特点是结构牢固、寿命长，现在已经是 X 射线管的重要类型。波纹陶瓷 X 射线管是广泛应用的另一类 X 射线管，它与金属陶瓷 X 射线管具有类似的特点。普通玻璃 X 射线管的寿命一般为 400~500h，陶瓷 X 射线管的寿命一般在 1000h 以上（这里所说的寿命是指 X 射线管的辐射量降低到规定值的 80% 以下，并不是指 X 射线管本身损坏）。

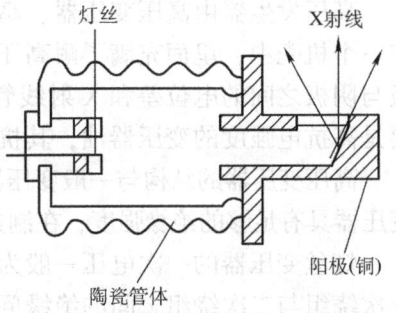

图 2-5   波纹陶瓷 X 射线管结构示意图

  目前，在工业射线检测中还使用的另一种 X 射线管是微焦点 X 射线管。这是一类特殊结构的 X 射线管，管的焦点尺寸可小到几微米，它采用了一套电子聚焦系统，以便形成很细的电子束。这种 X 射线管的工作电压较低，一般不超过 160kV，管电流也远小于普通 X 射线管，一般不超过数百微安。

  X 射线管中产生 X 射线的基本过程如下：X 射线管的阴极灯丝通过电流，被加热到 2000℃ 以上后发射电子，这些电子聚集在灯丝附近；当 X 射线管的阳极和阴极间施加上高压后，电子在这个高压作用下被加速，高速飞向阳极靶，穿过阳极和阴极之间的空间后撞击到阳极靶上；通过轫致辐射，电子的一部分动能转化为 X 射线，从 X 射线管的窗口中辐射出来。电子的大部分动能传给了阳极靶，使它迅速升温。

  从这个过程可以看出，为了保证 X 射线管能够正常工作，产生一定能量和强度的 X 射线，X 射线管必须具有足够的真空度、足够的绝缘强度和足够的散热能力。X 射线管的结构、所达到的绝缘强度和真空度，限定了在阳极和阴极间所能施加的最高电压。由于气体分子在电子的撞击下可以发生电离，产生附加的电流，真空度同时还将影响 X 射线管管电流的稳定性，这也直接关系到 X 射线管的正常工作和寿命。显然，如果不能很好地散热，X 射线管的阳极将迅速升到很高的温度，不仅会使阳极靶烧毁，而且也会导致 X 射线管整体损坏。

使用时，X 射线管置于一定的外壳中，X 射线管与此外壳和外壳中充填的绝缘介质等构成一个整体，通常称为射线发生器（俗称机头）。对便携式 X 射线机，射线发生器还会包括高压部分。外壳由具有一定强度的金属制造，外壳上有一系列的插座，包括可能有的高压电缆插座和冷却循环用的接管等。在外壳内应有一定厚度的铅屏蔽层，使漏泄辐射量降低到规定的范围。内部充填的绝缘介质主要是高抗电强度的变压器油或六氟化硫气体。图 2-6 所示是一种射线发生器的结构示意图。

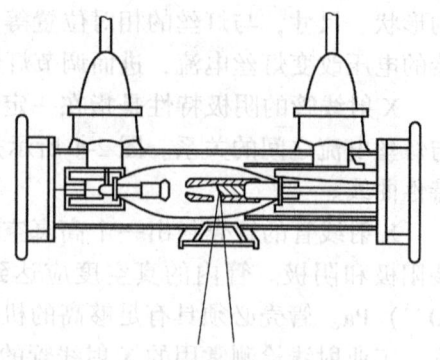

图 2-6 油浸 200kV X 射线机射线发生器结构示意图

【试一试】

试述 X 射线在 X 射线管中的产生过程。

三、高压发生器

高压发生器由高压变压器、高压整流管、灯丝变压器和高压整流电路组成，它们共同装在一个机壳中，里面充满了耐高压的绝缘介质。高压发生器提供 X 射线管的加速电压，阳极与阴极之间的电位差和 X 射线管的灯丝电压。高压发生器中注满高压绝缘介质，目前主要是高抗电强度的变压器油，其抗电强度应不小于 30~50kV/2.5mm。

高压变压器的结构与一般变压器相同，其特点是二次电压很高，但功率不大。为保证高压变压器具有足够的绝缘强度，在制造过程中应进行严格绝缘处理，以防止使用时发生击穿。

灯丝变压器的一次电压一般为 100~200V，二次电压常为 5~20V，必须解决的问题是一次绕组与二次绕组之间的绝缘问题。由于 X 射线管的阴极处于高压之中，而灯丝变压器的一次绕组处在低压线路之中，所以必须防止它们之间的高压击穿。正是由于这个原因，灯丝变压器必须置于高压绝缘介质之中。

高压整流电路有多种形式，典型电路有半波自整流电路、全波整流电路和恒压整流电路。

半波自整流电路是最简单的高压整流电路，其基本电路如图 2-7 所示，得到的电压波形如图 2-8 所示。在这种电路中，X 射线管本身起着整流二极管的作用。当 X 射线管施加交流电压时，利用自整流作用，在阳极电位为正半周时电流通过，X 射线管工作，发射 X 射线；在阳极电位为负半周时电流不能通过，X 射线管不工作，不发射 X 射线，即半波自整流电路只在半周的时间内发射 X 射线。

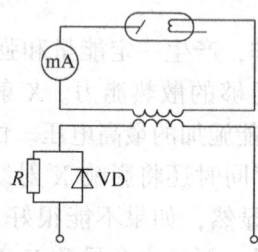

图 2-7 半波自整流电路

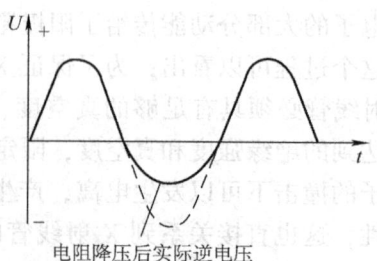

图 2-8 半波自整流电路的电压波形

半波自整流电路的优点是结构简单、部件少、体积小，多用于便携式 X 射线机。但半波自整流电路也存在明显的缺点，主要是仅在半周发射 X 射线，电源利用率低；此外，在高压的负半周，X 射线管要承受很高的反向电压，如果阳极温度很高，可能会因发射电子而出现反向电流，为避免这一问题，电路中常采用逆电压降低电路，这样一来，在负半周仅有较低的电压加在 X 射线管上。

全波整流电路的基本电路如图 2-9 所示。当交流电处在不同半周时，可分别通过不同的整流二极管将电压施加在 X 射线管上，使 X 射线管工作，发射 X 射线。此电路电源利用率高，X 射线管不存在需要承受反向高压的问题。电路存在的主要缺点是输出的电压波形不稳定，即输出的 X 射线不稳定。

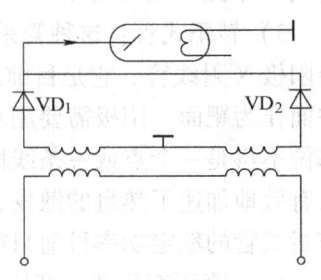

图 2-9 全波整流电路

全波恒压整流电路的基本电路如图 2-10 所示，得到的电压波形如图 2-11 所示。为了提高 X 射线管的辐射强度，必须采用波动很小的直流电对 X 射线管供电。如图 2-10 所示，在正半周时，交流电对电容 C_1 充电，电容 C_2 放电；在负半周时，交流电对电容 C_2 充电，电容 C_1 放电。正半周时电流的路径是高压变压器→整流二极管 VD_1→X 射线管→电容器 C_2→高压变压器。负半周时电流的路径是高压变压器→电容器 C_1→X 射线管→整流二极管 VD_2→高压变压器。X 射线管上的高压是高压变压器上的电压与电容器上的电压之和，即实际施加到 X 射线管上的电压近似比高压变压器二次电压高一倍。由于电容的充电时间远小于放电时间，因此，X 射线管上的电压变化较小。

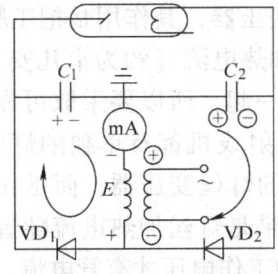

图 2-10 全波恒压整流电路

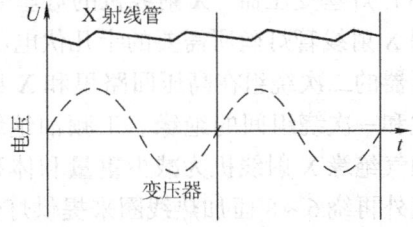

图 2-11 全波恒压整流电路波形

全波恒压整流电路不仅减少了 X 射线管输出 X 射线强度的波动，而且具有倍压作用，因此，这种电路受到了广泛的重视。

四、X 射线机的基本结构

1. 高压部分

X 射线机的高压部分包括 X 射线管、高压发生器（高压变压器、灯丝变压器、高压整流管和高压电容）及高压电缆等。

（1）X 射线管　X 射线机的核心器件是 X 射线管，其工作原理如前文所述。

常用的 X 射线管按其结构设计的特点可分为三种类型：

1）可拆式管：这种 X 射线管在真空下工作，配有真空系统，使用时需抽真空，使管内真空度达到 10^{-5} mPa 或更佳。不同元素的靶可以随时更换，灯丝损坏后也可以更换，这种管的寿命可以说是无限的。

2）密封式管：这是最常使用的 X 射线管，它的靶和灯丝密封在高真空的壳体内。壳体上有对 X 射线"透明"的 X 射线出射"窗孔"。靶和灯丝不能更换，如果需要使用另一种靶，就需要换用另一只相应靶材的管子。这种管子使用方便，但若灯丝烧断，它的寿命也就完全终结了。密封式 X 射线管的寿命一般为 1000～2000h，它的报废往往并不是因灯丝损坏，而是由于靶面被熔毁或因受到钨蒸气及管内受热部分金属的污染，致使发射的 X 射线谱线"不纯"而被废用。

3）转靶式管：这种管采用一种特殊的运动结构以大大增强靶面的冷却能力，即所谓旋转阳极 X 射线管，它是目前最实用的高强度 X 射线发生装置。管子的阳极设计成圆柱体形，柱面作为靶面，阳极需要用水冷却。工作时阳极圆柱以高速旋转，这样靶面受电子束轰击的部位不再是一个点或一条线段，而是被延展成阳极柱体上的一段柱面，使受热面积展开，从而有效地加速了热量的散发，所以这种管的功率能远远超过前两种管子。对于铜或钼靶管，密封式管的额定功率目前只能达到 2kW 左右，而转靶式管最高可达 90kW。

(2) 高压变压器　高压变压器的作用是将几十伏到几百伏的低电压通过变压器升到 X 射线管所需的高电压。它的特点是功率不大（约几千伏安），但输出电压却很高，达几百千伏，因此对高压变压器的要求是二次绕组匝数多、线径细、绝缘性能高、不易因过热而损坏。

高压变压器的选材和制作要求很严，铁心一般用磁导率高的冷轧硅钢片叠成"口"字和"日"字形。绕组要选用含杂质少的高强漆包线，层间绝缘材料一般用多层电容纸（对气绝缘 X 射线机则多用聚酯薄膜或热性能更好的聚亚胺薄膜），绕制时要十分注意匝间和层间的绝缘，不得混入灰尘和污物，绕制好的变压器需经真空干燥处理后再使用。

(3) 灯丝变压器　X 射线机的灯丝变压器是一个降压变压器，其作用是把工频 220V 电压降到 X 射线管灯丝所需要的十几伏电压，并提供较大的加热电流（约为十几安）。由于灯丝变压器的二次绕组在高压回路里和 X 射线管的阴极连在一起，所以要采取可靠措施，确保二次和一次绕组间的绝缘。工频油绝缘和恒频气绝缘 X 射线机都有单独的灯丝变压器；而变频气绝缘 X 射线机为减少重量和体积，往往没有单独的灯丝变压器，而是在高压变压器绕组外再绕 6～8 匝加热线圈来提供灯丝加热电流，其结果是灯丝加热电流随着高压变压器的一次电压变动而变化，射线机只有在管子上加有一定的工作电压才有管电流。该电路设计时必须妥善考虑 X 射线管的灯丝发射特性和整机工作电压及电流的相互配合。

(4) 高压整流管　常用的高压整流管有玻璃外壳二极整流管和高压硅堆两种，其中使用高压硅堆可节省灯丝加热变压器，使高压发生器的重量和尺寸减小。

(5) 高压电容　这是一种金属外壳、耐高压、容量较大的纸介电容。便携式 X 射线机没有高压整流管和高压电容，其他高压部件均在射线机头内。移动式 X 射线机有单独的高压发生器，内有高压变压器、灯丝变压器、高压整流管和高压电容等。

(6) 高压电缆　移动式和固定式 X 射线机的高压发生器与射线发生器之间，应采用高压电缆连接。高压电缆的结构大体包括同轴芯线、绝缘层、半导体层、金属网和保护层，它的基本结构如图 2-12 所示。高压电缆在使用中最常见的故障是电缆端头处发生击穿。

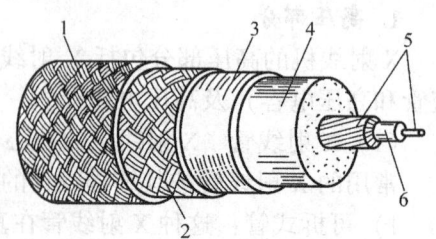

图 2-12　高压电缆结构示意图
1—保护层　2—金属网　3—半导体层
4、6—绝缘层　5—同轴芯线

2. 冷却部分

冷却是保证X射线机长期使用的关键，冷却效果的好坏直接影响X射线管的寿命和连续使用时间。对常用的低压X射线机，X射线管只能将1%左右的电子能量转换为X射线，绝大部分的能量在阳极靶上转换为热量，加热阳极靶和阳极体，X射线管会因阳极过热而发生损坏。冷却不好，还会发生高压变压器过热，绝缘性能变坏，耐压强度降低而击穿的事故。因此，为了使X射线管能正常工作，X射线机必须有良好的冷却系统。X射线机在设计制造时，都会采取各种措施保证冷却效率。常采用的冷却方式可粗略地分为三种：油循环冷却、水循环冷却和辐射散热冷却。

用油绝缘的便携式X射线机常采用油循环冷却方式中的自冷方式。它的冷却是靠机头内部温差和搅拌油泵使油产生对流带走热量，再通过壳体把热量散发出去。

移动X射线机多采用循环油冷却方式。X射线管的冷却有单独油箱，以循环水冷却油箱内的变压器油，再用油泵将油箱内的变压器油按一定流量注入X射线管阳极空腔内冷却靶，将热量带走，其冷却效率较高。

固定式X射线机采用油循环系统，冷却油从油箱泵进入射线发生器（X射线管的阳极端），从射线发生器的另一端（X射线管的阴极端）离开，带走热量，返回油箱。为了增强冷却效果，常又采用流动水冷却循环油。

用六氟化硫（SF_6）气体作绝缘介质的便携式X射线机主要应用辐射散热冷却。由于采用了阳极接地电路，X射线管阳级尾部可伸到机壳外，其上装散热片，并用风扇进行强制风冷，通过散热片辐射和射线发生器外壳散热达到冷却的目的。其构造如图2-13所示。

3. 控制和保护部分

X射线机的控制和保护系统主要包括基本电路、电压和电流调整部分、冷却和时间等的控制部分、保护装置等。

X射线机电路接通的基本步骤是：接通电源和冷却系统→接通X射线管的灯丝加热电路和整流加热电路→接通高压电路。其中基本控制电路原理如图2-14所示，这个基本控制电路保证了X射线机必须按上述过程接通，从而保证了X射线机安全正常的工作。

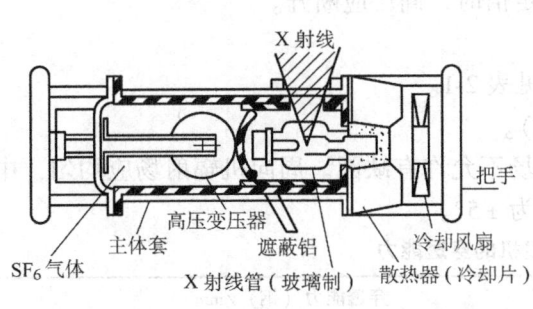

图2-13 阳极接地气体冷却X射线机

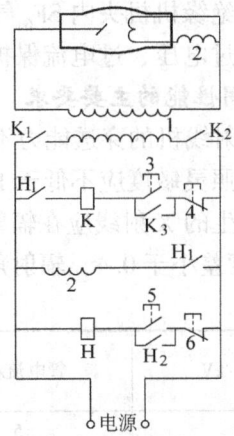

图2-14 X射线机的基本控制电路原理图
1—高压变压器 2—灯丝变压器 3、4—高压发生通断按钮 5、6—灯丝加热通断按钮
K—高压发生继电器 H—灯丝加热继电器

在实际的 X 射线机电路中，还必须包括一系列其他电路，其中至少包括高压调整电路、灯丝加热调整电路、曝光时间控制电路和保护电路与装置。

高压调整电路一般是在高压变压器的一次线路上接上自耦变压器，通过调整自耦变压器调节高压变压器的二次电压，实现对 X 射线管高压的调整。灯丝加热调整电路主要是在灯丝加热变压器的一次绕组上串联一个可变电阻器，通过改变电阻器的阻值改变灯丝变压器二次的电压和灯丝加热电流，实现对 X 射线管管电流的控制。

为了保证 X 射线机的安全工作，在 X 射线机的电路中还设置了一系列的保护电路和装置，其中最主要是下面这些：

1）过电流保护。采用过电流继电器实现保护，即当 X 射线管的管电流超过规定的限值后，过电流继电器的常闭触点断开，从而切断电路。

2）过电压保护。采用过电压继电器实现保护，即当高压变压器一次电压超过规定的限值后，过电压继电器的常闭触点断开，从而切断电路。

3）油温保护。一般油温继电器置于射线发生器中，即当油温超过规定的限值（60 ± 5）℃时，油温继电器将切断电路。

此外还有零位接触器、水压开关、气压开关、油压开关、时钟零位开关等，一旦 X 射线机中出现异常情况或工作条件不符合要求，这些保护装置也将动作，这时 X 射线机将不能加上高电压或电路将被切断。

五、X 射线机的主要技术条件

X 射线机的主要技术条件包括对 X 射线机电气性能的要求和使用性能的要求。

1. 电气性能的主要要求

1）输入电流和电压波动不应超过额定值的 ±10%，输出电压波动应不大于额定值的 ±2%。

2）计时器误差应在额定值的 5% 之内。

3）温度继电器的整定值为（60 ±5）℃。

4）低压电路绝缘电阻应大于 2MΩ。

5）X 射线机应有保护接地，接地电阻不大于 0.5Ω。

6）气绝缘机机头内 SF_6 气压低于 0.34MPa（20℃）时高压应断开。

7）有过电压、过电流保护装置，超过规定值时，高压应断开。

2. 使用性能的主要要求

1）X 射线机的穿透能力不低于规定值，见表 2-1。

2）透照灵敏度应不低于 1.8%（对 Q235）。

3）产生的 X 射线应在辐射范围内，辐射场不允许有缺圆。周向机辐射场应均匀，中心平面内黑度差小于 0.4，辐射角偏差的规定值为 ±5°。

表 2-1　X 射线机的穿透能力

管电压/kV	管电流/mA	穿透能力（钢）/mm	
		定向机	周向机
150	5	≥19	≥12（锥靶）
200	5	≥29	≥27/24（平靶/锥靶）
250	5	≥39	≥37/34（平靶/锥靶）
300	5	≥50	≥47/40（平靶/锥靶）

六、X 射线机的使用、维护和修理

X 射线机是比较贵重的设备，正确使用和及时维护可以延长其使用寿命。

1. X 射线机的操作程序

各种型号的 X 射线机控制部分的电路原理有很大差别，它们的操作应按设备说明书的要求进行。通常的操作程序为：

（1）通电前准备

1）用电源线、电缆线将控制箱、机头、高压发生器及冷却系统等可靠连接，保证插头接触良好。

2）检查使用电源电压是否为 220V。

3）控制箱可靠接地。

（2）通电后检查　接通电源后，检查控制箱面板上的电源指示灯是否亮，冷却系统是否开始工作（油绝缘机的油泵工作，气绝缘机的机头风扇转动）。

（3）曝光准备　油绝缘机"kV"、"mA"表数显调到零位，"时间"表调到预定位置，气绝缘机"kV"、"时间"表预置到规定位置。

（4）曝光　按下"高压"开关，红灯亮，表示高压已接通，开始曝光。

1）对油绝缘机，应均匀调节"kV"、"mA"表到规定值。对气绝缘机，自动调节"kV"表到预定值。

2）冷却系统必须可靠工作。

（5）曝光结束

1）对油绝缘机，当蜂鸣器响时，应均匀调节"kV"、"mA"表回零，红灯灭，高压切断，时间复位。

2）对气绝缘机，当蜂鸣器响时，"kV"、"mA"灯灭，高压切断，时间复位。

（6）曝光过程　如发现异常，可按下"高压"开关，切断高压，分析原因后，方可考虑是否继续进行操作。

2. X 射线机的使用注意事项

X 射线机在日常使用中应严格遵守使用说明，认真进行各项维护工作，其中应特别注意的是下列各项：

（1）认真训机　X 射线管是一个高真空度的器件，如果真空度降低，一是可能引起高压击穿，损坏 X 射线管；二是高速电子可将管中的气体电离，产生很大的管电流，造成 X 射线管损坏。

在制造过程中，X 射线管的管壳、电极都经过严格的排气处理，但 X 射线管内的材料析出气体和 X 射线管本身的漏泄等，会导致真空度降低。为了保证 X 射线管的真空度，新安装的 X 射线管，或关机一段时间再起用的（即不是连续使用的）X 射线机，在开机后都必须按说明书要求进行逐步升高电压的训练，吸收 X 射线管内的气体，提高 X 射线管的真空度，这一过程称为训机。

训机的方法原则上按说明书要求进行。一般玻璃管 X 射线机，训机可以从额定管电压的 1/3 开始，电流从 2~3mA 开始，逐步将电压、电流升高，达到额定值，在升高压过程中要密切注意电流的变化，如"mA"表指示不稳定，则应降低管电压重新训练，如反复数次仍然不稳定，则说明该 X 射线管真空度不良，已不能使用。

玻璃管 X 射线机管电压的增加速度与停用时间的关系见表 2-2。

表 2-2 玻璃管 X 射线机训机升压速度

停用时间	8~16h	2~3天	3~21天	21天以上
升压速度	10kV/30s	10kV/60s	10kV/2.5min	10kV/5min

金属陶瓷管 X 射线机对训机的要求更加严格，这种 X 射线机控制部分一般都装有延时线路、自动训机线路等，如不按要求进行训机，则高压送不上。其训机要求见表 2-3。

表 2-3 金属陶瓷管 X 射线机训机要求

终止使用时间	训 机 方 法
1 天	只需自动训机到使用电压值，若使用电压较前一天高，可自动训机至前一天值后手动按 10kV/min 升至使用值
2~7 天	手动训机，从最低值开始，按 10kV/min 升至最高值（到 210kV 时，需休息 5min，然后继续训练），训练完毕，放置在使用值上
7~30 天	手动训机，从最低值开始，每 5min 升一级，至最高值，每训机 10min，休息 5min
30~60 天	手动训机，从最低值开始，每 5min 升一级，至最高值，每升一级休息 5min
60 天以上	按上述方法进行，但需增加休息时间和训练次数

（2）可靠接地 X 射线机是高电压设备，为避免漏电和感应电的影响，控制箱和高压发生器都应可靠接地。

便携式 X 射线机由于工作场所是流动的，无法采用固定接地，因此要使用临时接地。常用的方法是利用工作场所附近的接地体，亦可采用一根 $\phi 10mm \times 300mm$ 的接地棒，打入土中 250mm（选择较潮湿的地方），便能满足要求。对变频气冷式 X 射线机，严禁用电焊机的地线作接地体，因为电焊机在引弧时，可能会发生高频感应电流串入并击穿控制箱内的半导体元件的事故，造成不必要的损失。

移动式 X 射线机一般应采用固定接地，可参照电气设备接地要求去做，接地电阻应小于 0.5Ω。

（3）检查电源波动值 电源电压应符合该 X 射线机说明书的要求，其波动值不得超过额定电压的 ±10%，必要时应加调压器或稳压电源，以保证 X 射线机的正常工作。

（4）充分预热与冷却 X 射线管的灯丝和阳极靶工作在高温高压下，灯丝金属会挥发，由于在 X 射线管中，电子动能的绝大部分转换为热能，阳极急剧升温，如果不注意充分冷却，将导致阳极过热，阳极靶面蒸发或熔化，并会加大气体的释放，最终使 X 射线管损坏。因此，在使用 X 射线机时，除了限定额定工作电压和工作电流外，还必须注意预热和冷却。

开机后，应使灯丝经历一定的加热时间，再将高压送到 X 射线管；关机前，应使 X 射线管的灯丝在无高压下保持加热一段时间。这将减小 X 射线管灯丝不发射电子状态与强烈发射电子状态之间的突然变化，这种突然变化将加速灯丝的老化，减少 X 射线管的寿命。

X 射线机在工作过程中要有可靠的冷却，对于油绝缘机应主要检查循环油泵、冷却水是否正常；气体绝缘机应检查机头上的冷却风扇是否工作。

为了达到充分冷却，除了保证冷却系统正常工作外，还必须遵守 X 射线机工作方式的规定，在高压加载一定时间后必须按照规定间歇一定时间，防止 X 射线机因冷却不足造成事实上的工作，形成超负载的过度使用，这将很快或严重损伤 X 射线管。

（5）间息时间　X 射线机一般要求按 1:1 的时间比例工作和休息，以确保 X 射线管充分冷却，防止过热。不同的 X 射线机对工作方式都有明确的规定，一般都规定了允许的最长连续工作时间，同时规定了相等的高压加载时间和间歇冷却时间。便携式 X 射线机经常采用高压加载 5min、间歇冷却 5min 的工作方式；移动式和固定式 X 射线机，由于冷却系统较好，最长连续工作时间可达 30min 或更长，工作方式一般也是采用相等的高压加载时间和间歇冷却时间。

3. X 射线机的维护和保养

做好日常定期维护工作，对于保证 X 射线机长期处于正常工作状态和延长使用寿命都具有重要意义。为了减少 X 射线机出现使用故障，应做好经常性的维护和保养工作。

1）X 射线机应摆放在通风干燥处，切忌放在潮湿、高温、腐蚀等环境，以免降低绝缘性能。

2）运输时要采取防振措施，避免因剧烈振动而造成接头松动、高压包移位、X 射线管破损等。

3）保持清洁，防止尘土、污物造成短路和接触不良。

4）保持电缆头接触良好，如因使用时间过长，造成磨损、松动、接触不良，则应及时更换。

5）经常检查机头是否漏油（窗口处有气泡）、漏气（压力表示值低于 0.34MPa），应注意及时予以补充，确保绝缘性能满足要求。

4. X 射线机的常见故障

（1）工频油绝缘 X 射线机常见故障

1）低压部分的故障及其可能原因如下：

① 控制箱指示灯不亮，电压表指针不动。可能的原因是电源开关或插座接触不良；控制箱内熔丝松脱或已烧毁；电源电缆接错或断线；控制箱电源开关失灵或内部线头断开。

② 电压表指示正常，电源指示灯不亮。可能的原因是指示灯烧毁；控制箱熔丝松脱或熔断。

③ 指示灯亮，电压表无指示。可能的原因是电压表表头损坏；电压表连接线松脱或断开；不同档位转换接点接触不良。

④ X 射线管灯丝不亮。可能的原因是毫安调节电阻断线；阴极电缆断线；灯丝变压器初级回路不通；灯丝变压器次级至 X 射线管灯丝连线松脱或断线；X 射线管灯丝烧毁。

2）高压部分的故障及其可能原因如下：

① 高压电源不能接通。该故障的原因除高压电缆插头接触不良或断线外，均为保护回路不通，包括温度继电器开路；零位开关开路；计时开关失灵或未调离零位；循环冷却油中断，油通开关不通；循环水中断，水压开关不通。

② 接通高压电源后，发生跳闸。原因是主接触器不能自保；高压回路过载。

③ 毫安表工作不正常。原因是机头有气泡（"mA" 表指示不正常或剧烈摆动一下后切断高压）；绝缘油强度低（送高压时，"mA" 表不规律跳动，重复试验，现象加重）；X 射线管真空度不够（送高压时，"mA" 表上升很快，当 "kV" 表达到一定值后，"mA" 表剧烈摆动一下，切断高压，重复试验，该现象有时加重，有时好转）；阳极电缆击穿

("mA"表不动或轻微动一下,高压指示灯闪跳,高压合闸后,又立即切断,反复试验,逐渐严重);阴极电缆击穿(轻微时"mA"表跳动,偶尔剧烈摆动一次后切断高压,严重时送电即断)。

④ "kV"表升不到额定值。原因是电源电压过低;电缆线太长;调压器老化或碳刷被挡住。

3)其他故障及其可能原因:

① 控制箱噪声较大。若有机械振动声,多为控制箱内继电器、接触器等元件螺钉松动;若噪声异常大,多为机头高压变压器二次绕组击穿短路造成;调压器超载,低压变压器有短路现象。

② 机头局部高温。原因是机头内油泵停转,绝缘油停止循环;冷却油路不通,阻止冷却油循环。

③ 机头漏油。原因是机头密封面垫圈损坏或老化;密封面紧固螺钉松动;机头插座处的环氧树脂浇固不良;膨胀器紧固不严或有穿孔。

④ 机头在特殊位置下才能工作。X射线管松动;高压电缆断线,产生时通时断现象。

⑤ 油温补偿器(橡皮膨胀器)穿孔。除外界的因素造成穿孔外,多是由于灯丝变压器二次引出线距膨胀器太近而造成电击穿孔。

(2)变频气绝缘X射线机常见故障

1)接通电源,电源灯不亮。原因是电源电缆接触不良;电源指示灯损坏;2A熔丝熔断;空气开关损坏。

2)接通电源,过1min后,准备灯不亮。原因是电缆头接触不良;电缆内部断线;延迟电路有故障。

3)接通电源,计时器不亮或显示不正常。原因是计时器插板松动;计时器拨盘接触不良;计时器电路有故障。

4)接通电源,一次电压表指针不动。原因是电压表损坏或表头引线脱落;主整流桥堆损坏;主整流桥堆触发信号有故障。

5)接通电源,空气开关跳闸。原因是开关两端压敏电阻被击穿;主回路有短路现象;主整流桥堆损坏;逆变输出有短路。

6)接通高压电源,千伏灯不亮但有逆变。原因是电源低压整流有故障;千伏指示灯损坏;引线脱焊。

7)接通高压电源,毫安指示灯不亮。原因是计时器电路有故障;电缆头接触不良;电缆内部或机头内部回毫安指示灯线断路;20A熔丝熔断;X射线管灯丝断;高压线包击穿、接地。

8)接通高压电源时,空气开关跳闸。原因是高压线包短路或损坏;X射线管击穿;逆变脉宽过大。

9)接通高压电源,自动保护。原因是主整流桥堆电压过高;电流调节过大或过小(不在整定值范围内);计时器回路有故障;机头内部温度过高,温度断电器损坏;机头内SF_6气体气压不足(低于0.34MPa)。

10)冷却风扇不转。原因是导线断;叶片卡住;风扇损坏;起动电容损坏。

(3)微机控制X射线机的常见故障

1) 接通电源，电源灯不亮，风机不转。原因是电源开关坏；电源电缆线接触不良或断开；2A 熔丝熔断；风机损坏、电源灯损坏。

2) 按"训练"或"高压"按钮后，20A 熔丝熔断，电源开关跳闸或控制箱有异常响声。原因是 X 射线管或高压线包损坏；斩波器损坏，输出直流电压；X 射线发生器气压低于 0.34MPa；X 射线发生器压敏电阻短路；控制电缆接头线或内部短路。

3) 接通电源，显示器显示"Fb"。原因是有强信号干扰（可关机重新起动）；主整流间闸管损坏；控制线路有故障；电源电压波动过大。

4) 按"训练"或"高压"按钮后约 3s 停机，显示器显示"OA"。原因是低压电缆接触不良或断开；20A 熔丝熔断；X 射线管灯丝断或进气；高压线包次级灯丝引线开路；控制线路故障。

5) 按"训练"或"高压"按钮后，显示器显示"Fc"。原因是控制电缆自保线接触不良或断开；温度继电器回路断开；控制箱内部线路有故障。

6) 按"训练"或"高压"按钮后，显示器显示"Ob"。原因是控制线路损坏，无输出电压；主整流电路损坏，无输出电压。

7) 工作过程中显示器显示"FA"。原因是 X 射线管未训练好，有放电现象；控制线路有故障；发生器内部导线松动，引起高压放电。

【想一想】

工作中射线机出现故障，你能根据所学内容，大致推断出出现故障的原因吗？

模块二 γ 射 线 机

一、γ 射线源的主要特性参数

放射性同位素有 2000 多种，但只有那些半衰期较长、比活度较高、能量适宜、取之方便和价格便宜的同位素才适用于检测。目前，在工业射线照相探伤中使用的 γ 射线源主要是人工放射性同位素：^{60}Co、^{192}Ir、^{75}Se、^{170}Tm 等，它们的主要特性见表 2-4。

表 2-4 常用 γ 射线源的主要特性

γ 射线源		^{60}Co	^{192}Ir	^{75}Se	^{170}Tm
主要能量/MeV		1.17、1.33	0.30、0.31、0.47、0.60	0.13、0.26	0.052、0.084
半衰期		5.3 年	74 天	120 天	128 天
K_r	R·m²/(h·Ci)	1.30	0.48 (0.55)	0.20 (0.125)	0.0014
	C·m²/(kg·h·Bq)	9.2×10^{-5}	3.3×10^{-15}	1.4×10^{-15}	0.01×10^{-15}
等效能量		1.25MeV	400keV	217keV	84keV
适宜厚度（钢）/mm		40~200	20~100	10~40	≤5

表中的 K_r 称为照射量率常数，由于采用法定计量单位的值比较复杂，因此并列给出非法定计量单位的值，这时它表示在无滤波的条件下，在距活度为 1Ci 的射线源 1m 处，1h 时间内的照射量的伦琴（R）数值。

放射性活度的定义为 γ 射线源在单位时间内发生的衰变数，单位是贝可（勒尔），符号是 Bq。1Bq 表示在 1s 的时间内有 1 个原子核发生衰变,旧的活度单位是居里,符号是 Ci,1Bq = 2.703×10^{-11}Ci。对同一种 γ 射线源,放射性活度大的源在单位时间内将辐射更多的 γ 光子,但对不同的 γ 射线源,即使放射性活度相同,也并不表示它们在单位时间内辐射的 γ 光子数目相同,这是因为,不同的放射性同位素在一个核的衰变中放出的 γ 光子数目可以不同,例如,^{60}Coγ 射线源的每一个核衰变时都放出 2 个能量不同的光子,而 ^{170}Tm 衰变时,却不是每个核都放出光子,只有总衰变数的 8% 产生 γ 射线。所以,放射性活度并不等于 γ 射线源的强度,但两者存在一定的关系。因此,同一种放射性同位素源,放射性活度大的源,其辐射的 γ 射线强度也大,但对非同种放射性同位素的源则不一定。

放射性比活度的定义为单位质量放射源的放射性活度,单位是贝可/克,符号为 Bq/g。放射性比活度不仅表示了放射源的放射性活度,而且表示了放射源的纯度。实际上,任何 γ 射线源中总伴有一些杂质,不可能完全由放射性同位素组成,因此,放射性比活度更能表明射线源辐射 γ 射线的情况。放射性比活度大,意味着在相同活度条件下,该种放射性同位素的源,尺寸可以做得更小一些。

对于工业射线检测来说,在选择 γ 射线源时应考虑的主要特性是能量、放射性比活度、半衰期和源尺寸。由于不同的 γ 射线源的能量是固定的,所以应按照被检测工件的材料和厚度,选择适当的 γ 射线源,γ 射线源的能量是否适当直接关系到检测的灵敏度。

二、γ 射线检测设备的特点

1. γ 射线检测设备的主要优点

1)探测厚度大,穿透能力强。对钢工件而言,400kV X 射线机的最大穿透厚度为 100mm 左右,而 ^{60}Co γ 射线机的最大穿透厚度可达 200mm。

2)体积小、重量轻、不用电、不用水,特别适用于野外作业和在用设备的检测。

3)效率极高,对环缝和球罐可进行周向曝光和全景曝光。同 X 射线机相比大大地节约了人力、物力,降低了成本,提高了效益。

4)设备故障率低,无易损部件,价格低。

5)可以连续运行,且不受温度、压力、磁场等外界条件影响。拍片条件只通过简单计算即可确定,拍片工艺稳定,可操作性好。

2. γ 射线检测设备的主要缺点

1)γ 射线源都有一定的半衰期,有些半衰期较短的 γ 射线源(如 ^{192}Ir)更换频繁。

2)放射源能量固定,无法根据试件厚度进行调节。

3)射线强度随时间的增加而减弱,使曝光时间受到制约。

4)固有不清晰度一般说来比 X 射线机大,用同样的器材及透照技术条件,其灵敏度稍低于 X 射线机。

5)对安全防护要求高,管理严格。

三、γ 射线检测设备的分类与结构

1. γ 射线检测设备的分类

按 γ 射线机结构的不同可将其分为直通道形式和"S"通道形式。

按所装放射性同位素不同,可将其分为 ^{60}Co γ 射线机、^{137}Cs γ 射线机、^{192}Ir γ 射线机、^{170}Tm γ 射线机、^{169}Yb γ 射线机及 ^{75}Se γ 射线机。

按使用方式可将其分为手提式(一个人可单独携带)、移动式(能以适当专用设备移动，但不是手提式的）和固定式（固定安装或只能在特定工作区作有限移动）。

目前工业γ射线探伤主要使用手提式^{192}Ir γ射线机、^{75}Se γ射线机和移动式^{60}Co γ射线机、^{170}Tm γ射线机和^{169}Yb γ射线机，它们在轻金属及薄壁工件的探伤中具有优势。^{75}Se γ射线机由于其能量适中，可得到优良的成像；半衰期相对较长（120天），可减少换源次数；既经济又实用，设备轻便、容易防护等特点，在国内得到日益广泛的应用。

手提式γ射线机轻便，体积小、重量轻，便于携带，使用方便，但从辐射防护的角度，其不能装备能量高的γ射线源。移动式和固定式γ射线机体积较大，重量也较大，移动需借助适当的装置，但由于容许采用更多材料进行辐射防护设计，因此可以装备能量高和放射性活度较大的γ射线源。

我国辐射防护标准 GBZ 18465—2002 对这三类γ射线机的源容器的防护性能（以其周围空气比释动能率控制值度量）作了具体的规定，见表2-5。

表 2-5　γ射线机源容器周围空气比释动能率控制值

源容器类别	源容器外表面	距外表面 50mm 处	距外表面 1m 处
手提式	≤2mGy/h	≤0.5mGy/h	≤0.02mGy/h
移动式	≤2mGy/h	≤1mGy/h	≤0.05mGy/h
固定式	≤2mGy/h	≤1mGy/h	≤0.10mGy/h

国内生产的部分γ射线机的主要技术参数见表 2-6。

表 2-6　γ射线机的主要技术参数

γ射线机型号	CTS—I	YTS—I	SETS—I
外形尺寸	530mm×390mm×310mm	421mm×242mm×287mm	240mm×110mm×180mm
主机重量/kg	200	28	8.5
屏蔽材料与重量	贫化铀，135kg	贫化铀，19kg	贫化铀，3.2kg
γ射线源	^{60}Co	^{192}Ir	^{75}Se
额定源活度/Bq	3.7×10^{12}（100Ci）	3.7×10^{12}（100Ci）	2.96×10^{12}（80Ci）
通道形式	S 通道	S 通道	直通道
输源方式	自动/手动	自动/手动	自动/手动
驱动机构长度/m	11	10	10
输源管长度	3 根×2.1m	3 根×2.1m	3 根×2.1m

2. γ射线检测设备的结构

γ射线检测设备大体可分为五个部分：源组件、射线机机体、驱动机构、输源管和附件，其结构如图 2-15 所示。

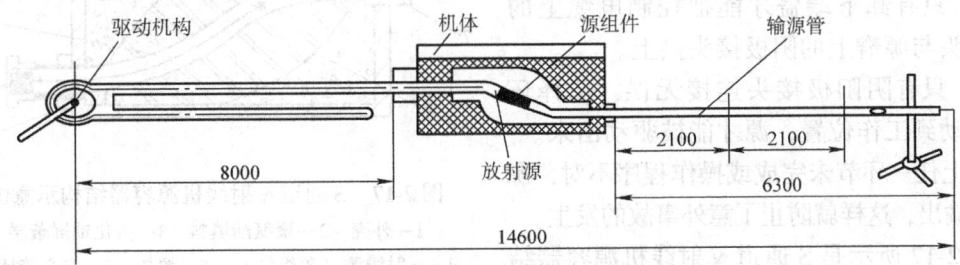

图 2-15　γ射线检测设备示意图

（1）源组件　源组件也称为源辫，由γ射线源、外壳、源辫子、屏蔽杆构成。γ射线源密封在外壳中，外壳由内外两层构成，内层是铝壳，外层一般由不锈钢制造，通过等离子焊将一定形状和尺寸的放射性同位素密封在外壳之中，防止放射性同位素散失。外壳的结构和强度有严格要求，它必须在一定的温度、压力、振动、冲击等的作用下不发生损坏，不会导致放射性同位素外泄。图 2-16 所示是源组件的结构示意图。源组件与源托连接，通过源托与驱动机构连接在一起。

（2）γ射线机的机体　γ射线机的外形比较小巧，源容器是γ射线源的储存装置，是γ射线机的主机。在不曝光时，γ射线源被收回置于源容器中，为了减少γ射线辐射的外泄，源容器内部都装备了屏蔽材料，近年来主要采用贫化铀代替铅作为屏蔽材料。机体屏蔽容器内部通道的设计主要有两种形式：S 通道和直通道。S 通道（也称迷宫式）机体结构紧凑，比较简单，在各方向具有近似相等的屏蔽厚度；直通道式机体虽然比 S 通道机体轻一些，但是有效屏蔽较差，需利用适当的结构使γ射线源在存放到源容器中时，不存在直接向外辐射的通道，故其结构复杂。

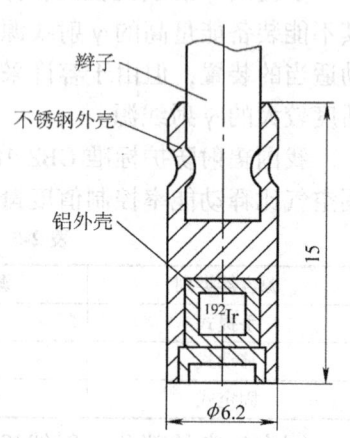

图 2-16　源组件结构示意图

源容器的通道端口都设计有可快速连接的接口，源容器上还都设计有一套安全连锁机构。这些装置和机构用以保证正确和安全操作γ射线机，避免发生意外事故。

γ射线机的主机采用"S 通道"结构，即在屏蔽材料内有一个"S"形的通道。这种装置是基于辐射是以源为始点，以直线向外传播的原理设计的。因为屏蔽体是"S"形，使得射线不能按直线路径从屏蔽体中透射出来，从而达到防护的目的。屏蔽体由于用贫化铀材料制作而成，因此比铅屏蔽体的体积和重量减小许多。机体上还设有安全联锁装置，可防止错误操作，例如当源不在安全屏蔽中心位置时，安全锁就锁不上，这时需要用驱动器来调节源的位置使其到达屏蔽中心，因此该装置能保证源始终处于最佳屏蔽位置。操作时如果控制电缆与源辫未连接好，该装置可使操作者无法将源输出，避免了源失落事故的发生。该装置采用规定程序来保证操作安全可靠，程序过程如下：

1）只有专用钥匙才能打开安全锁。

2）只有打开安全锁才能旋动选择环。

3）只有选择环到"连接"位置才能卸下端盖。

4）只有卸下端盖才能把控制电缆上的阳极接头与源辫上的阴极接头接上。

5）只有阴阳极接头连接无误，选择环才能转动到工作位置，源才能被驱动出来。

以上任一环节未完成或操作程序不对，源就无法输出，这样就防止了意外事故的发生。

图 2-17 所示是 S 通道γ射线机源容器结构示意图。

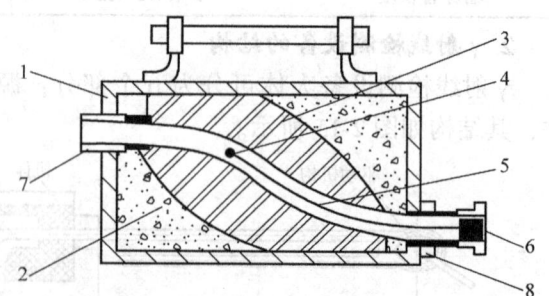

图 2-17　S 通道γ射线机源容器结构示意图
1—外壳　2—聚氨酯填料　3—贫化铀屏蔽层
4—γ射线源（源组件）　5—源托　6—安全接插器
7—快速连接器　8—密封盒

(3) 驱动机构 驱动机构是用来将放射源从机体的屏蔽储存位置驱动到曝光焦点位置，并能将放射源收回到机体内的装置。驱动机构由一套控制部件、控制导管、驱动部件构成，在使用时它与源容器连接，用来送出和收回γ射线源。行程记录装置可以指示γ射线源所处的位置。驱动方式可分为自动（电动）方式和手动方式两种。手动方式是通过手摇动驱动手柄，使γ射线源在输源管中移动，完成γ射线源的送出和收回。为了减少现场操作人员受到辐射，可采用电动驱动方式，电动驱动方式可设置一定的γ射线源移动速度，预置适当的送源延时时间，预置一定的曝光时间等，并可以在一定的距离外进行遥控操作。

γ射线检测设备及驱动机构的工作情况如图2-18所示。

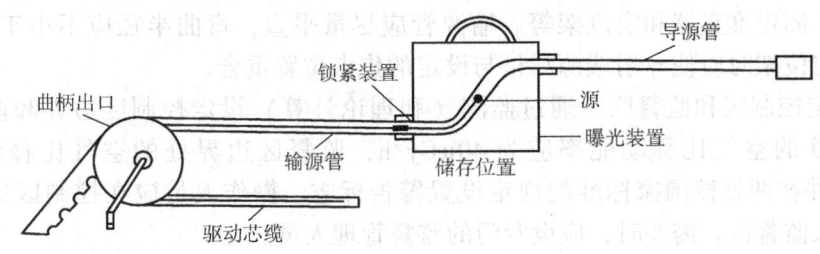

图2-18 γ射线检测设备及驱动机构工作情况示意图

(4) 输源管 输源管也称源导管，其用途是保证源始终在管内移动，长度根据不同需要可以任意选用，使用时根据现场情况，可将一根或多根软管相连，开口一端接机体源输出口，封闭的一端与照射头连接，固定在曝光位置。射线探伤曝光时，要求γ射线源沿输源导管输送到输源管的端部，以保证与曝光焦点重合。

(5) 附件 为了γ射线检测设备的使用安全和操作方便，一般都配套一些附件设备。常用附件有：

1) 各种专用准直器，用于缩小或限制射线照射场范围，提高照相对比度，降低操作者所受辐射剂量。

2) γ射线监测仪、个人剂量笔及音响报警器，用于确保操作人员的安全及确认放射源所在位置，防止放射事故的发生。

3) 各种定位架，用于固定输源管的照相头。定位架有多种形式，都有一定的调节范围并能固定准直器，从而保证放射源位于曝光焦点中心。

4) 专用曝光计算尺，可以根据胶片感光度、源种类、源龄、工件厚度、源活度及焦距，快速算出最佳黑度所需的曝光时间。

5) 换源器，因为γ射线源都有一定的半衰期，几个半衰期后源的活度减小，曝光时间增加，工作效率下降，这时就需要换源。换源过程中要把旧源从γ射线机的机体内输送到换源器内，再把新源从换源器内送到γ射线机的机体内。换源器是个椭圆形，有两个I形孔道的由贫化铀为主要屏蔽材料制成的容器，重几十千克，也可用于源的运输和储存。

四、γ射线探伤机的操作

γ射线机与X射线机比较具有设备简单、便于操作、不用水电等特点，但γ射线机操作错误所引起的后果将十分严重，所以，必须注意γ射线机的操作和使用。按照国家的有关规定，由于使用γ射线机的单位涉及到放射性同位素，因此必须申领放射性同位素使用许可证，操作人员应经过专门的培训，并应取得放射工作人员证。

1. γ射线机曝光操作程序

γ射线机的操作一般应按下列程序进行。

(1) 准备工作 检查γ射线机的有关部件是否完好、正常,例如驱动机构是否可以正常工作,输源管是否存在损坏,主机的泄漏辐射是否处于规定范围之内等。确认γ射线机完好后方可进行安装使用。

(2) 主机安装 将主机牢固地安放在适当位置,并应采取必须的辐射防护措施和设置必要的防雨、防外界物品碰撞等的设施。在安装过程中,应随时用剂量笔进行监测。

(3) 组装γ射线机 根据检测工作的具体情况和特点设计透照布置,组装输源管、连接驱动机构、固定准直器和定位架等。输源管应尽量平直,弯曲半径应不小于500mm。固定准直器和定位架时应使γ射线源尽量与设定的焦点位置重合。

(4) 设定控制区和监督区 通过监测(和理论计算)设定控制区边界和监督区边界,控制区边界处的空气比释动能率应为 $40\mu Gy/h$,监督区边界处的空气比释动能率应为 $2.5\mu Gy/h$,并在两处按国家标准的规定设置警告标志。操作人员应在控制区边界外工作,公众不应进入监督区。需要时,应设专门的监督管理人员。

(5) 完成曝光过程 按γ射线机的操作说明、有关的操作规程和检测工艺卡的规定,完成曝光过程。

γ射线机在使用过程中可能发生的故障主要有:部分机件损坏,如驱动失灵、输源管变形、源座脱开等,造成γ射线源不能送出或收回,以及安全联锁机构失灵等。如果出现γ射线源不能收回到源容器储存位置的故障,不能盲目处理,应对现场采取必要的措施,并报告有关部门,请专门人员进行处理,排除故障。在使用中,应特别防范"掉源"事故,防止由此造成的严重危害。

γ射线机使用时必须严格遵守卫生、公安等部门的有关法规、规章和制度,操作人员必须经过相关培训,注意防止γ射线机操作失误,严格防止因γ射线源未收回或遗失等造成的辐射事故。

γ射线机曝光的操作程序如下:

1) 操作前的准备工作如前文所述。

2) 主机安装如前文所述。

3) 组装输源管。根据拍片实际情况,确定输源管根数(在满足拍片要求的前提下,采用尽量少的输源管),原则上输源管不得多于3根。

4) 固定照相头。在焦点处,用定位架把输源管的曝光头定位并夹紧(用准直器时则将准直器固定),并使照相头端部与焦点重合。

5) 确定主机的位置,同时考虑尽可能大的有效屏蔽。如果场地宽敞,输源管应尽量伸直,输源管弯曲时,弯曲半径不得小于500mm,较小的弯曲半径可能妨碍控制缆的运动甚至造成卡源事故。

6) 从屏蔽容器上取下源顶鞭,将其插入储存源顶鞭管内,把输源管接到主机出口接头上。

7) 连接驱动机构(手动操作时)。确定驱动遥控机构的操作位置,为了最大限度的安全,操作人员应在防护物的后面(或探伤控制室内);应尽量放直控制电缆,使其对准屏蔽容器。控制电缆的弯曲半径不得小于1m,更小的弯曲半径可能妨碍控制电缆的运动。具体操作过程如下:

① 将锁打开，把选择环从"锁紧"位置转到"连接"位置，防护盖自动弹出。
② 将控制电缆连接套向后滑动，打开控制电缆联接器上的卡爪，露出控制电缆上的阳极接头。
③ 用大姆指尖压下弹簧顶锁销，把阴、阳极接头嵌接好，放开锁销，检查是否连接妥当。
④ 收拢卡爪，盖住阴、阳极接头部件。
⑤ 向前滑动连接套，套住卡爪，并将连接套上的缺口销插入选择环定位环孔内。
⑥ 保持控制电缆连接套紧贴在屏蔽装置上的联锁装置上，把选择环从"连接"位置转到"锁紧"位置。

应注意的是：在送源操作开始之前，应一直保持联锁处于"锁紧"位置。

8）根据拍片条件，用计算尺或计算器计算出最佳黑度所需的曝光时间。

9）把选择环转到"工作"位置，迅速转动手摇柄（顺时针方向），源从屏蔽容器进入输源管，直至源到照相头后停止转动。

此过程中应注意的是：在手摇过程中，只要发现转动手柄有困难，就应反向摇动手柄把源收回到屏蔽容器中，然后用剂量率仪检测工作场所，确信放射源回到储存位置后，再检查控制电缆和输源管的弯曲半径是否太小，校正后再次送源。

10）当达到要求的曝光时间后，沿逆时针方向迅速转动手柄，使源回到储存位置，并用剂量率仪确认源已回到储存位置。将选择环由"工作"位置转到"锁紧"位置，用锁锁牢。

此过程中应注意的是：如果选择环不能转到"锁紧"位置，说明源未完全收回，应检查原因。

2. 换源操作要点

换源器有两个"I"孔道，一个用于装新源，一个用于回收旧源。换源时的操作如图2-19所示。

换源的两项内容是：将射线机里的旧源收回到换源器中；将换源器里的新源送到射线机的屏蔽体中。主要操作步骤如下：

1）按γ射线机操作步骤把驱动机构与射线机主机连接。

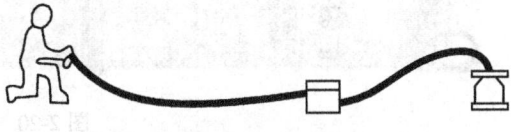

图 2-19 换源操作

2）将不带照相头的输源管分别与主机及换源器相连（先倒出旧源）。
3）摇动驱动机构手柄，将旧源送入到换源器中。
4）从旧源辫上取出控制电缆上的阳极接头，从换源器旧源孔道接头上拆下输源管，将输源管与换源器上新源孔道接头相接。
5）将控制缆上的阳极接头与新源辫的阴极接头连接，合上导源管。
6）摇动驱动机构手柄，将新源拉回到射线机中。
7）按γ射线机操作步骤取下驱动机构和输源管，锁上安全联锁，换源工作完成。

应注意的是：在换源操作过程中，必须对工作场所的辐射剂量进行监测。

五、γ射线检测设备的维护及故障排除

1. γ射线检测设备的维护

γ射线检测设备的使用必须按程序操作，设备一定要有专人负责保管，单独存放在可靠的安全场所。每次使用前均应进行认真检查，如果发现问题，应暂停使用，报专门人员处理。不允许任意拆卸，以免造成放射性事故。在日常工作中对输源管应特别注意保护，防止重物压扁压坏管子，从而造成卡源事故。

2. γ射线探伤设备的主要故障

（1）安全联锁失灵　安全联锁由安全锁、防护盖、选择环、锁紧锁、定位爪等零件组成，一般很少出现故障。若在使用中发现问题，应首先检查是否严格按照操作程序进行操作，并操作到位，如确认存在故障，应通知厂家进行处理。

（2）机体破碎　γ射线检测设备的机体都十分坚固，所以机体破碎的故障几率极小。

（3）机械零件损坏　机械零件损坏是γ射线检测设备故障的主要原因。可能出现的损坏有：阳极接头拉断、驱动机构失灵（由弹簧片断裂、齿轮的齿损坏、缆绳节距滑变、杂物卡死等原因导致）、控制缆导管及输源管被压扁变形或更严重的损坏、源外包壳与源座脱开等。故障后果比较严重的是掉源。

模块三　管道爬行器

一、概述

管道爬行器主要用于检测输油、输气等管道工程中的对接环焊缝，如图2-20所示。由于采用管内周向辐射方式，所以一次曝光就可完成一个对接焊缝的检测工作，因此，与以往的双壁单影检测方法比较，其工作效率大大提高，同时减轻了操作者的劳动强度。管道爬行器具有体积小、重量轻、操作简单、工作稳定、可靠性高、适用范围宽等优点。

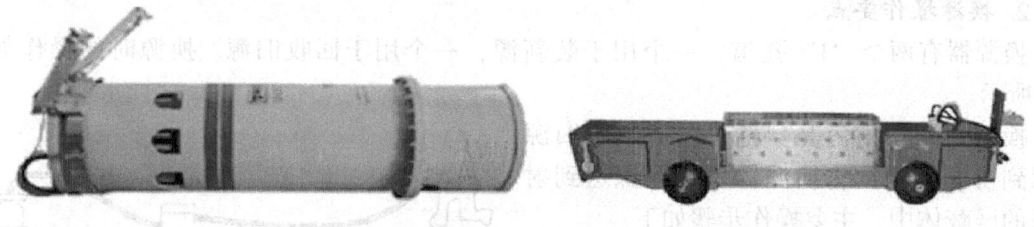

图 2-20　管道爬行器

二、工作原理简介

管道爬行器在管道内运动时，当接到指示源信息后，经过PLC处理，确定是前进、后退，还是停止，或是曝光，通过指令控制器的控制，完成各种功能。

三、使用与维护

1. 正常起动方式

将开关拨至"ON"端，延时2s后爬行器进入起动状态，在接收指令控制大于2s后移开可进入正常起动状态，爬行器起动前进。由于某些爬行器与星轮控制系统配合使用，需进行2次起动，即在爬行器第一次起动前进过程中，需再次接收指令控制，大于2s后再次起动爬行器进入曝光程序。在前进过程中每隔10s发生一生鸣叫，时间为1s，直到接收到定位信号，到达指定位置。

2. 定位

将指令源放在欲检测部位，当爬行器定位传感器接收到信号，即令电动机停止运行，转入下一步操作。定位共分两种情况：

（1）前进中的定位 当爬行器2次起动前进中接收到信号，控制部分将自动转入等待状态，报警器发出信号（0.5s开，0.5s断），持续10s，在这期间如定位信号关断，爬行器将转入曝光状态，如10s后定位信号存在，爬行器将进入后退等待状态，直到信号关断，进入曝光状态。

（2）后退中的定位 爬行器在后退运行中接收到定位信号，将立即令电动机停止运行，进入停车等待状态，直至再次接收到指令进入前进状态。

3. 曝光

爬行器经2次起动之后，若前进中遇到指令控制器，爬行器即刹车定位，如指令时间短于2s，则认为是误触发，停机5s后继续前进；如指令时间长于2s，则开始双音交替预警，预警最后3s为单音快速鸣叫（预警音响时可以随时指令取消报警，只要简单指令小于2s即可），然后开始起动射线发生器，一般6~8s以后开始听到射线警报音，表示正有射线输出。当曝光时间达到内部预定时间时，控制信号切断射线生发器，停止输出射线，再休息2s，以等待X射线机灯丝冷却，之后继续前进，走向下一道焊口，重复以上动作，就可以完成其他焊口的曝光过程。

4. 故障及维护

（1）定位传感器故障 当爬行器在管道前进过程中连续30min未接到定位信号，将认为定位传感器有故障，发出报警音，并自行返回。这是为了预防因定位传感器故障致使爬行器失控而采取的后退定位处理措施。

（2）遇水回退 爬行器在管道内行走的过程中，如果管道内有积水，当积水达到一定高度后致使爬行器内部的湿度传感器动作，发出回退信号，爬行器将进入回退状态，避免误入水中烧毁。

（3）欠压保护 爬行器在管道内经过多次曝光和行走，必然会导致电池电压不足，当达到预定值时欠压保护电路将发出信号，使爬行器进入欠压保护状态，报警器发出报警，爬行器进入后退程序。

（4）过流保护 爬行器在管道内行进过程中一旦发生"堵车"，爬行器内工作电流将大大增加，当增加到过流保护电路的预定值时，爬行器将自动进入后退程序，防止电流过大引起设备故障。

（5）维护及注意事项 每用完一次，需检查设备的外观及紧固装置有无异常情况；搬抬整机时，要用力均匀，以防用力不均使设备滑落；经常检查电瓶，不要将能量耗尽；X线射机防震要求较高，要轻拿、轻放；尽管系统工作很可靠，并有报警提示，但工作人员还需随身携带射线报警器，以防出现意外情况；一旦出现不曝光情况，应令系统退出检查；如工作车不能正常工作，可用救护车施救，拖出整机。

模块四 射线照相胶片

一、射线照相胶片的构造与特点

射线胶片的结构如图2-21所示，在0.25~0.3mm的厚度中含有七层材料，核心部分是感光乳剂层，它决定了胶片的感光性能。

射线胶片与普通胶片除了感光乳剂成分有所不同外，其他主要不同是普通胶片是单面涂布感光乳剂层，在片基的另一面涂布反光膜，而射线胶片一般是双面涂布感光乳剂层，且其感光乳剂层厚度远大于普通胶片的感光乳剂层厚度。这主要是为了增加卤化银含量，以吸收较多的穿透能力强的 X 射线和 γ 射线，从而提高胶片的感光速度，增加底片的黑度。只有感光最慢、颗粒最细的射线胶片才是单面涂布乳剂层。

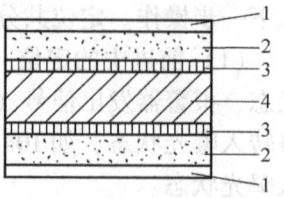

图 2-21　射线胶片的结构
1—保护层　2—感光乳剂层
3—结合层　4—片基

（1）片基　片基是感光乳剂层的支持体，在胶片中起骨架作用，厚度约为 0.175~0.30mm，大多采用醋酸纤维或聚酯材料制作。聚酯片基较薄、韧性好、强度高，更适用于自动冲洗。为改善照明条件下的观察效果，通常射线胶片片基采用淡蓝色。

（2）感光乳剂层（又称感光药膜）　感光乳剂层的主要成分是卤化银感光物质的极细颗粒和明胶，此外还有一些其他成分，如增感剂等，感光乳剂层的厚度约为 10~20μm。卤化银主要采用的是溴化银，其颗粒尺寸一般不超过 1μm。明胶可以使卤化银颗粒均匀地悬浮在感光乳剂层中，具有多孔性，对水有极大的亲和力，使暗室处理药液能均匀地渗透到感光乳剂层中。

（3）结合层（又称粘合层或底膜）　结合层是一层胶质膜，其作用是使感光乳剂层和片基牢固地粘结在一起，防止感光乳剂层在冲洗时从片基上脱下来。结合层由明胶、水、表面活性剂（润湿剂）、树脂（防静电剂）组成。

（4）保护层（又称保护膜）　保护层主要是一层极薄的明胶层，厚度约为 1~2μm，它涂在感光乳剂层上，避免感光乳剂层直接与外界接触，产生损坏。其主要成分是明胶、坚膜剂（甲醛及盐酸萘的延生物）、防腐剂（苯酚）和防静电剂。为防止胶片粘连，有时在感光乳剂层上还涂布毛面剂作为保护层。

二、感光原理及潜影的形成

在可见光或射线照射下，胶片感光乳剂层中可以形成眼睛看不见的潜在的影像，称为潜影，经过显影处理后，潜影可转化为可见的影像。

根据潜影理论，在感光乳剂中，微量的银质点集中在 AgBr 晶体的缺陷和位错部位，形成感光中心，其电位能较之周围的 AgBr 要低，潜影的形成有四个阶段：

1）在射线或可见光照射时，在光子作用下，卤化银微粒吸收光子，激发溴离子产生电子。

2）产生的电子移动，到达感光中心。

3）带负电荷的感光中心吸引卤化银晶格之间的银离子。

4）银离子与电子结合产生银原子。

上述过程是潜影形成的基本过程。感光中心具有一个银原子后，重复上述过程，直至曝光结束。这样产生的银原子团称为潜影中心，潜影中心的总和就是潜影。实质上，潜影的产生就是银离子接受电子还原成银的过程。

潜影形成后，如相隔很长时间才显影，得到的影像比及时冲洗得到的影像淡，也就是说潜影随着时间减弱，这称为潜影衰退。潜影衰退实际是构成潜影中心的银原子被空气氧化后又变成了银离子的逆变过程。胶片所处的环境温度越高、湿度越大，则氧化作用越剧烈，潜

影的衰退越严重。其化学反应为

$$2Ag + \frac{1}{2}O_2 + H_2O \rightarrow 2Ag^+ + 2OH^-$$

三、底片黑度

射线穿透被检材料后照射在胶片上，使胶片产生潜影，经过显影、定影化学处理后，胶片上的潜影成为永久性的可见图像，称为射线底片（简称为底片）。底片上的影像由许多微小的黑色金属银微粒所组成，影像各部位黑化程度的大小与该部位含银量的多少有关，含银量多的部位比含银量少的部位难于透光，底片上各处的金属银密度不同，所以各处透光的程度也不同。底片的光学密度就是底片的不透明程度，它表示了金属银使底片变黑的程度，光学密度通常简称为黑度。如图 2-22 所示，设入射到底片的光强度为 I_0，透过底片的光强度为 I，记光学密度为 D，则光学密度定义为

$$D = \lg \frac{I_0}{I} \tag{2-2}$$

即光学密度为入射光强度与透射光强度之比的对数值。

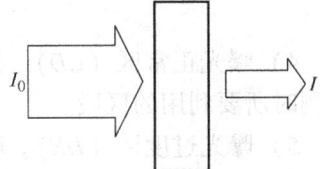

图 2-22 光学密度定义

【例】 已知观片灯亮度为 100000cd/m²，用来观察黑度为 3.5 的底片，问透过底片的光强为多少？

解：由式（2-2）得

$$I = \frac{I_0}{10^D} = \frac{100000 \text{cd/m}^2}{10^{3.5}} = 31.6 \text{cd/m}^2$$

答：透过底片光强为 31.6cd/m²。

四、射线胶片的特性

胶片的感光特性是指胶片曝光后（经暗室处理）得到的底片黑度（光学密度）与曝光量的关系。主要的感光特性包括感光度（S）、梯度（G）、灰雾度（D_0）及宽容度等，感光特性曲线集中反应了这些感光特性。

胶片的感光特性曲线给出的是胶片曝光后（经暗室处理）得到的底片黑度（光学密度）与曝光量对数的关系。在描述这个特性曲线之前，首先了解曝光量的概念。

曝光量是指在曝光期间胶片所接收的光能量，当光（射线）强度为 I，曝光时间为 t，曝光量为 H 时，则曝光量可以用下式定义

$$H = It \tag{2-3}$$

在射线照相中所说的曝光量（E）与这里的定义不完全相同，例如对 X 射线采用管电流与曝光时间的乘积，而对 γ 射线则常采用源的放射性活度与曝光时间的乘积，并没有直接采用射线强度与曝光时间的积。但对于同一管电压下的 X 射线或同一 γ 射线源的 γ 射线，它们之间存在固定的关系，即仅相差一个常数倍数。

1. 胶片特性曲线

胶片特性曲线是表示相对曝光量与底片黑度之间关系的曲线。在特性曲线图中，横坐标表示 X 射线的曝光量的对数值，纵坐标表示胶片显影后所得到的相应黑度。

（1）增感型胶片特性曲线 如图 2-23 所示，特性曲线成 S 形，其纵坐标表示底片的黑度，横坐标表示曝光量的常用对数值。

增感型胶片的特性曲线由以下几个区段组成：

1) 本底灰雾度区（D_0）。特性曲线原点至纵坐标轴 A 点的线段，胶片在未经曝光的条件下，经显影处理后也会有一定的黑度，此黑度值称为灰雾度 D_0，通常所指的灰雾度也包括了片基本身的不透明度。

2) 曝光迟钝区（AB）。随着曝光量增加，底片黑度不增加的区域，又称不感光区。当曝光量超过 B 点，才使胶片感光，B 点称为曝光量的阈值。

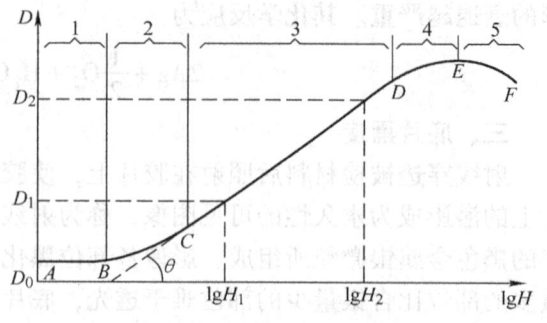

图 2-23 增感型胶片的特性曲线

3) 曝光不足区（BC）。曝光量增加时，底片黑度只缓慢增加的区域，此区段不能正确表现被透照工件的厚度差和底片密度差的关系。

4) 曝光正常区（CD）。黑度值随曝光量对数值的增大而呈线性增大的区域，这是射线检测时所要利用的区段。

5) 曝光过度区（DE）。曝光量继续增加时，黑度增加较小，曲线斜率逐渐降低，直至 E 点斜率为零。

6) 反转区（EF）。也称负感区，曝光极端过度时，黑度反而减小。

对特性曲线的正常曝光部分，黑度与曝光量对数之间近似满足下面的关系

$$D = G\lg H + k \tag{2-4}$$

式中　D——底片黑度；
　　　G——特性曲线的斜率，即梯度；
　　　H——曝光量；
　　　k——常数。

这个关系式在讨论射线照相检测技术的理论时，经常被引用。图 2-24 所示是工业射线胶片的感光特性曲线，显然，在常用的黑度范围它不同于一般胶片的感光特性曲线。

（2）非增感型胶片的特性曲线　因其过度曝光区在黑度非常高的区段，大大超过一般观光灯的观察范围，故通常不再描绘在特性曲线上。非增感型胶片无明显的负感区，其特性曲线在常用的黑度范围内成 J 形。

2. 射线胶片特性参数

以下简述有关射线胶片感光特性参数的一些术语定义、计算方法及影响因素。

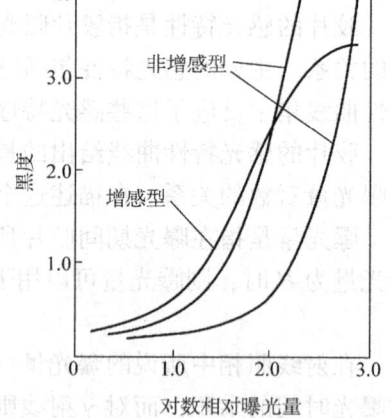

图 2-24　工业射线胶片的感光特性曲线

（1）感光度（S）　感光度也称为感光速度，它表示胶片感光的快慢，是在特定的曝光、冲洗加工和图像测量条件下，照相材料对透照辐射能响应的一种定量测量。一般把射线底片上产生一定黑度所用曝光量的倒数定义为感光度。ISO7004 规定：以达到净黑度（不包括胶片灰雾度）为 2.0 时所用曝光量（单位为 Gy）的倒数作为该胶片的感光度，即

$$S = \frac{1}{H_S} \tag{2-5}$$

式中 H_S——产生一定黑度所需要的曝光量。

不同胶片得到同样的黑度所需的曝光量不同,所需曝光量少的感光度高,或者说感光速度快。对工业射线胶片,ISO7004 标准规定,H_S 为产生片基加上灰雾度再加上 2.0 的黑度所需要的曝光量,曝光量的单位为 Gy。不同国家、不同标准在不同时期曾经作出过不同的规定。

射线胶片感光度与乳剂层中的含银量、明胶成分、增感剂含量及银盐颗粒大小、形状有关,感光度的测定结果还受到射线能量、显影配方、温度、时间及增感方式的影响。对同一类型的胶片来说,银盐粒度越粗,其感光度越高。

(2) 灰雾度(D_0) 它表示胶片即使不经曝光,在显影后也能得到的黑度,在胶片感光特性曲线上是曲线起点对应的黑度,又称为本底灰雾度。灰雾度小于 0.30 时,对射线底片的影像影响不大,灰雾度过大会损害影像对比度和清晰度,降低灵敏度。

灰雾度由两部分组成,即片基光学密度和胶片乳剂经化学处理后的固有光学密度。通常感光度高的胶片要比感光度低的胶片灰雾度大,保存条件不当和保存时间过长也会使灰雾度增大。此外,底片所显示的灰雾度不仅与胶片灰雾特性有关,而且与显影液配方、显影温度、时间等因素有关。

(3) 梯度(G) 胶片特性曲线上任一点切线的斜率称为梯度,以前常称为反差系数。胶片的梯度是指胶片对不同曝光量在底片上显示不同黑度差别的固有能力。

特性曲线上不同点的梯度不同,即使正常曝光部分,由于曲线只是近似直线,因此各点的梯度也存在一些小的差别。对可见光,胶片特性曲线的正常曝光部分,梯度可以认为是常数。对非增感型射线胶片,在一定黑度范围内,梯度随着黑度的增加连续增大,可认为梯度近似是常数。为了表示胶片这方面的特性,引入了特性曲线的平均斜率这一概念,记为 $\overline{G}$,它是在特性曲线上选择两个特定的点,以这两点连线的斜率作为胶片特性曲线的平均斜率,即

$$\overline{G} = \frac{D_2 - D_1}{\lg H_2 - \lg H_1} = \frac{2.0}{\lg H_2 - \lg H_1} \tag{2-6}$$

式中 D_1——片基加灰雾度再加 1.50 的黑度;

D_2——片基加灰雾度再加 3.50 的黑度;

H_1——产生黑度 D_1 所需的曝光量;

H_2——产生黑度 D_2 所需的曝光量。

射线胶片的 G 值与胶片的种类、型号有关。增感型胶片的 G 值在较低的黑度范围内,随黑度的增大而增大,但当黑度超过一定数值,黑度再增大,G 值反而减小。在射线照相应用范围内,非增感型胶片的 G 值随着黑度的增大而增大。

此外,胶片 G 值的测定结果与显影条件有关,显影配方、时间、温度都会使特性曲线所显示的 G 值发生改变。

(4) 宽容度(L) 宽容度指胶片有效密度范围对应的曝光范围,定义为特性曲线上直线部分对应的曝光量对数之差,即

$$L = \lg H_c - \lg H_b \tag{2-7}$$

在这个范围内，由于黑度与曝光量对数近似成正比关系，因此在射线照相检测中不同厚度或厚度差将以相应的不同黑度记录在射线照片上。

显然梯度大的胶片其宽容度必然小。

胶片的感光度、梯度、灰雾度与存放时间和显影条件都相关，随着存放时间的延长，胶片的感光性能将衰退，这称为感光材料的老化。

研究指出，感光材料对不同波长的光或射线的敏感性不同，也就是感光度不同，因而要达到同一黑度，不同波长的光或射线的曝光将需要不同的曝光量。图2-25所示是胶片对不同能量的感光灵敏度特性，常称为胶片的谱响应灵敏度曲线，由于这个特性，所制作的胶片感光特性曲线都是在规定能量下的结果，在讨论一些具体问题时，应注意这个前提条件。

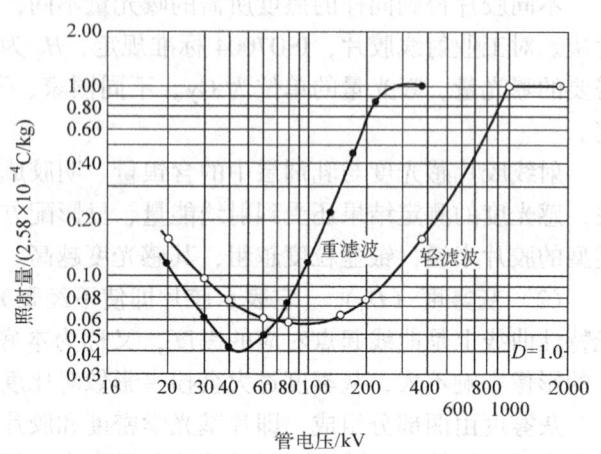

图2-25　胶片的谱响应灵敏度曲线

五、卤化银粒度对胶片性能的影响

卤化银粒度即感光乳剂中卤化银晶体的平均尺寸，是在感光乳剂制备过程中的物理成熟工艺阶段确定的。工业射线胶片的卤化银颗粒尺寸大致在 $0.5\sim10\mu m$ 范围内。根据使用性能的要求，通过生产工艺条件可控制不同类别的胶片具有不同的粒度。但具体的卤化银颗粒尺寸总存在与平均尺寸的偏差，此外，在感光乳剂中，卤化银颗粒的随机分布将使得在不同区域卤化银颗粒的密度也会不同。这些情况使得均匀的曝光过程也会产生感光的不均匀性。

粒度对胶片的感光特性具有重要的影响。如果其他条件不变，单纯考虑粒度变化的影响，则感光特性有以下变化：随着粒度的增大，胶片的感光度将提高，梯度降低，灰雾度增大。粒度对胶片的使用性能也具有重要影响，卤化银粒度直接影响着显影后的底片颗粒度，从而影响分辨率和信噪比，也就是说，感光材料的粒度限制了胶片所能记录的细节最小尺寸。

六、工业射线胶片系统的分类

射线胶片系统是射线胶片、增感屏（材质、厚度）和冲洗条件（方式、配方、温度、时间）的组合，这是工业射线照相除射线源以外的第二大要素，其性能、质量极大地影响射线检测结果的有效性和可靠性。

胶片系统按下列三个性能指标进行分类：

（1）梯度 G　即胶片特性曲线在规定黑度处的斜率。

（2）颗粒度 σ_D　射线照片黑度在规定黑度下的随机偏差。

（3）梯度/噪声比　在规定黑度下的 G/σ_D 值，它直接相关于信噪比。

表2-7列出了胶片系统分类的主要特性指标。应注意的是，这些指标都是在特殊规定的X射线管电压、靶材料、增感屏材料和厚度、黑度范围等条件下测定的数据。

表 2-7　胶片系统分类的主要特性指标

系统类别	梯度最小值 G_{min}		颗粒度最大值 σ_{Dmax}	（梯度/颗粒度）最小值 $(G/\sigma_D)_{min}$
	$D=2.0$	$D=4.0$	$D=2.0$	$D=2.0$
T1	4.3	7.4	0.018	270
T2	4.1	6.8	0.028	150
T3	3.8	6.4	0.032	120
T4	3.5	5.0	0.039	100

注：表中的黑度均指灰雾度以上的黑度。

以前的工业射线照相胶片分类，主要是从胶片自身的性能考虑，但实际上给出的是在一定条件下胶片的感光特性。胶片系统概念，进一步考虑了得到的影像性能，但这时所呈现的特性，仍是在特定条件下的特性，因此，并不是可作为一般性能而广泛应用的特性。

七、胶片的使用与保管

1. 胶片的选用

选用胶片时，应根据射线照相技术要求及射线的性质、工件厚度、材料种类等条件综合考虑，一般来说，可采用以下方法选取。

1) 可按像质要求的高低选用，如需要较高的射线照相质量，则需使用号数较小的胶片。

2) 在能满足像质要求的前提下，如需缩短曝光时间，可使用号数较大的胶片。

3) 工件厚度较小、工件材料等效系数较低或射源线质较硬时，可选用号数较小的胶片。

4) 在工作环境温度较高时，宜选用抗潮性能较好的胶片；在工作环境比较干燥时，宜选用抗静电感光性能较好的胶片。

在射线照相检测实际工作中，应按照射线照相检测标准的规定选用胶片。一般说，采用中等灵敏度的射线照相检测技术时，应选用 T3 类或性能更好的胶片；采用高灵敏度射线照相检测技术时，应选用 T2 或性能更好的胶片；当特别注意检测裂纹性缺陷时，一定要选用性能好的胶片。在射线照相检测技术中，一般不允许选用 T4 类胶片。

2. 射线胶片使用和保存注意事项

1) 胶片不可接近氨、硫化氢、煤气、乙炔和酸性气体等有害气体，否则会产生灰雾。

2) 裁片时不可把胶片上的衬纸取掉裁切，以防止裁切过程中将胶片划伤。不要多层胶片同时裁切，防止轧刀，擦伤胶片。

3) 装片和取片时，胶片与增感屏应避免摩擦，否则会擦伤，显影后底片上会产生黑线。操作时还应避免胶片受压、受弯、受折，否则会在底片上出现新月形影像。

4) 开封后的胶片和装入暗袋的胶片要尽快使用，如工作量较小，一时不能用完，则要采取干燥措施。

5) 胶片宜保存在低温、低湿环境中，温度通常以 10~15℃ 为最好，湿度应保持在 55%~65% 之间。湿度高会使胶片与衬纸或增感屏粘在一起，但空气过于干燥，容易使胶片产生静电感光。

6) 胶片应远离热源和射线的影响，在暗室红灯下操作不宜距离过近，暴露时间不宜过长。

7) 胶片应竖放，避免受压。

模块五　射线检测辅助设备器材

一、黑度计（光密度计）

底片黑度是底片质量的基本指标之一，黑度计是测量底片黑度的设备。射线照相底片的黑度是用透射式黑度计测量的，图 2-26 所示是光学直读式黑度计的构造原理。

光源 S 所发射的光线，经过透镜 L_1、光孔 D_1 至反射镜 M，经反射通过透镜 L_2、透射底片后，再经光孔 D_2、透镜 L_3 到达光电池 P，光电池将感受到的光量转变成电能，使微安表 G 指针偏转，根据光电池产生的电流大小，指示出底片的黑度值。

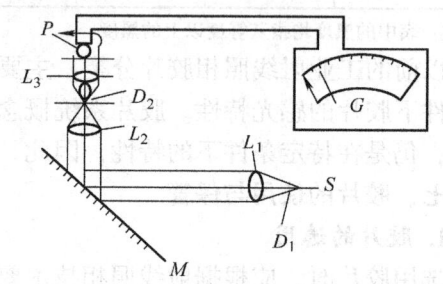

图 2-26　光学直读式黑度计构造

数显式黑度计结构原理与光学直读式黑度计有所不同，该类仪器光电池将感受到的光能转换成电能后对信号进行数据处理，然后在数码管上直接显示出底片黑度数值，图 2-27 所示为数显式黑度计。

黑度计使用的一般程序是：接通外电源→复位→校准 0 点→测量。用黑度计测量底片黑度前，应先调整"0"点，然后使用标准黑度片校验黑度计，使黑度计上的读数与标准黑度片黑度一致。之后将被测底片对准光孔，即能测定出底片的黑度值。

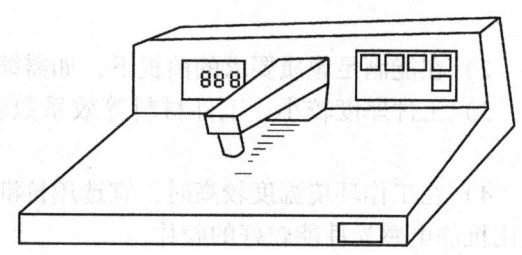

图 2-27　数显式黑度计

使用中的黑度计应定期用标准黑度片（密度片）进行校验，校验过程可按照生产厂家推荐的校验方法或如下方法进行：首先接通黑度计外电源和测量开关，预热 10min 左右；然后用标准黑度片（密度片）的零黑度点（区）校准黑度计零点，校准后顺次测量黑度片上不同黑度的各点的黑度，记录测量值；从校准黑度计零点开始，对各黑度值至少循环测量 3 次；计算出各点测量值的平均值，以平均值与黑度片上该点的黑度值之差作为黑度计的测量误差。对黑度不大于 4.0 的各点的测量误差均应不超过 ±0.05，否则黑度计应校准、修理或报废。所使用的标准黑度片应按规定送有关部门或单位进行检定。

如果要确定黑度计的测量不确定度，则需进行较多次的测量，并应按数理统计方法计算。

二、增感屏

射线底片上的影像主要是靠胶片乳剂层吸收射线产生光化学作用形成的。为了能吸收较多的射线，射线照相用的感光胶片采用了双面药膜和较厚的乳剂层，但即便如此，通常也只有不到 1% 的射线被胶片所吸收，而 99% 以上的射线透射过胶片被浪费。使用增感屏可增强射线对胶片的感光作用，从而达到缩短曝光时间、提高工效的目的。

1. 增感作用及增感系数

当射线入射到胶片时，由于射线的穿透能力很强，大部分穿过胶片，胶片仅吸收入射射线很少的能量，为了更多地吸收射线的能量，缩短曝光时间，在射线照相检测中，常使用前、后增感屏贴附在胶片两侧，与胶片一起进行射线照相，利用增感屏吸收一部分射线能量，达到缩短曝光时间的目的。

描述增感屏增感性能的主要指标是增感系数，亦称增感率或增感因子。所谓增感系数是指胶片一定、线质一定、暗室处理条件一定时，得到同一黑度底片，不用增感屏的曝光量 E_0 与使用增感屏时的曝光量 E 之间的比值，即

$$k = \frac{E_0}{E} \tag{2-8}$$

式中　E_0——底片达到一定黑度不用增感屏时所需的曝光量；
　　　E——底片达到一定黑度使用增感屏时所需的曝光量；
　　　k——增感系数。

通常，X 射线曝光量的单位是 mA·min，γ 射线曝光量的单位是 Ci·min，如果管电流相同或源活度相同，那么曝光量取决于曝光时间，因此，增感系数也是在同样的透照条件下（和同样的暗室处理条件下），底片得到同一黑度所需的曝光时间之比。

不同类型的增感屏增感机理不同，增感系数不同，同一类型增感屏在不同能量的射线下使用，增感系数也不同。

目前常用的增感屏有金属增感屏、荧光增感屏和金属荧光增感屏三种。其中以使用金属增感屏所得底片像质最佳，金属荧光增感屏次之，荧光增感屏最差，但增感系数以荧光增感屏最高，金属增减屏最低。

2. 金属增感屏

金属增感屏是将厚度均匀、平整的金属箔粘接在一定的支持物（如纸片、胶片片基等）上构成的。常用的金属箔材质有铅、钨、钽、钼、铜、铁等。考虑到价格、塑性、表面粗糙度和柔韧性等因素，应用得最普遍的是用铅合金（含 5% 左右的锑和锡）制作的铅箔增感屏。图 2-28 所示是增感过程示意图。

金属箔增感屏主要与非增感型胶片一起使用。在射线照相中，与胶片直接接触的金属增感屏有两个基本作用：

1) 金属增感屏在射线照射下激发产生二次电子和二次射线，二次电子与二次射线能量很低，极易被胶片吸收，从而能增加对胶片的感光作用。

2) 金属增感屏还具有滤波作用，能够吸收散射线。一次射线能量较高，能够穿透金属箔并激发金属箔发射电子，实现增感，但工件中产生的散射线能量较低，大部分被金属箔吸收，这将大大地降低散射比，从而减少散射线引起的灰雾度，增加影像对比度，提高底片的影像质量。

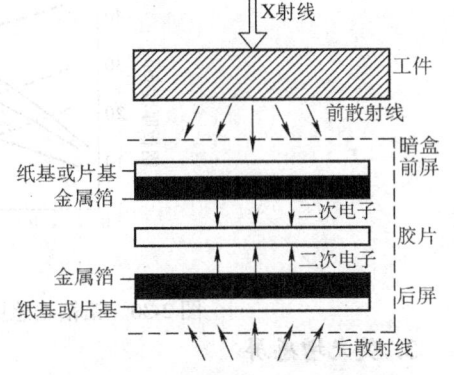

图 2-28　金属增感屏增感过程

金属增感屏的增感系数与金属箔的原子序数、金属箔厚度和使用的射线能量都相关，图 2-29 所示是增感系数与射线能量、金属物质的原子序数、金属箔的厚度的关系曲线。从图中

可见，对X射线，金属增感屏在300kV以下管电压时，增感系数随管电压的增高而增大；在管电压较高时，增感系数随增感屏物质的原子序数的增大而增大；但在管电压较低时，在原子序数为50左右存在增感系数的较大值。试验指出，对X射线，当管电压低于80kV时铅箔增感屏的增感系数不大于1，即无增感作用，金属箔增感屏的增感系数都较小，一般为2～7。但γ射线的增感系数出现反常情况，^{192}Ir射线源的能量比300kV管电压的X射线高，但增感系数却小（透照钢板厚度40mm），而^{60}Co的增感系数又比^{192}Ir小。

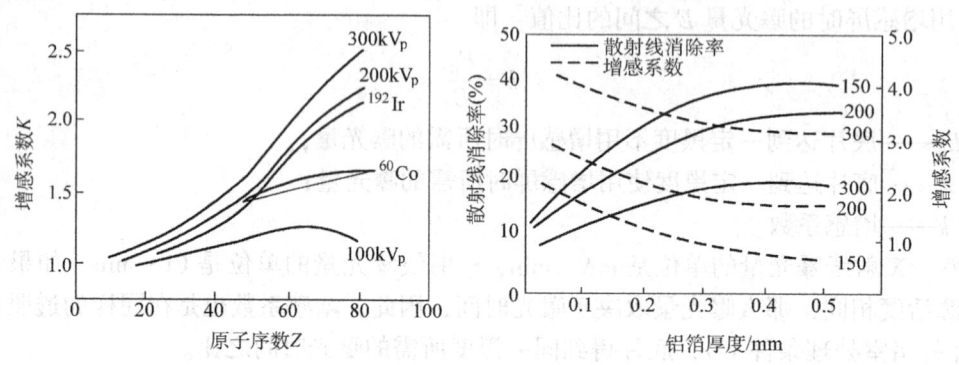

图2-29 增感系数与射线能量、原子序数、屏的厚度的关系

金属增感屏的散射线消除率 ε 由下式给出

$$\varepsilon = \left(1 - \frac{S_m}{S_o}\right) \times 100\% \tag{2-9}$$

式中 S_o——不用金属增感屏时的散射线率；
S_m——使用金属增感屏时的散射线率。

就不同厚度的铅箔增感屏来说，增感系数、散射线消除率之间的关系如图2-30所示，铅箔厚时，散射线消除率高，而铅箔薄时，增感系数大。

金属增感屏的选用见表2-8。

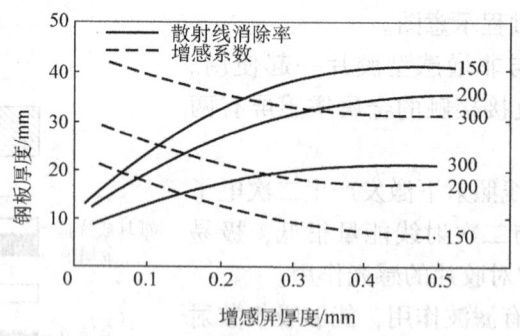

图2-30 铅箔增感屏的增感系数与散射线消除率的关系

3. 荧光增感屏

荧光增感屏也称为盐增感屏，它是在支持物上均匀涂布一层荧光物质，上面再涂布一薄层保护物质层构成的。荧光增感屏与增感型胶片一起使用。当受到射线照射时，荧光物质被激发，辐射荧光，胶片吸收荧光实现增感作用。

荧光增感屏常用的荧光物质是钨酸钙，在射线照射时它可以发出峰值波长为425nm的蓝紫光，这与增感型胶片的主要感光区一致。荧光增感屏的增感系数较大，通常可达

10~60或更高。增感系数主要取决于荧光物质的颗粒大小，在一定的范围内，颗粒越大发射的荧光越强，增感系数也越大。另外，增感系数与射线能量相关，也与增感屏的厚度相关。

表 2-8 金属增感屏的选用

射线种类	增感屏材料	前屏厚度/mm	后屏厚度/mm
<120kV	铅箔		≥0.10
120~250kV	铅箔	0.025~0.125	≥0.10
250~450kV	铅箔	0.05~0.16	≥0.10
1~3MeV	铅箔	1.00~1.60	1.00~1.60
3~8MeV	铜箔、铅箔	1.00~1.60	1.00~1.60
8~35MeV	钽箔、钨箔、铅箔	1.00~1.60	—
^{192}Ir	铅箔	0.05~0.16	≥0.16
^{60}Co	铅箔、钢箔、铅箔	0.50~2.00	0.25~1.00

注：1. 120kV 以下 X 射线可不用前屏。
2. 钽箔或钨箔增感屏所获得的检测灵敏度比铅箔高。
3. 用钽箔或钢箔能获得最佳检测灵敏度，但比使用铅箔所需曝光时间长。

荧光增感屏的主要缺点是荧光物质的颗粒性将产生一个新的不清晰度——屏不清晰度，其值常常大于其他不清晰度；荧光增感屏本身还将产生较强的散射线，这些将严重损害射线照相的影像质量。正是由于荧光增感屏存在上述缺点，近年来的绝大多数射线照相标准都规定不采用荧光增感屏。

荧光增感屏在较低的管电压条件下有较大的增感系数。当管电压大于200kV时，增感系数降低。由于荧光增感屏的荧光体颗粒粗、荧光会发生扩展和散乱传播，加之荧光增感屏不能截止散射线，故所得底片的影像模糊，清晰度差，灵敏度低，缺陷分辨力差，细小裂纹易漏检。

4. 金属荧光增感屏

这种增感屏兼有荧光增感屏的高增感特性和铅箔增感屏的散射线吸收作用。其构造是将铅箔粘合在纸基上，再在铅箔上涂布荧光物质制成。在最初设计时的考虑是，金属箔的作用是吸收散射线，荧光物质发射荧光产生增感作用，因此，金属荧光增感屏除了能够吸收工件中产生的散射线外，并不能克服荧光增感屏的其他缺点，所以在射线照相中也未得到应用。金属荧光增感屏与非增感型胶片配合使用，其像质要优于使用荧光增感屏时的底片，但由于清晰度和分辨力的局限性，金属荧光增感屏还是不能用于质量要求高的工件的透照。

5. 增感屏的使用注意事项

在使用过程中，增感屏表面应保持光滑、清洁、无污秽、损伤、变形。装片后要求增感屏与胶片能紧密贴合，胶片与增感屏之间不能夹杂异物。铅箔增感屏卷曲、受折后，会引起胶片与增感屏接触不良，使底片影像模糊。铅箔的表面比较柔软，如有深划伤或者开裂，由于发射二次电子的表面积增大，会使底片上出现类似裂纹的细黑线，其形状与增感屏上的划痕或开裂形状相同。铅箔表面有了油污，会吸收二次电子，形成减感现象，使底片上产生白影。对于铅箔表面附着的污物，可用干净纱布蘸乙醚、四氯化碳擦去。对于铅箔增感屏上比较轻微的折痕、划痕和粘合不良引起的鼓泡，可将铅箔增感屏放置在光滑的桌面上，用纱布将其抹平。铅箔极易受显影液和定影液的腐蚀，铅箔增感屏沾上了显影液和定影液后如未能及时揩抹干净，则会在其表面产生严重的腐蚀斑痕，这时增感屏只能废弃不用。

铅箔增感屏保管时要注意防潮，防止有害气体的侵蚀。铅箔增感屏保存时间过长，会产生铅箔与基材之间的脱胶和合金成分锡、锑在表面呈线状析出现象，此时，在增感屏表面会出现黑线条，在底片上则产生白线条。检查铅箔增感屏粘合好坏和是否脱胶，可将增感屏轻轻地反复弯曲后，观察增感屏边缘铅箔是否翘起和增感屏上的铅箔是否鼓起。

三、像质计

1. 像质计的作用与分类

像质计是用来检查和定量评价射线底片影像质量的工具，又称为影像质量指示器，或简称 IQI、透度计。

像质计通常用与被检工件材质相同或射线吸收性能相似的材料制作。像质计中设有一些人为的有厚度差的结构（如槽、孔、金属丝等），其尺寸与被检工件的厚度有一定的数值关系。射线底片上的像质计影像可以作为一种永久性的证据，表明射线检测是在适当条件下进行的。但像质计的指示数值并不等于被检工件中可以发现的自然缺陷的实际尺寸，因为后者从缺陷本身来说，是缺陷的几何形状、吸收系数和三维位置的综合表现。

工业射线照相用的像质计大致有金属丝型、孔型和槽型三种。我国、日本、德国的相关标准和国际标准均采用金属丝型像质计，最近英国、美国也补充使用金属丝型像质计。如使用的像质计类型不同，即使照相方法相同，一般所得的像质计灵敏度也是不同的。

除上述像质计外，还有一种双丝型像质计，这种像质计不是用来测量射线照相灵敏度的，而是用来测量射线照相不清晰度的。

以下着重介绍丝型和孔型两种像质计的构造与特点。

2. 金属丝型像质计

金属丝型像质计是国内外使用最多的一种像质计。它结构简单、易于制做，已被世界各国广泛采用，国际标准化组织也将金属丝型像质计纳入其制订的射线照相标准中。金属丝型像质计的形式、规格已基本统一。

金属丝型像质计的基本样式如图 2-31 所示。它采用与被透照工件材料相同或相近的材料制做的金属丝，按照直径大小的顺序，以规定的间距平行排列，封装在射线吸收系数很低的透明材料中，或直接安装在一定的框架上，并配备一定的标志、说明字母和数字。一般在排列的金属丝的两端还放置金属丝对应的号数，以识别该丝型像质计。不同国家的标准对丝的直径与允许的偏差、长度、间距、一个像质计中丝的根数及标志说明等都作出了各自的规定，对丝的材料有的标准作出了比较具体的规定。

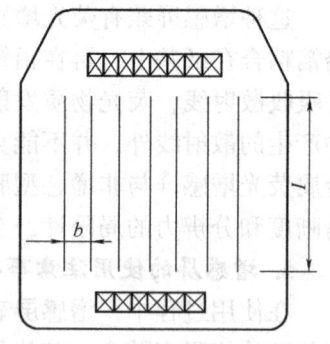

图 2-31 金属丝型像质计样式

关于丝的直径，一般采用公比为 $\sqrt[10]{10}$（近似为 1.25）的等比数列决定的一个优选数列作为直径数值，并给以编号，我国有关标准对丝径的规定见表 2-9。我国的标准中，又用每根丝的"像质指数"指代每根丝，记为 Z

$$Z = 6 - 10\lg d \tag{2-10}$$

式中　d——丝径值（mm）；

像质指数 Z 为按此式计算的值取整后的整数。

表 2-9 我国有关标准关于丝型像质计的规定

丝号	1	2	3	4	5	6	7	8
丝径/mm	3.20	2.50	2.00	1.60	1.25	1.00	0.80	0.63
偏差/mm	±0.03				±0.02			

丝号	9	10	11	12	13	14	15	16	17	18	19
丝径/mm	0.50	0.40	0.32	0.25	0.20	0.16	0.125	0.100	0.080	0.063	0.05
偏差/mm	±0.01						±0.005			±0.003	

我国的标准中，将表 2-8 中列出的 19 根丝分成五组：1~7、6~12、10~16、12~18、13~19，每个像质计包含其中一组丝，适用于不同的厚度。在制做丝型像质计时，丝长一般为 50mm，间距一般为 5mm。经常用到的是前三组，并常分别称为第Ⅰ、Ⅱ、Ⅲ号线型像质计。在射线照相中究竟选用哪一组的像质计，应按照透照厚度和技术要求决定，应识别的丝不应处于所在组的边缘，例如，要求识别第 7 号丝，则应选用 6~12 号这组，而不应选取 1~7 号这组。

以丝型像质计表示的射线照相的相对灵敏度规定为，在射线照片上可识别的最细金属丝直径与工件的透照厚度的百分比，即

$$K = \frac{d}{T} \times 100\% \tag{2-11}$$

式中 K——丝型像质计射线照相灵敏度；
    d——射线照片上可识别的最细金属丝直径；
    T——工件的透照厚度。

但目前的射线照相检测标准已很少采用这种规定的灵敏度。

3. 像质计的摆放

不管使用何种类型的像质计，像质计的摆放位置都会直接影响像质计灵敏度的指示值，摆放位置一般是在射线透照区内显示灵敏度较低部位，如离胶片远的工件表面、透照厚度较大部位，原因是如果这些若不利透照部位能达到规定的灵敏度，则有利透照部位就更容易达到规定的灵敏度。

透照焊缝时，金属丝像质计应放在被检焊缝射线源一侧，被检区的一端，并使金属线横贯焊缝并与焊缝方向垂直，像质计上直径小的金属线应在被检区外侧。采用射线源置于圆心位置的周向曝光技术时，像质计可每隔 120°放一个。

在一些特殊情况下，像质计无法放在近射线源侧的表面，此时应做对比试验，其方法是：做一个与被检工件材质、直径、壁厚相同的短试样，在被检部位内外表面各放一个像质计，胶片侧像质计上应加放"F"标记，然后采用与工件相同的透照条件透照。在所得底片上，以射线源侧像质计所达到的规定像质指数或相对灵敏度来确定胶片一侧像质计所应达到的相应像质指数或相对灵敏度。图 2-32 所示为环缝双壁单影法对比试验布置图，使用双壁单影法透照，像质计放在胶片侧时，像质计上要加放"F"标记以表示像质计摆放位置是在胶片侧。

四、其他辅助器材

为完成射线照相检测，除需要上面叙述的设备器材外，还需要其他的一些辅助设备和器

材，下面列出了一些常用的小型照相辅助器材。

1. 暗袋(暗盒)

装胶片的暗袋可采用对射线吸收少而遮光性好的黑色塑料膜或合成革制作，要求材料薄、软、滑。用黑塑料膜制作的暗袋比较容易老化，天冷时发硬，热压合的暗袋边容易破裂，

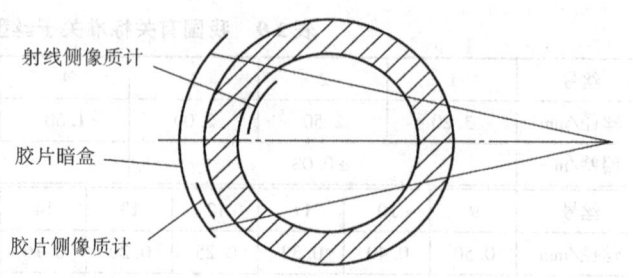

图 2-32 双壁单影法对比试验

用黑色合成革缝制成的暗袋则可避免上述弊端。例如采用以尼龙绸上涂布塑料的合成革缝制暗袋，由于暗袋内壁较为光滑，装片时，胶片、增感屏较易插入暗袋。暗袋的尺寸，尤其宽度要与增感屏、胶片尺寸相匹配，既能方便地出片、装片，又能使胶片、增感屏与暗袋很好地贴合。暗袋的外面可划上中心标记线，可以在贴片时方便地对准透照中心。暗袋背面还应贴上铅质"B"标记（高 18mm，厚 1.6mm），以此作为监测背散射线的附件。由于暗袋经常接触工件，极易弄脏，因此要经常清理暗袋表面，如发现破损，应及时更换。

国外还生产一种真空包装的胶片，可直接用于拍片。真空包装胶片的暗袋由铅箔、黑纸复合而成，暗袋只能一次性使用。由于真空包装，无论胶片是否弯曲，增感屏、暗袋受大气压力作用，始终与胶片密切地贴合。

2. 标记

在射线照相检测中，为了建立档案和缺陷识别及定位，需要使用标记。

标记主要由识别标记和定位标记组成，一般由适当尺寸的铅（或其他适宜的重金属）制数字、拼音字母和符号等构成。

识别标记一般包括产品编号、部位编号、透照日期，有时还会包括透照单位、透照人员的代号等，此外还会有返修标记等其他必要的标记。定位标记主要是搭接标记，需要时还可使用中心标记。搭接标记是连续检测时的透照分段标记，它可采用适当的能显示搭接情况的方法或符号表示。中心标记用于指示透照部位区段的中心位置和分段编号的方向，一般用十字箭头"↑"表示。

标记应放置在工件适当的部位，离被检焊缝边缘 5mm 以上，与工件同时透照，所有标记的影像不应重叠，且不应干扰有效评定范围内的影像。

为方便使用，所有标记都可用透明胶带粘在中间挖空（长、宽约等于被检焊缝的长、宽）的长条形透明片基或透明塑料上，组成标记带。标记带上同时配置适当型号的透度计。可将标记带两端粘上两块磁钢，或利用带磁钢的透度计上的磁钢，将标记带贴在工件上。对于一些要经常更换标记（如片号、日期）的部位，如果粘贴一些塑料插口，使用起来更方便。在制作标记带时，应使透度计粘贴在标记带的反面而不要将透度计贴在标记带正面，这样可使透度计较紧密地贴合在工件表面上，以免影响灵敏度显示。

3. 屏蔽铅板

铅板是射线照相检测中经常需要的器材，主要是用于控制散射线。

在实验室中，透照台面或透照区地面应铺设适当厚度的铅板，通常应不低于 4mm，用于减少散射线的产生和吸收可能产生的散射线。在现场、野外或透照部位附近环境复杂时，为屏蔽后方散射线，在暗盒后面必须贴附适当厚度的铅板，即制作一些与胶片暗袋尺寸相仿

的屏蔽板，屏蔽板由 1~3mm 厚的铅板制成。贴片时，将屏蔽铅板紧贴暗袋，以屏蔽后方散射线。

此外铅板还用于其他方面，例如透照边界的准确定位、遮蔽、制作适当的标记等。

4. 中心指示器

射线机窗口应装设中心指示器。中心指示器上装有约 6mm 厚的铅光栏，可有效地遮挡非检测区的射线，以减少前方散射线；还装有可以拉伸、收缩的对焦杆，对焦时，可将拉杆拨向前方，透照时，则将其拨向侧面。利用中心指示器可方便地指示射线方向，使射线束中心对准透照中心。

5. 暗室设备和器材

暗室的主要设备和器材是工作台、切刀、胶片处理的槽或盘、上下水系统、安全红灯、（暗室条件下）计时钟等，可能条件下应配置自动洗片机。

安全红灯的颜色和亮度应保证射线胶片在切装和冲洗处理过程中不被感光。灯的颜色应为暗红色，一般用 15~25W 白炽灯加装滤色片构成。应控制灯与工作台的距离，特别是安全红灯与显影装置、切装胶片工作台的距离。安全红灯的可靠性可用胶片在安全红灯的不同工作部位及不同暴露时间下是否产生灰雾度确定。

6. 观片灯

观片灯是识别底片缺陷影像所需要的基本设备。对观片灯的主要要求包括三个方面，即光的颜色、光源亮度、照明方式与范围。

光的颜色一般应为日光色，光源应具有足够的亮度且应可调整，其最大亮度应能达到与底片黑度相适应的值。对此，多数标准规定：

底片黑度 $D \leqslant 2.5$ 时，观片灯透过底片的亮度应不低于 $30cd/m^2$；底片黑度 $D > 2.5$ 时，观片灯透过底片的亮度应不低于 $10cd/m^2$。但只要可能就应使透过底片的亮度达到 $100cd/m^2$ 或更高的值。对底片黑度大于 2.5 时，亮度规定值降低到 $10cd/m^2$，主要是由于目前的多数观片灯，其最大亮度值还达不到对高黑度的底片也能保证透射的光亮度不低于 $30cd/m^2$。此外，对观片灯的主要要求是光源的照明应以漫射方式，照明的区域应当可以调整大小，可以控制在评片者注意观察的范围。

实际工作中对观片灯还有一系列其他重要要求，例如光照的均匀性、观片灯的绝缘电阻、观片灯的发热性、观片灯的噪声等。详细的要求可参见有关标准规定。

7. 其他小器件

射线照相辅助器材很多，除上述用品、设备、器材之外，为方便工作，还应备齐一些小型工具与设备，如卷尺、钢印、照明灯、电筒、各种尺寸的铅遮板、补偿泥、贴片磁钢、透明胶带、各式铅字、盛放铅字的字盘、划线尺、石笔、记号笔等。

练　习

1. 简述 X 射线机的基本结构与各部分的作用。
2. 试述 X 射线管的基本构造与 X 射线的产生过程。
3. 试比较工业探伤常用 γ 射线源的主要特性。
4. 试述 X 射线机的主要工作参数，并说明它们由哪些因素决定。
5. 画出 X 射线机的极限工作曲线和工作负载特性曲线，并给出简要说明。

6. 简述γ射线机的基本结构和对γ射线机性能的主要要求。
7. 简述常用γ射线源的主要性能。
8. 简述使用X射线机和γ射线机应注意的主要事项。
9. 简述射线照相检测常用加速器的主要类型和特点。
10. 画出胶片的特性曲线，并对它作出简要说明。
11. 胶片的主要感光特性是哪些，对它们作出简要说明。
12. 胶片分为哪些类型和类别，它们的特点是什么？
13. 简单说明胶片系统的概念。
14. 简述潜影形成的基本过程。
15. 简述射线照相效应的主要特点。
16. 增感屏分为哪些类型？说明它们的主要特点。
17. 简述铅箔增感屏的增感机理和使用方法。
18. 像质计分为哪些类型？简要说明它们的基本结构和要求。
19. 说明线（丝）型像质计的基本结构、要求和使用方法。

第三单元 射线检测工艺

> **内容导入**：评价射线照相影像质量最重要的指标是射线照相灵敏度，射线照相灵敏度是射线照相对比度、不清晰度和颗粒度三大要素的综合结果，影响三者的因素有很多。射线照相灵敏度和缺陷检出也有很大关系。
>
> 射线透照工艺是指为达到一定要求而对射线透照过程规定的方法、程序、技术参数和技术措施等，也泛指详细说明上述方法、程序、参数和措施的书面文件。只有严格按射线透照工艺进行各项操作，才能得到质量合格的底片（与工件质量是否合格无关）。工艺条件是指工艺过程中的有关参变量及其组合，透照工艺条件包括设备器材条件、透照几何条件、工艺参数条件和工艺措施条件等。

模块一 射线照相灵敏度的影响因素

一、概述

射线照相灵敏度，定量地说是指在射线底片上可以观察到的最小缺陷尺寸或最小细节尺寸，定性地说是指发现和识别细小影像的难易程度。灵敏度有绝对与相对之分，在射线照相底片上能发现的沿射线穿透方向上的最小缺陷尺寸称为绝对灵敏度。此最小缺陷尺寸与射线透照厚度的百分比称为相对灵敏度。显然，用自然缺陷尺寸来评价射线照相灵敏度是不现实的。为便于定量评价射线照相灵敏度，常用与被检工件或焊缝的厚度有一定百分比关系的人工结构，如金属丝、孔、槽等组成像质计（又称为透度计），作为底片影像质量的监测工具，由此得到的灵敏度称为像质计灵敏度。需要注意的是，底片上显示的像质计最小金属丝直径、孔径或槽深，并不等于工件中所能发现的最小缺陷尺寸，即像质计灵敏度并不等于自然缺陷灵敏度。但像质计灵敏度提高，表示底片像质水平也相应提高，因而也能间接地反映出射线照相对最小自然缺陷检出能力的提高。

对裂纹之类方向性很强的面积型缺陷，即使底片上显示的像质计灵敏度很高，黑度、不清晰度符合标准要求，有时也有难于检出甚至完全不能检出的情况。面积型缺陷检出灵敏度与像质计灵敏度存在着较大差异。造成这种差异的因素很多，例如，焦点尺寸等几何因素，射线透照方向与缺陷平面有一定的夹角而造成透照厚度差减小的影响等。要提高此类缺陷的检出率，就必须很好地考虑透照方向及其他有助于提高缺陷检出灵敏度的工艺措施。

射线照相灵敏度是射线照相对比度（小缺陷或细节与其周围背景的黑度差）、不清晰度（影像轮廓边缘黑度过渡区的宽度）和颗粒度（影像黑度的不均匀程度）三大要素的综合结果，三大要素又分别受到不同工艺因素的影响。

二、射线照相对比度

如果工件中存在厚度差（如带有余高的焊接接头、工件内部存在的气孔）、密度差（如钢焊接接头中常见的金属或非金属夹渣）等，射线穿透工件后，不同部位透过射线的强度不同，经暗室处理得到的底片上不同部位产生不同的黑度，射线照相底片上的影像就是由不同黑度的阴影构成的，阴影和背景的黑度差使得影像能够被观察和识别。底片上某一小区域和相邻区域的黑度差称为底片对比度，又称为底片反差。显然，底片对比度越大，影像就越容易被观察和识别，因此，为检出较小的缺陷，获得较高灵敏度，就必须设法提高底片对比度。但在提高对比度的同时，也会产生一些不利后果，例如，透照厚度宽容度（规定条件下，标准允许的黑度范围内，射线底片所能充分记录的厚度范围）减小，底片上的有效评定区缩小，曝光时间延长，检测速度下降，检测成本增加等。

1. 射线照相对比度公式的推导

第一单元中推导过的主因对比度公式为

$$\frac{\Delta I}{I} = \frac{\mu \Delta T}{1+n}$$

式中　ΔI——因试件中存在厚度为 ΔX 的缺陷而引起的一次透射射线强度之差（$\Delta I = I'_P - I_P$）；

　　　I——无缺陷处的射线总强度，包括一次透射射线和散射线（$I = I_P + I_S$）；

　　　μ——试件材料的线衰减系数；

　　　ΔT——缺陷在射线透照方向上的尺寸；

　　　n——散射比，即散射射线强度与一次透射射线强度之比（$n = I_S/I_P$）。

应当注意的是，公式的导出有以下三个假设：

1）试件中缺陷厚度 ΔT 相对于试件厚度 T 来说很小（即 $\Delta T \ll T$），且缺陷中充满空气，其衰减系数忽略不计。

2）缺陷的存在不影响到达胶片的散射射线量（即通过有缺陷部位到达胶片的散射射线量 I'_S = 通过无缺陷部位到达胶片的散射射线量 I_S）。

3）缺陷的存在不影响散射比（即通过有缺陷部位的散射比 n' = 通过无缺陷部位的散射线比 n）。

在大多数情况下，以上假设引起的误差极小，因此公式是可以成立的。

第二单元中给出了胶片对比度公式为

$$G = \frac{\Delta D}{\Delta \lg E}$$

该式可改写为

$$\Delta D = G \Delta \lg E = G(\lg E_2 - \lg E_1) = G \lg \frac{E_2}{E_1}$$

$$= G \lg \frac{I_2 t}{I_1 t} = G \lg \frac{I_2}{I_1} = G \lg \frac{I + \Delta I}{I} = G \lg \left(1 + \frac{\Delta I}{I}\right)$$

$$= G \frac{\ln\left(1 + \frac{\Delta I}{I}\right)}{\ln 10}$$

由近似公式 $\ln(1+x) \approx x$，得

$$\Delta D = G \frac{\frac{\Delta I}{I}}{2.3} = 0.434 G \frac{\Delta I}{I}$$

将主因对比度公式 $\dfrac{\Delta I}{I} = \dfrac{\mu \Delta T}{1+n}$ 代入得

$$\Delta D = \dfrac{0.434 G \mu \Delta T}{1+n} \tag{3-1}$$

此即射线照相对比度公式。

2. 射线照相对比度的影响因素

由式（3-1）可知，射线底片的对比度 ΔD 是主因对比度 $\left(\dfrac{\mu \Delta T}{1+n}\right)$ 和胶片对比度 G 共同作用的结果，主因对比度是构成底片对比度的根本原因，而胶片对比度则可看作是主因对比度的放大系数（通常这个系数为 3~6）。

（1）影响主因对比度的因素　影响主因对比度的因素有缺陷在射线透照方向上的尺寸 ΔT、衰减系数 μ 和散射比 n。

1）ΔT 与缺陷尺寸有关，某些情况下还与透照方向有关。试件中的缺陷，其几何尺寸一定，但在不同方向上形成的厚度差可能不同，方向性强的面积型缺陷，如裂纹、未熔合等，透照方向与 ΔT 的关系特别明显。为提高照相对比度，就必须考虑选择适当的透照方向或控制一定的透照角度，以求得到较大的 ΔT。例如，为检出坡口未熔合缺陷，往往选择沿坡口的透照方向；为保证裂纹的检出率，就必须控制射线束与工件表面法线的角度不得过大。

2）衰减系数 μ 与试件材质和射线能量有关。在试件材质给定的情况下，透照的射线能量越低，线质越软，μ 值越大。在保证射线穿透力的前提下，选择能量较低的射线进行照相是增大对比度的常用方法。

3）减小散射比 n 可以提高对比度，因此透照时就必须采取有效措施控制和屏蔽散射线。

（2）影响胶片对比度的因素　主要因素有胶片种类、底片黑度和显影条件。

1）不同类型的胶片具有不同的梯度，通常，非增感型胶片的梯度比增感型胶片的梯度大。非增感型胶片中，不同种类的胶片有时梯度也不一样，要想提高对比度，可以选择梯度较大的胶片。

2）胶片梯度随黑度的增加而增大，为保证对比度，常对底片的最小黑度提出限制，为增大对比度，射线照相底片往往取较大的黑度值。

3）显影条件（如显影配方、显影时间、温度及显影液活度）的变化可以显著改变胶片特性曲线的形状，从而影响胶片的梯度。

三、射线照相清晰度

如图 3-1 所示，用一束垂直于试件表面的射线透照一个金属台阶试块，理论上理想的射线底片将由两部分黑度区域组成，一部分是试件 AO 部分形成的高黑度均匀区，另一部分是试件

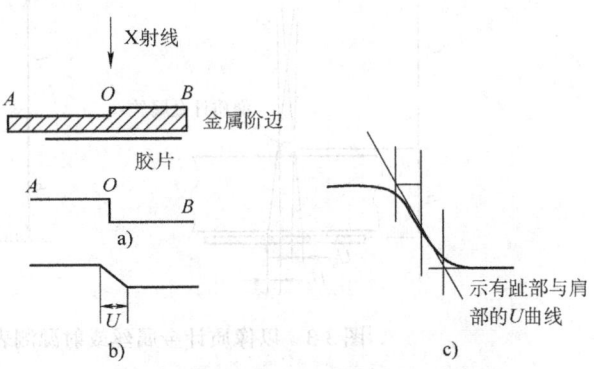

图 3-1　阶边影像的射线照相不清晰度

OB 部分形成的低黑度均匀区，两部分交界处的黑度是突变的、不连续的，如图 3-1a 所示。但实际上底片上的黑度变化并不是突变的，试件的"阶边"影像是模糊的，影像的黑度变化如图 3-1b、c 所示，存在着一个黑度过渡区，把黑度在该区域的变化绘成曲线，称为黑度分布曲线或不清晰度曲线。很明显，黑度变化区域的宽度越大，影像的轮廓就越模糊，该黑度变化区域的宽度定义为射线照相不清晰度 U。

在实际工业射线照相中，造成底片影像不清晰的原因有多种，如果排除试件或射源移动、屏—胶片接触不良等偶然因素，也不考虑使用盐类增感屏荧光散射引起的屏不清晰度，那么构成射线照相不清晰度的主要是两方面因素，即由于射源有一定尺寸而引起的几何不清晰度 U_g 及由于电子在胶片乳剂中散射而引起的固有不清晰度 U_i。

底片上总不清晰度 U 是 U_g 和 U_i 的综合结果，目前比较广泛采用的关系式为

$$U = (U_g^2 + U_i^2)^{1/2} \tag{3-2}$$

1. 几何不清晰度 U_g

由于 X 射线管焦点或 γ 射线源都有一定尺寸，所以透照工件时，工件表面轮廓或工件中的缺陷在底片上的影像边缘会产生一定宽度的半影，此半影宽度就是几何不清晰度 U_g，如图 3-2 所示。

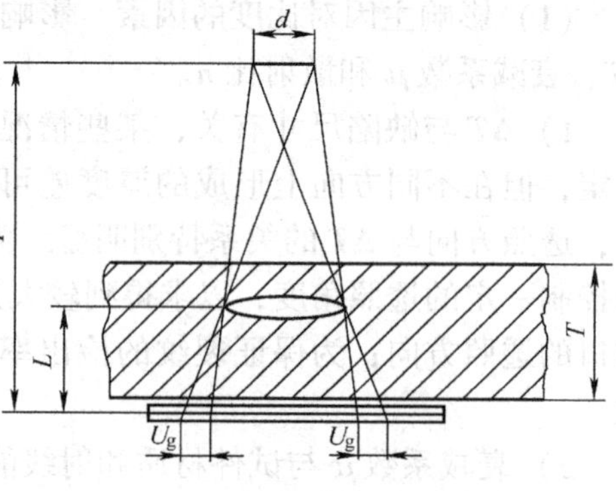

U_g 值（根据相似三角形对应边成比例）可用下式计算

$$U_g = \frac{dL}{F - L} \tag{3-3}$$

图 3-2 缺陷的几何不清晰度

式中 d——射线源尺寸（射线源的有效焦点尺寸）；
　　 F——焦点至胶片的距离；
　　 L——缺陷至胶片的距离。

通常技术标准中所规定的射线照相必须满足的几何不清晰度，是指工件中可能产生的最大几何不清晰度 U_{gmax}，相当于射线源侧表面缺陷或射线源侧放置的像质计金属丝所产生的几何不清晰度，如图 3-3 所示。

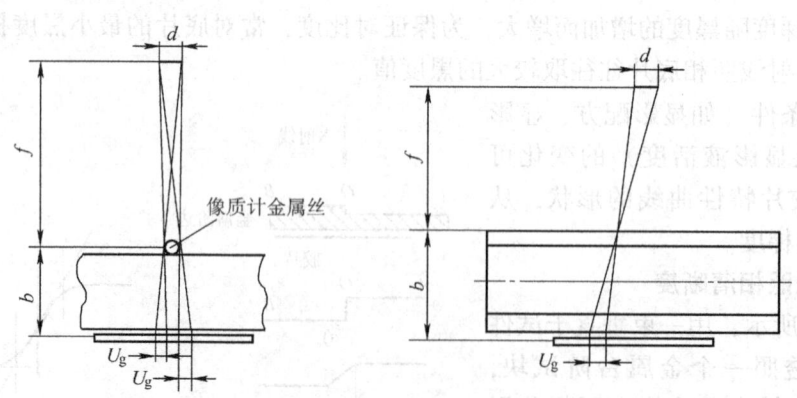

图 3-3　以像质计金属丝或射源测表面的 U_g 值作为 U_{gmax} 值

U_{gmax} 值可用下式计算

$$U_{gmax} = \frac{db}{f} \tag{3-4}$$

式中 f——焦点至工件的距离（沿射线束中心测定的射线源与受检工件近源侧表面之间的距离）；

　　　b——工件至胶片的距离（沿射线束中心测定的工件受检部位射线源侧表面与胶片之间的距离）。

由上式可知，几何不清晰度与焦点尺寸和工件厚度成正比，与焦点至工件表面的距离成反比。在焦点尺寸和工件厚度给定的情况下，为获得较小的 U_g 值，透照时就需要取较大的焦距，但由于射线强度与距离的平方成反比，要保证底片黑度不变，在增大焦距的同时就必须延长曝光时间或提高管电压，所以要综合考虑。

使用 X 射线照相时，由于透照场中不同位置上的焦点尺寸不同，阴极一侧的焦点尺寸较大，因此相应位置上的几何不清晰度也较大。实际上，由于照射场内光学焦点从阴极到阳极都是变化的，因此，即使是纵向焊接接头（平板）照相，底片上各点的 U_g 值也是不同的，而环向焊接接头（曲面）照相，由于距离、厚度的变化，底片上各点的 U_g 值的变化更大、更复杂。

【例】 采用双壁双投影法透照 $\phi 76\text{mm} \times 3\text{mm}$ 的管子对接焊缝，已知 X 射线机焦点尺寸为 3mm，透照焦距为 600mm，焊缝外表面余高为 2mm，根部余高为 0，求胶片侧焊缝和射线源侧焊缝的照相几何不清晰度 U_{g1} 和 U_{g2}，即已知 $D_0 = 76\text{mm}$，$t = 3\text{mm}$，$d = 3\text{mm}$，$F = 600\text{mm}$，$\Delta t = 2\text{mm}$；求 U_{g1}、U_{g2}。

解：（1）计算胶片侧焊缝的几何不清晰度 U_{g1}

$$b = t + \Delta t = 3\text{mm} + 2\text{mm} = 5\text{mm}$$

$$f = F - (t + \Delta t) = 600\text{mm} - (3+2)\text{mm} = 595\text{mm}$$

$$U_{g1} = \frac{db}{f} = \frac{3 \times 5}{595}\text{mm} = 0.0252\text{mm}$$

（2）计算射线源侧焊缝的几何不清晰度 U_{g2}

$$b = D_0 + 2\Delta t = 76\text{mm} + 2 \times 2\text{mm} = 80\text{mm}$$

$$f = F - (D_0 + 2\Delta t) = 600\text{mm} - (76 + 2 \times 2)\text{mm} = 520\text{mm}$$

$$U_{g2} = \frac{db}{f} = \frac{3 \times 80}{520}\text{mm} = 0.4615\text{mm}$$

答：胶片侧焊缝的几何不清晰度 $U_{g1} = 0.0252\text{mm}$；射线源侧焊缝的几何不清晰度 $U_{g2} = 0.4615\text{mm}$。

2. 固有不清晰度 U_i

固有不清晰度 U_i 是由照射到胶片上的射线在乳剂层中激发出的电子的散射所产生的。当光子穿过乳剂层时，会在乳剂中激发出电子。射线光量子能量越高，激发出的电子动能就越大，在乳剂层中的射程也越长。这些电子向各个方向散射，作用于邻近的卤化银颗粒，动能较大的电子可穿过多个卤化银颗粒。由于电子的作用，使这些卤化银颗粒产生潜影，因此一个射线光量子不只影响一个卤化银颗粒，而可能在乳剂中产生一小块潜影，其结果是不仅光量子直接作用的点被显影，该点附近区域也被显影，这就造成了影像边界的扩散和轮廓的模糊。固有不清晰度的大小就是散射电子在胶片乳剂层中作用的平均距离。

固有不清晰度主要取决于射线的能量，在 100~400kV 范围，固有不清晰度的经验公式可写为

$$U_i = 0.0013(V)^{0.79} \tag{3-5}$$

式中　V——管电压（kV）。

表 3-1 为不同管电压（射线源）下的固有不清晰度值。

表 3-1　不同管电压（射线源）下的固有不清晰度值

经滤波的射线		固有不清晰度值/mm
50kV	X 射线	0.03
100kV	X 射线	0.05
200kV	X 射线	0.09
300kV	X 射线	0.12
400kV	X 射线	0.15
1000kV	X 射线	0.24
2MV	X 射线	0.32
5.5MV	X 射线	0.46
8MV	X 射线	0.60
18MV	X 射线	0.80
31MV	X 射线	0.97
^{192}Ir	γ 射线	0.17
^{137}Cs	γ 射线	0.28
^{60}Co	γ 射线	0.35
^{170}Tm	γ 射线	0.07~0.1①

① 数值取决于滤板厚度。

按表 3-1 的数值可绘制曲线如图 3-4 所示。

可以看出，U_i 随射线能量的提高而连续递增，在低能区，U_i 增大速率较慢，在高能区，U_i 增大速率较快。

射线照相使用的金属增感屏能吸收射线能量，发射出电子，作用于胶片的卤化银，增加感光。由增感屏发射出的电子，在乳剂层中也有一定的射程，同样产生固有不清晰度。有关研究指出，增感屏的材料种类、厚度及使用情况都会影响固有不清晰度，例如，在中低能量射线照相中，使用铅增感屏的胶片比

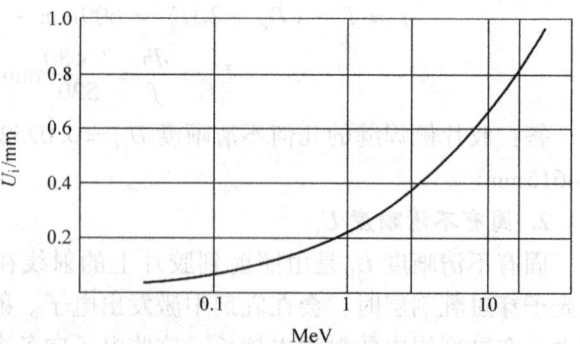

图 3-4　不同射线能量下的射线照相固有不清晰度曲线
（微粒胶片，经滤波的射线）

不使用铅增感屏的胶片的固有不清晰度有所增大；随着铅增感屏厚度的变化，固有不清晰度也将有所改变。在 γ 射线和高能 X 射线照相中，使用铜、钽、钨制作的增感屏可得到比铅

增感屏更小的固有不清晰度。在使用增感屏时，如果增感屏与胶片贴合不紧，留有间隙，也将使固有不清晰度明显增大。

对增感屏和胶片不贴紧导致固有不清晰度增大的现象可作如下解释：由增感屏发射出的电子脱离增感屏表面后，如未立即进入胶片乳剂层，而是在空气中经一段距离后再进入乳剂层，则由于电子通过空气时的动能损失较小，其总的作用距离将大于那些完全在乳剂层中穿行的电子的作用距离，因此导致固有不清晰度增大。

射线照相固有不清晰度可采用铂—钨双丝像质计测定。

四、射线照相颗粒度

颗粒性是指均匀曝光的射线底片上影像黑度分布不均匀的视觉印象。颗粒度是根据测微光密度计测出的数据，按一定方法求出的所谓底片黑度涨落的客观量值。观察受到高能量射线照射的快速胶片，不用放大镜，颗粒性就很明显；而对受低能量射线照射的慢速胶片来说，可能要经中度放大才使颗粒性明显。

颗粒性印象不是单个显影的感光颗粒引起的，在工业射线胶片中，由单个感光颗粒显影产生的黑色金属银粒很少大于 0.01mm，通常还要小些，这远低于人眼的可见界限。实际上颗粒的视觉印象是由许多银粒交互重叠组成的颗粒团产生的，而颗粒团的黑度则是由这些单个银粒的随机分布造成的。

颗粒的随机性是多种因素造成的。射线源发出的光量子到达胶片的空间分布是随机的；胶片乳剂吸收光量子，使乳剂中一个或多个溴化银晶体感光，这些吸收现象也是随机的；此外胶片乳剂层中感光银盐颗粒大小和分布不均匀，也具有随机性。

颗粒性的产生原因可归纳为两个方面，一是胶片噪声，相关于银盐粒度和感光速度；二是量子噪声，即光子随机分布的统计涨落，相关于射线能量、曝光量和底片黑度。一般来说，颗粒性随胶片粒度射线能量和感光速度的增大而增大，随曝光量和底片黑度的增大而减小。

胶片乳剂层中感光银盐颗粒的大小对颗粒性的影响是直接的，大颗粒银盐阻光性好，在底片上引起的黑度起伏更大一些。关于感光速度的影响可解释如下：对慢速胶片来说，要产生一定黑度，比如黑度 2.0，一个小区域中可能要吸收 10000 个光子，而对快速胶片，产生同样黑度所需的光子要少得多。考虑光子吸收过程中的叠加作用对随机性的影响，产生一定黑度所需要的光子数越多，射线照相影像的颗粒性就越不明显，所以胶片速度会影响底片影像颗粒性。一般情况是慢速胶片中的溴化银晶体比快速胶片中的晶体小，因此胶片粒度和感光速度对颗粒性的影响往往是加和性的。

同样也易于理解，胶片的颗粒性随能量的提高而增大。因为在低能量下，吸收一个光子只使一个或几个溴化银颗粒感光，而在高能量下，一个光子能使许多个颗粒感光，这样就使随机分布的黑度起伏变大，显示出颗粒增大的倾向。而曝光量增大和底片黑度增大都使得更多的光子到达胶片，大量光子的叠加作用将使黑度的随机性起伏降低，所以减小了颗粒性。

颗粒度限制了影像能够记录的细节的最小尺寸。一个尺寸很小的细节，在颗粒度较大的影像中，或者不能形成自己的影像，或者其影像将被黑度的起伏所掩盖，无法识别出来。

五、小结

综上所述，影响射线照相灵敏度的三大要素如图 3-5 所示。

射线照相灵敏度的影响因素可归纳为表 3-2。

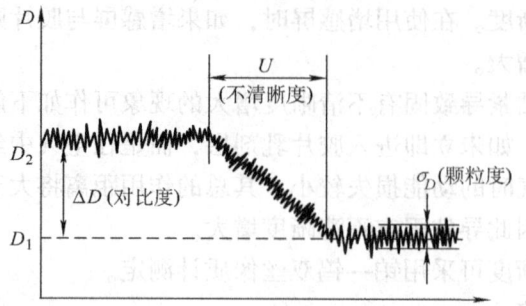

图 3-5 射线照相对比度、不清晰度和颗粒度的概念示意
（以小厚度差为 ΔT 的阶边影像为例）

表 3-2 射线照相灵敏度的影响因素

射线照相对比度 ΔD $$\Delta D = \frac{0.434\mu G \Delta T}{(1+n)}$$		射线照相不清晰度 U $$U = \sqrt{U_g^2 + U_i^2}$$		射线照相颗粒度 σ_D $$\sigma_D = \left[\sum_{i=1}^{N}\frac{(D_i-\overline{D})^2}{N-1}\right]^{1/2}$$
主因对比度 $$\frac{\Delta I}{I} = \frac{\mu \Delta T}{(1+n)}$$	胶片对比度 $$G = \frac{\Delta D}{\Delta \lg E}$$	几何不清晰度 $$U_g = \frac{db}{f}$$	固有不清晰度 $$U_i = 0.0013\,(V)^{0.79}$$	
取决于： 1）缺陷造成的透照厚度差 ΔT（缺陷透照方向的厚度） 2）射线的质 μ（或管电压） 3）散射比 n	取决于： 1）胶片类型（或梯度 G） 2）显影条件（配方、时间、活度、温度、搅动） 3）底片黑度 D	取决于： 1）焦点尺寸 d 2）工件表面至胶片距离 b 3）射线源至工件表面距离 f	取决于： 1）射线的质 μ（或管电压） 2）增感屏种类（Pb，Au，Sb） 3）屏—胶片的贴紧程度	取决于： 1）胶片系统（胶片型号、增感屏、冲洗条件） 2）射线的质 μ（或管电压） 3）曝光量（It）和底片黑度 D

模块二　灵敏度和缺陷检出的有关研究

灵敏度和缺陷检出是射线照相技术最重要的课题之一，本模块简单介绍相关研究的部分内容，包括一些试验数据和理论分析，以供借鉴。

一、最小可见对比度 $\Delta D_{\min}$

最小可见对比度又称为识别界限对比度，其定义是在底片上能够辨认的某一尺寸影像的最小黑度差。$\Delta D_{\min}$ 与 ΔD 是两个不同的概念，ΔD 是底片上客观存在的量值，而 $\Delta D_{\min}$ 反映的是在一定条件下，人眼对底片影像黑度差的辨别能力，即识别灵敏度。$\Delta D_{\min}$ 的数值越小，意味着人眼对底片影像的辨别能力越强，对缺陷影像的识别灵敏度越高。ΔD 与 $\Delta D_{\min}$ 的关系为：当 $\Delta D \geqslant \Delta D_{\min}$ 时，影像能够识别，反之则不能识别。

$\Delta D_{\min}$ 在很大程度上取决于观片灯亮度，在合适的观片条件下，$\Delta D_{\min}$ 数值较小，而当观片条件变差，$\Delta D_{\min}$ 数值会变大。当观片条件适当而且是固定的时，$\Delta D_{\min}$ 与影像大小、底片黑度、颗粒度和人眼敏锐度等因素有关。

通过试验总结出 $\Delta D_{\min}$ 与底片黑度、金属丝影像宽度及胶片颗粒度的相对变化关系如图 3-6、图 3-7 所示。

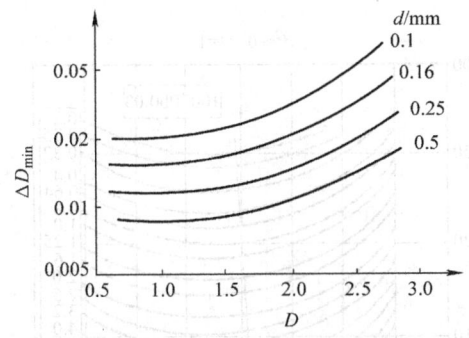
图 3-6　底片黑度 D 和 ΔD_{min} 的关系

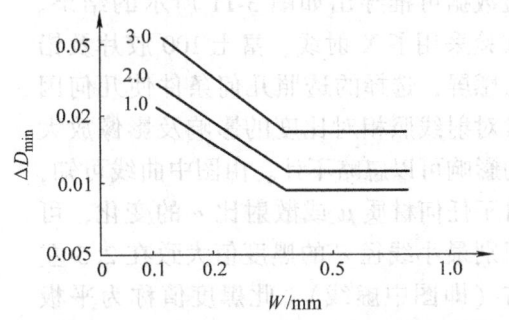
图 3-7　金属丝影像宽度 W 和 ΔD_{min} 的关系

如图 3-6 所示，ΔD_{min} 随黑度的增加而增大，且金属丝宽度越小，ΔD_{min} 的增大程度越显著。

如图 3-7 所示，在影像宽度较大时，ΔD_{min} 不随宽度变化而变化，但在影像宽度较小时，ΔD_{min} 随宽度的减小而增大，且当底片黑度越高时，增大的比例越大。

胶片颗粒度和 ΔD_{min} 的关系如图 3-8 所示。对宽度相同的金属丝影像来说，颗粒较细的胶片与增感屏组合后得到的识别界限对比度，要比颗粒较粗的胶片小。

注：富士胶片，$D = 2.5$，KZ—SF 为荧光增感屏，SMP 为金属荧光增感屏，Pb 为铅增感屏。

图 3-8　胶片颗粒度和 ΔD_{min} 的关系

二、射线底片黑度与照相灵敏度

由第二单元可知，非增感型胶片的对比度 G 值随黑度的增加而增大，又由射线照相对比度公式（3-1）可知，G 增大时，射线照相对比度 ΔD 也会增大，因此黑度增大会使 ΔD 增大。另一方面，黑度与 ΔD_{min} 的关系为：在低黑度范围，ΔD_{min} 大致是一定的，但在高黑度范围，ΔD_{min} 随黑度的增加而增大。综合以上关系，可得到如图 3-9 所示曲线，只有像质计线径 d 所对应的 ΔD 在 ΔD_{min} 以上的范围，该线径 d 才能被识别。

若以 $\Delta D / \Delta D_{min}$ 达到最大值的黑度为最佳黑度，如图 3-10 所示的 $\lg\Delta D - \lg\Delta D_{min}$ 的最大值对应的黑度为最佳黑度，则如图 3-10 所示，使 ΔD 和 ΔD_{min} 两曲线上下平移后相切的一点就是最佳黑度。由于 ΔD_{min} 的数值随像质计线径 d 的改变而变化，所以对于不同的线径 d，最佳黑度值也有所不同。由射线照相对比度公式和如图3-7所示的 d 和 ΔD_{min} 的关系，结合试

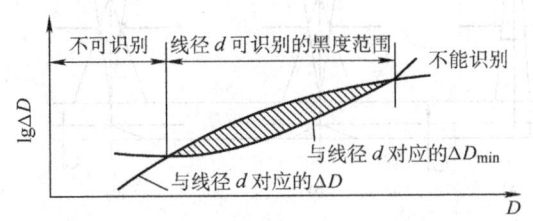
图 3-9　黑度 D、ΔD 及 ΔD_{min} 的关系

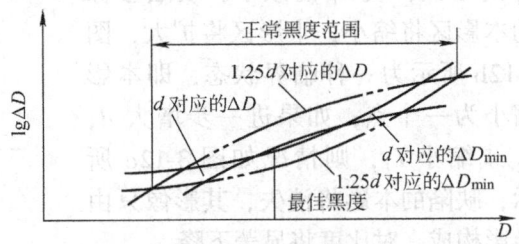
图 3-10　最佳黑度和正常黑度范围的求法

验数据可推导出如图 3-11 所示的结果。试验采用了 X 射线、富士 100 胶片及铅增感屏，选择的透照几何条件使几何因素对射线照相对比度的影响及影像放大的影响可以忽略不计。由图中曲线可知，对于任何材质 μ 或散射比 n 的变化，可识别最小线径 d 的黑度值大致在 2.5 左右（即图中虚线），此黑度值称为平板试件透照的最佳黑度。

大多数情况下试件是不等厚的，不同厚度部位底片黑度不同，可识别的线径 d 也不同。以焊缝试件为例，一般情况下焊缝余高是不磨平的，如果选择焊缝中心的黑度为 2.5，则该部位可识别线径最小，但此时母材部位的黑度比焊缝中心大，所以母材部位可识别线径将大于焊缝部位可识别线径，即两个部位的射线照相灵敏度不等，这显然不能满

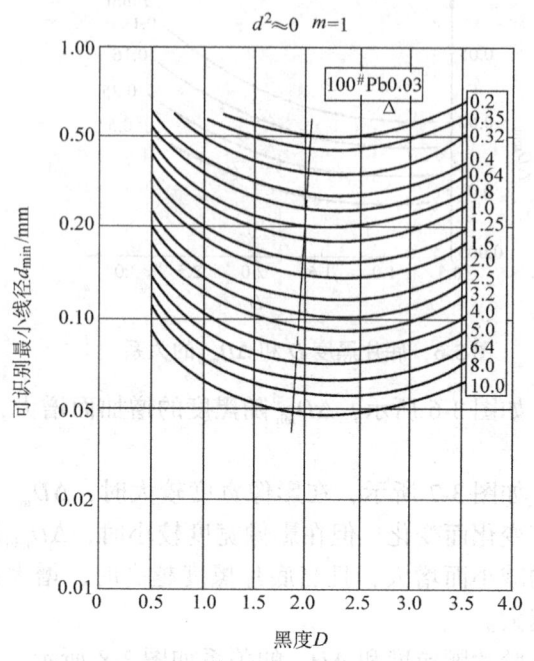

图 3-11 黑度和可识别最小线径的关系

足缺陷检出的要求。为使焊缝部位和母材灵敏度相等，就需要以最佳黑度为基准调节母材黑度和焊缝黑度，使母材黑度比 2.5 适当大一些，同时使焊缝黑度比 2.5 适当小一些。黑度的调节是通过改变射线能量进而改变 μ 和 n 来实现的，黑度的具体数值大小与射线能量和余高高度等参数有关。此时的黑度称为有余高焊缝试件透照的最佳黑度，达到最佳黑度所使用的射线能量称为有余高焊缝试件透照的最佳射线能量。

三、几何因素对小缺陷对比度的影响

几何因素会影响小缺陷或影像细节的对比度。所谓小缺陷，是指横向尺寸（垂直于射线束方向的尺寸）远小于射线源尺寸的缺陷，包括小的点状缺陷和细的线状缺陷。影响对比度的照相几何条件主要是指射线源尺寸 d、线射源到缺陷的距离 L_1、缺陷到胶片的距离 L_2。

结合图 3-12 可对几何因素影响小缺陷影像对比度的问题作简明解释：正常情况下，底片上缺陷的影像由本影和半影组成，如图 3-12a 所示；但随着 d 的增大或 L_2 的增大，或 L_1 的减小，缺陷影像的本影区将缩小，半影区将扩大，图 3-12b 所示为一种临界状态，即本影缩小为一个点；如果进一步增大 d，L_2 或缩小 L_1，则情况如图 3-12c 所示，缺陷的本影将消失，其影像只由半影构成，对比度将显著下降。

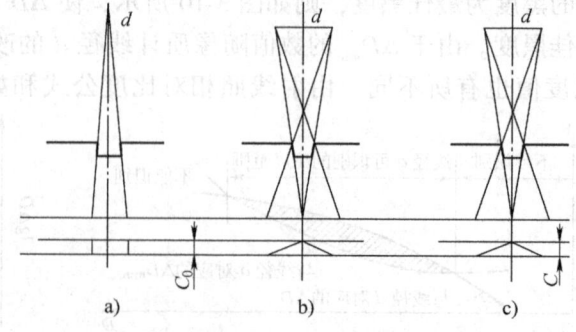

图 3-12 几何因素对小缺陷对比度的影响

模块三 透照工艺条件的选择

一、射线源和能量的选择

1. 射线源的选择

选择射线源的首要因素是射线源所发出的射线对被检试件具有足够的穿透力。

对于 X 射线来说,穿透力取决于管电压,管电压越高则射线的质越硬,在试件中的衰减系数越小,穿透厚度越大。目前常用 X 射线检测设备可透照的钢的最大厚度见表 3-3。

表 3-3 X 射线检测设备可透照的钢的最大厚度

射线能量	高灵敏度法可透最大厚度/mm	低灵敏度法可透最大厚度/mm
100kV X 射线	10	16
150kV X 射线	15	24
200kV X 射线	25	35
300kV X 射线	40	60
400kV X 射线	75	100
1MV X 射线	125	150
2MV X 射线	200	250
8MV X 射线	300	350
30MV X 射线	325	450

对于 γ 射线来说,穿透力取决于放射源种类,常用 γ 射线源可透照钢的厚度范围见表 3-4,由于放射性同位素发出的射线能量不可改变,而用高能量射线透照薄工件时会出现灵敏度下降的情况,因此表中的透照厚度不仅规定了上限,而且规定了下限。

表 3-4 常用 γ 射线源可透照钢的厚度范围

源种类	高灵敏度法/mm	低灵敏度法/mm
^{75}Se	14 ~ 40	5 ~ 40
^{192}Ir	20 ~ 90	10 ~ 100
^{137}Cs	30 ~ 100	20 ~ 100
^{60}Co	60 ~ 150	40 ~ 200

注:高灵敏度法表示用微粒胶片 + 金属箔增感屏,大致相当于 JB/T 4730.2—2005 标准的 AB 级和 B 级;低灵敏度法表示用粗粒胶片 + 金属箔增感屏,大致相当于 JB/T 4730.2—2005 标准的 A 级。

选择射线源时,还必须注意 X 射线和 γ 射线的照相灵敏度差异。由有关理论可知,对比度 ΔD、不清晰度 U 和颗粒度 σ_D 是左右射线照相影像质量的三大基本因素。实验表明,钢的厚度在 40mm 以下,用 ^{192}Ir 透照所得射线底片的对比度不如 X 射线底片,以 25mm 钢厚度为例,前者的对比度大约比后者要低 40%。对比度自然影响到像质计灵敏度,因此 40mm 以下钢厚度用 ^{192}Ir γ 射线透照相比 X 射线透照所得像质计灵敏度较低。但对 40mm 以上钢厚度,两者的像质计灵敏度值大致相同。

另一方面,^{192}Ir 的固有不清晰度($U_i = 0.17$mm)比 400kV 的 X 射线大,它分别是 100kV、200kV、300kV、350kV X 射线 U_i 值的 3.4 倍、1.8 倍、1.4 倍、1.3 倍。此外,还有颗粒度,即噪声问题,由于 ^{192}Ir 有效能量较高,由此引起胶片颗粒度也会明显增大,从而干扰射线照相底片上小缺陷尤其是小裂纹的影像显示。因此，比较 γ 射线与 X 射线的小缺陷检出灵敏度，两者的差距将更明显。

除了穿透力和灵敏度外，两类设备的不同特点也是需要考虑的因素。

(1) X 射线机的特点

1) 体积较大，以便携式、移动式、固定式依次增大。
2) 基本费用和维修费用均较大。
3) 能检查 40mm 以上钢厚度的大 X 射线机成本很高，其发展趋势为移动式而非便携式。
4) X 射线能量可改变，因此对一定范围内不同厚度的试件均可使用最适宜的能量。
5) X 射线机可用开关切断，故较易实施射线防护。
6) 曝光时间一般为几分钟。
7) 所有 X 射线机均需电源，有些还需有水源。

(2) γ 射线源的特点

1) 射线源尺寸小，可用于 X 射线机管头无法接近的现场。
2) 不需电源或水源。
3) 费用低。
4) 曝光时间长，通常需几十分钟，甚至几小时。
5) 对薄钢试件（如 5mm 以下），只有选择合适的放射性同位素（如 ^{169}Yb、^{75}Se、^{170}Tm）才能获得较高的探伤灵敏度。

(3) 选择原则 综合上述各个因素，可列举出一些选择射线源的原则：

1) 对轻质合金和低密度材料，目前尚无合适的 γ 射线源，最常用的射线实际上总是 X 射线。
2) 要透照厚度小于 5mm 的钢（铁素体钢或合金钢），除非允许较低的探伤灵敏度，也要选用 X 射线。
3) 如要对大批量的工件实施射线照相，用 X 射线较好，因为曝光时间较短。
4) 对厚度大于 150mm 的钢，即使用最大的 γ 射线源，曝光时间也是很长的，如工作批量大，宜用兆伏级高能 X 射线。
5) 对厚度为 50~150mm 的钢，如果使用正确的方法，用 X 射线和 γ 射线可得到几乎相同的像质计灵敏度，但裂纹的检出率还是有差异的。
6) 对厚度为 5~50mm 的钢，用 X 射线总可获得较高的灵敏度，γ 射线源的选用则应根据具体厚度和所要求的探伤灵敏度，选择 ^{192}Ir 或 ^{75}Se，并应考虑匹配适当类别的胶片。
7) 对某些操作困难的现场透照工作（如炉膛内的水冷壁管），体积庞大的 X 射线机使用不方便可能成为主要问题。
8) 只要与筒体直径有关的焦距能满足标准对几何不清晰度的要求，环形焊缝的透照应尽量选用圆锥靶周向 X 射线机，作中心内透法垂直全周向曝光，以提高工效和影像质量。对直径较小的锅炉联箱管或其他管道焊缝，也可选用小焦点（0.5mm）的棒阳极 X 射线管或小焦点（0.5~1mm）γ 射线源作 360°周向曝光。
9) 选用平面靶周向 X 射线机对环焊缝作中心内透法倾斜全周向曝光时，必须考虑射线倾斜角度对焊缝中纵向面状缺陷的检出影响。

2. 射线能量的选择

X 射线的能量是以 X 射线管所施加的高压，即管电压表示，一般称它为透照电压。对于 γ 射线，是以 γ 射线源辐射的主要 γ 射线的能量或这些主要能量的等效能量表示。

射线能量是重要的基本透照参数，它对射线照片的影像质量和射线照相灵敏度都具有重要影响。随着射线能量的提高，线衰减系数将减小，胶片固有不清晰度将增大，此外它还将影响散射比。推荐的选取射线能量的原则是在保证射线具有一定穿透能力的条件下选用较低的能量。

按照射线的衰减规律，不同能量的射线具有不同的穿透物体的能力，即入射射线强度相同、但能量不同的射线，在穿透同样厚度物体后透射射线强度不同。能量高的射线具有较强的穿透能力，且得到的透射射线强度较高。在透照厚度较大的物体时，应采用能量较高的射线，否则很难在适当的时间内得到足够的曝光量。如果透照厚度较小的物体，采用较高能量的射线，尽管可以在更短的时间内得到足够的曝光量，但会因线衰减系数的降低、不清晰度的增大等，而使影像质量降低。所以，选取的射线能量应与透照物体的材料和厚度相适应。

在实际的射线照相检测工作中，确定射线能量时，对低能 X 射线必须遵守的一项规定是：透照电压不能高于允许的最高透照电压。

图 3-13 所示是部分材料允许的最高透照电压与透照厚度的关系。

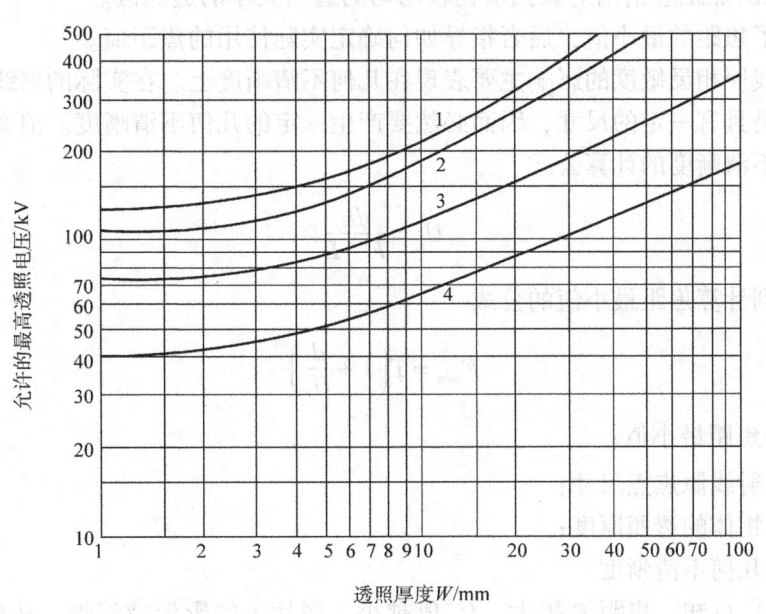

图 3-13　部分材料允许的最高透照电压与透照厚度的关系
1—铜及铜合金　2—钢　3—钛及钛合金　4—铝及铝合金

表 3-5 是高能 X 射线和部分 γ 射线源适用的透照厚度，可作为确定射线能量的参考。一般说，γ 射线照相检测的灵敏度低于 X 射线，因此，在可能的情况下，应优先选用 X 射线照相检测技术。但在一些特殊情况，例如，球罐焊缝射线照相检测，γ 射线全景曝光在工作效率方面显然具有特别的优越性，这时，只可能选用 γ 射线照相检测技术。

表 3-5　γ射线源和能量 1MeV 以上 X 射线设备对钢、铜、镍基合金的透照厚度范围

射线源	透照厚度/mm	
	A 级技术	B 级技术
^{75}Se	$10 \leqslant T \leqslant 40$	$14 \leqslant T \leqslant 40$
^{192}Ir	$20 \leqslant T \leqslant 100$	$20 \leqslant T \leqslant 90$
^{60}Co	$40 \leqslant T \leqslant 200$	$60 \leqslant T \leqslant 150$
X 射线，1~4MeV	$30 \leqslant T \leqslant 200$	$50 \leqslant T \leqslant 180$
X 射线，4~12MeV	$T \geqslant 50$	$T \geqslant 80$
X 射线，>12MeV	$T \geqslant 80$	$T \geqslant 100$

二、焦距的选择

沿射线束中心测定的射线源与胶片之间的距离称为焦距。

1. 选择焦距的一般原则

焦距是射线照相另一个基本透照参数，选择焦距时必须考虑的是：

1）所选取的焦距必须满足射线照相对几何不清晰度的规定。

2）所选取的焦距应给出射线强度比较均匀的适当大小的透照区。

前者限定了焦距的最小值，后者指导如何确定实际使用的焦距值。

焦距对射线照相灵敏度的影响主要表现在几何不清晰度上。在实际的射线检测中所使用的射线源，总是具有一定的尺寸，因而必然要产生一定的几何不清晰度。前文讨论影像质量时曾给出几何不清晰度的计算公式

$$U_g = \frac{dL}{F-L}$$

从此式可以得到计算焦距最小值的公式

$$F_{\min} = T\left(1 + \frac{d}{U_g}\right) \tag{3-6}$$

式中　$F_{\min}$——焦距最小值；

　　　d——射线源焦点尺寸；

　　　T——物体的透照厚度；

　　　U_g——几何不清晰度。

由式（3-6）可知，焦距 F 越大，U_g 值越小，底片上的影像越清晰。从式中还可看出，焦距直接关系到射线照相的几何不清晰度，并影响其他透照参数的确定，对射线照相得到的影像质量，也就是对射线照相灵敏度具有重要影响。在确定焦距时应同时考虑物体的透照厚度、射线源的焦点尺寸、限定的几何不清晰度。

近年来我国和国外的许多标准，为保证射线照相的清晰度，都直接规定焦距最小值与射线源焦点尺寸和透照厚度之间的关系，在我国现行标准 JB/T 4730.2—2005 中，规定射线源至工件的距离 f 应满足表 3-6 的要求：

表 3-6 射线源至工件距离的要求

射线检测技术等级	射线源至工件距离 f	几何不清晰度 U_g
A 级射线检测技术	$f \geqslant 7.5db^{\frac{2}{3}}$	$U_g \leqslant \dfrac{2}{15b^{\frac{1}{3}}}$
AB 级射线检测技术	$f \geqslant 10db^{\frac{2}{3}}$	$U_g \leqslant \dfrac{1}{10b^{\frac{1}{3}}}$
B 级射线检测技术	$f \geqslant 15db^{\frac{2}{3}}$	$U_g \leqslant \dfrac{1}{15b^{\frac{1}{3}}}$

由于 $F = f + b$，所以上述关系式也就限制了 F 的最小值。

在实际工作中，确定焦距的最小值时通常先由诺模图查出射线源至工件表面最小距离 f，再用式 $F = f + b$ 算出。标准 JB/T 4730.2—2005 中的诺模图如图 3-14、图 3-15 所示。诺模图的使用方法如下：在 d 线和 b 线上分别找到有效焦点尺寸和工件表面至胶片距离对应的点，用直线连接这两个点，该直线与 f 线的交点即为射线源至工件表面距离的最小值，而焦距最小值即为 $F = f + b$。

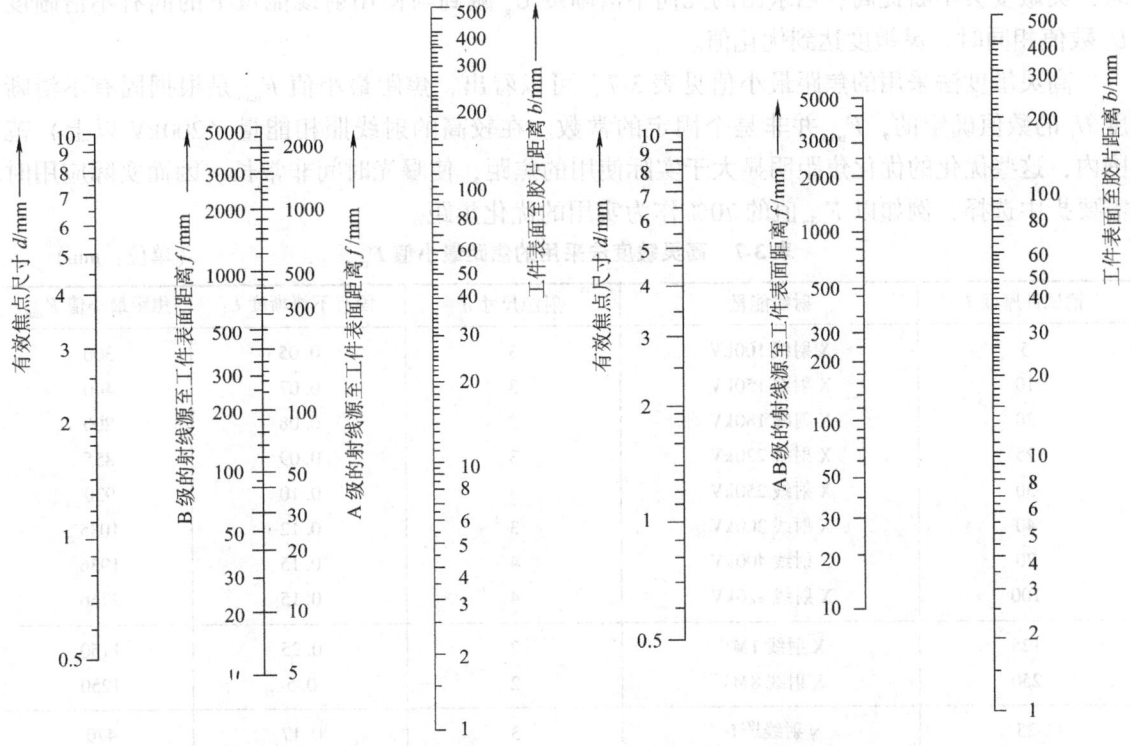

图 3-14 A 级和 B 级射线检测技术确定焦点至工件表面距离的诺模图

图 3-15 AB 级射线检测技术确定焦点至工件表面距离的诺模图

【例】 采用 AB 级技术照相，射线源有效焦点尺寸 $d = 2$mm，工件表面至胶片距离 $b = 30$mm，则由图 3-14 中可查得 $f = 193$mm，故焦距最小值即为
$$F = f + b = 193\text{mm} + 30\text{mm} = 223\text{mm}$$

上面仅是依据射线照相灵敏度要求的几何不清晰度确定的焦距最小值，实际射线照相时还必须考虑有效透照区的大小，即选用的焦距必须给出射线强度均匀且大小适当的透照区，

因此，实际选用的焦距总是要大于上面确定的焦距最小值。但选用的焦距值也不能过大，否则将会大大增加曝光量。

焦距的选择有时还与试件的几何形状及透照方式有关，例如，为得到较大的一次透照长度和较小的横向裂纹检出角，在采用双壁单影法透照环缝时，往往选择较小的焦距；而当采用中心内照法时，焦距约等于筒体的外半径；用γ源对球罐全景曝光时，焦距约等于球罐的外半径。

2. 焦距选择的另一种观点——考虑总的不清晰度的焦距最小值

要获得高质量的射线底片，显然总的不清晰度必须保持较小值，这就意味着各个单一不清晰度也应保持较小。对于给定的射线源（或焦点）尺寸和给定的试件厚度来说，为使几何不清晰度减到较小，就要增大焦点至胶片的距离，而按照强度平方反比定律，则需要增加曝光时间。另一方面，要使固有不清晰度达到较小值，应尽量选用较低的管电压，为达到规定黑度，同样要增加曝光时间。

对窄裂纹之类的平面状小缺陷进行透照实验，结果表明：当射线源与胶片间的距离增大时，灵敏度会不断提高；当求出的几何不清晰度 U_g 减到与使用射线能量下的固有不清晰度 U_i 数值相同时，灵敏度达到优化值。

高灵敏度法采用的焦距最小值见表3-7，可以看出，焦距最小值 F_{min} 是根据固有不清晰度 U_i 的数值确定的，F_{min} 并非是个固定的常数。在较高的射线照相能量（200kV以上）范围内，这些优化的优化焦距明显大于实际使用的焦距，使曝光时间非常长，因而实际应用时需要折中选择，例如以 F_{min} 值的70%作为实用的优化焦距。

表3-7　高灵敏度法采用的焦距最小值 F_{min}　　　　　（单位：mm）

钢试件厚度 T	射线能量	射源尺寸 d	固有不清晰度 U_i	焦距最小值 F_{min}
5	X射线 100kV	3	0.05	300
10	X射线 150kV	3	0.07	440
20	X射线 180kV	3	0.08	800
25	X射线 220kV	3	0.09	855
30	X射线 250kV	3	0.10	930
40	X射线 300kV	3	0.12	1035
70	X射线 400kV	4	0.15	1936
100	X射线 420kV	4	0.15	2766
125	X射线 1MV	2	0.25	1150
250	X射线 8MV	2	0.5	1250
25	γ射线 ^{192}Ir	3	0.17	470
50	γ射线 ^{192}Ir	3	0.17	950
0	γ射线 ^{60}Co	4	0.35	670
100	γ射线 ^{60}Co	4	0.35	1230
150	γ射线 ^{60}Co	4	0.35	1850

选用优化焦距 F_{opt} 是为了有效地检出钢试件中裂纹之类的小缺陷，但如果材料的焊接性好，焊接工艺稳定，试件验收要求不高，则无需采用那么大的焦距。

具体工作时应按所需要的射线照相质量等级，根据几何不清晰度 U_g 与固有不清晰度 U_i

的关系选择焦距最小值 $F_{\min}$，分以下三种情况

Ⅰ $\quad U_g = \dfrac{U_i}{2} \quad F_{\min} = T\left(1 + 2\dfrac{d}{U_i}\right)$ (3-7)

Ⅱ $\quad U_g = U_i \quad F_{\min} = T\left(1 + \dfrac{d}{U_i}\right)$ (3-8)

Ⅲ $\quad U_g = 2U_i \quad F_{\min} = T\left(1 + \dfrac{d}{2U_i}\right)$ (3-9)

应注意的是，焊缝射线检测至少选用Ⅲ级，但执行时应对透照各种厚度所许用的射线能量上限值作出一定限制，再选择 $F_{\min}$，否则作出的选择毫无意义。

三、曝光量的选择与修正

曝光量是射线照相检测的又一个基本参数，它直接影响底片的黑度和影像的颗粒度，因此，也将影响射线照片影像可记录的细节最小尺寸。

曝光量通常用符号 E 表示。曝光量本应是透照时曝光时间（透照时间）与射线强度的乘积，即在第二单元中讨论胶片特性曲线时给出的

$$H = It$$

但在实际射线照相检测中，都采用与射线强度相关的量代替射线强度来表示曝光量。对于 X 射线，采用管电流与曝光时间之积表示曝光量，即

$$E = it \tag{3-10}$$

式中 i——X 射线机透照时的管电流；

t——曝光时间。

对于 γ 射线，常用 γ 射线源的放射性活度与曝光时间之积表示曝光量，即

$$E = At \tag{3-11}$$

式中 A——γ 射线源的放射性活度。

对射线照片上均匀曝光区的黑度用测微光度计沿某一方向进行扫描测量，将得到如图 3-16 所示的黑度分布图，可见黑度分布是不规则的起伏变化。在测量的方向上存在一小的细节影像，其影像如图 3-16b 所示，在黑度不均匀性较大的情况下，将难以确定是否存在这个影像。把曝光量加大到一定程度，将得到如图 3-16c 所示的细节影像。影像的这种变化可以理解如下：当加大曝光量后，多幅具有较大黑度起伏的影像互相叠加，不规则的黑度起伏相互补充，降低了各个点间黑度的相对差，但细节影像的黑度固定显示在同一位置，由于多次叠加将越来越高，而明显地显现出来。可见，曝光量必须达到一定的大小，才能保证细节影像的可检测性。

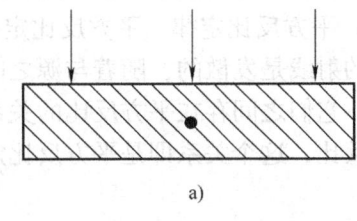
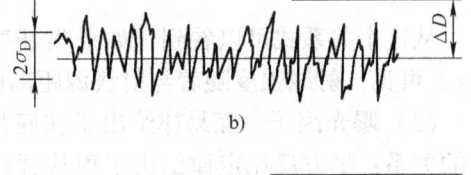
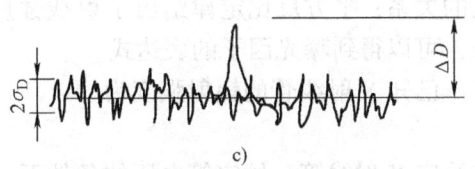

图 3-16 黑度分布图

1. 曝光量的推荐值

射线照相影像的黑度取决于胶片感光乳剂吸收的射线量。在透照时，如果固定各项透照

条件（试件尺寸、源-试件-胶片的相对位置、胶片和增感屏、给定的放射源或管电压），则底片黑度与曝光量有很好的对应关系，因此可以通过改变曝光量来控制底片黑度。

曝光量不只影响影像的黑度，也影响影像的对比度、颗粒度以及信噪比，从而影响底片上可记录的最小细节尺寸。为保证射线照相质量，曝光量应不低于某一最小值。JB/T 4730.2—2005 标准推荐使用的曝光量可见表3-8。

表 3-8 射线照相推荐使用的曝光量

检测技术等级	曝光量/mA·min
A 级和 AB 级	≥15
B 级	≥20

注：1. 推荐值指焦距为 700mm 时的曝光量。当焦距改变时可按平方反比定律对曝光量推荐值进行换算。
2. 采用 γ 射线透照时，总的曝光时间不少于输送源往返所需时间的 10 倍。

2. 互易律、平方反比定律和曝光因子

(1) 互易律　互易律是光化学反应的一条基本定律，它指出：决定光化学反应产物质量的条件，只与总的曝光量相关，即取决于辐射强度和时间的乘积，而与这两个因素的单独作用无关。如果不考虑光解银对感光乳剂显影的引发作用的差异，互易律可引伸为底片黑度只与总的曝光量相关，而与辐射强度和时间的分别作用无关，即只要保持

$$I_1 t_1 = I_2 t_2$$

则得到的底片黑度将相同。由于它指出了射线强度和曝光时间这两个因素具有同等的作用，一个变小可由另一个的相应增大来替代，所以被称为互易律。

在射线照相中，当采用铅箔增感或无增感的条件时，遵守互易定律。设产生一定显影黑度的曝光量 $E = It$，当射线强度 I 和照射时间 t 相应变化时，只要两者乘积 E 值不变，则底片黑度不变。而当采用荧光增感条件时，不遵守互易定律，如果 I 和 t 发生变化，尽管 I 与 t 的乘积不变，底片的黑度仍会改变，此现象称为互易律失效。

(2) 平方反比定律　平方反比定律是物理光学的一条基本定律。从 X 射线源或 γ 射线源辐射的射线是发散的，随着与源之间距离的增加，射线覆盖的面积逐渐增大，射线强度不断减小，它们之间存在平方反比的关系，即空间某一点的射线强度和这点与射线源的距离的平方成反比，这个关系即是平方反比定律。这个定律的一般表示式为

$$\frac{I_1}{I_2} = \frac{F_2^2}{F_1^2}$$

从这个关系式可以看到，如果离开射线源的距离增加一倍，射线强度降低为原强度的 1/4。可见，射线强度随着与射线源距离的增大将很快减小。

(3) 曝光因子　互易律给出了在底片黑度不变的前提下，射线强度与曝光时间相互变化的关系；平方反比定律给出了射线强度与距离之间的变化关系。将以上两个定律结合起来，可以得到曝光因子的表达式。

已知 X 射线管的辐射强度为

$$I = K_i Z V^2 i$$

在给定 X 射线管，给定管电压的条件下，K_i、Z、V 为常数，上式可改写为

$$I = K_i Z V^2 i = ki \quad (k = K_i Z V^2，为常数) \tag{3-12}$$

即射线强度 I 仅与管电流 i 成正比。引入平方反比定律，则辐射场中任意一点处的射线强度

为

$$I = \frac{ki}{F^2} \tag{3-13}$$

由互易律可知，欲保持底片黑度不变，只须满足

$$E = It = I_1 t_1 = I_2 t_2 = \cdots \tag{3-14}$$

将式（3-13）代入式（3-14），即得 X 射线照相曝光因子 ψ_X。

令 $\dfrac{kit}{F^2} = \psi'$（ψ' 为常数），则 $\dfrac{it}{F^2} = \dfrac{\psi'}{k}$，所以

$$\psi_X = \frac{it}{F^2} = \frac{i_1 t_1}{F_1^2} = \frac{i_2 t_2}{F_2^2} = \cdots = \frac{i_n t_n}{F_n^2} \tag{3-15}$$

同理，可推导出 γ 射线照相的曝光因子 ψ_γ

$$\psi_\gamma = \frac{At}{F^2} = \frac{A_1 t_1}{F_1^2} = \frac{A_2 t_2}{F_2^2} = \cdots = \frac{A_n t_n}{F_n^2} \tag{3-16}$$

曝光因子清楚地表达了射线强度、曝光时间和焦距之间的关系。

3. 利用曝光因子的曝光量修正计算

利用曝光因子对射线强度、曝光时间或焦距的修正计算可见以下两例。

【例】 用某 X 射线机透照某一试件，原透照管电压为 200kV，管电流为 4mA，曝光时间为 4min，焦距为 600mm，现透照时管电压不变，而将焦距变为 900mm，如欲保持底片黑度不变，应如何选择管电流和曝光时间？即已知 $i_1 = 4$mA，$t_1 = 4$min，$F_1 = 600$mm，$F_2 = 900$mm，求 i_2 和 t_2。

解：由式（3-15）得

$$\frac{i_1 t_1}{F_1^2} = \frac{i_2 t_2}{F_2^2}$$

得

$$i_2 t_2 = \frac{i_1 t_1 F_2^2}{F_1^2} = 4 \times 4 \times \frac{900^2}{600^2} \text{mA} \cdot \text{min} = 36 \text{mA} \cdot \text{min}$$

答：第二次透照的曝光量应为 36mA·min，可选择管电流 4mA，曝光时间 9min。

【例】 用某 ^{192}Ir γ 射线源透照直径 1m 的环焊缝，曝光时间为 24min，得到的底片黑度恰好满足要求，60 天后仍用该 γ 射线源透照同样厚度的直径为 1.2m 的环焊缝，问曝光时间应为多少（^{192}Ir 半衰期取 75 天）？即已知 $t_1 = 24$min，$F_1 = 500$mm，$F_2 = 600$mm，求 t_2。

解：60 天后，源放射强度之比

$$\frac{A_2}{A_1} = \left(\frac{1}{2}\right)^n, \quad n = \frac{60}{75} = 0.8$$

$$\frac{A_2}{A_1} = \left(\frac{1}{2}\right)^{0.8} = 0.574$$

由式（3-16）得

$$\frac{A_1 t_1}{F_1^2} = \frac{A_2 t_2}{F_2^2}$$

则

$$t_2 = \frac{A_1 t_1 F_2^2}{A_2 F_1^2} = \left(\frac{1}{0.574} \times \frac{24 \times 600^2}{500^2}\right) \text{min} = 60.2 \text{min}$$

答：曝光时间应为60.2min。

4. 利用胶片特性曲线的曝光量修正计算

利用胶片特性曲线可进行一些其他类型的曝光量修正计算，现介绍如下：

（1）底片黑度改变的曝光量修正　在其他条件保持一定的情况下，如需改变底片黑度，可根据胶片特性曲线上黑度的变化与曝光量的对应关系，对原曝光量进行修正。

（2）胶片类型改变的曝光量修正　当使用不同类型胶片进行透照且需达到与原胶片一样的黑度时，可利用这两种胶片的特性曲线按达到同一黑度时的曝光量之比来修正原曝光量。

模块四　散射线的控制

射线在穿透物质的过程中与物质相互作用，会被吸收和散射，其中散射主要是由康普顿效应造成的。透射射线中包括下列成分：从射线源发出沿直线穿透物体透射的一次射线；射线与物体相互作用中产生的次级射线，即散射线。散射线的能量低于一次射线，方向一般不同于一次射线，有时也称它为二次射线。

散射比 n 定义为散射线强度 I_S 与一次射线强度 I_P 之比，即

$$n = \frac{I_S}{I_P}$$

在常规的射线照相检测中，散射线是有害的射线，应采取各种措施进行控制，减少它对底片影像质量的影响。

一、散射线的来源和分类

产生散射线的物体称作散射源。在射线照相检测中，散射线产生于射线照射的任何物体，包括被透照的工件、放置工件的台面或支架、胶片与暗袋、工件周围的各种物体（如地面、墙壁、其他物体），空气也是一种散射源。对于实际的射线照相检测工作，到达胶片的散射线最主要的来源是被透照的工件本身，其次（当对散射线防护不好时）是工件背面与周围的物体，特别是原子序数比较低的物体产生的散射线。

最大的散射源往往是试件本身，如图3-17所示。对胶片来说，散射线可来自前方、后方、侧面等各个方向，来自后方和侧面的散射线常被称为背散射线，它们可从暗盒的背面入射到胶片，产生曝光作用。产生散射线的多少，与射线能量和射线照射物体的材料、厚度、面积相关。对散射比来说，它们之间的关系可简单地概括如下：

1）随着射线能量的提高散射比将降低，应注意的是这是对能量变化较大的一般结论。

2）随着透照厚度的增大散射比也增大。

3）在较小的面积范围内，随着面积的增大散射比也增大，但当面积增大到一定程度后，散射比不再增大。

一般认为，当透照区直径小于100mm时，散射比随透照区增大而增大，当透照区直径大于100mm后，散射比不再增大。

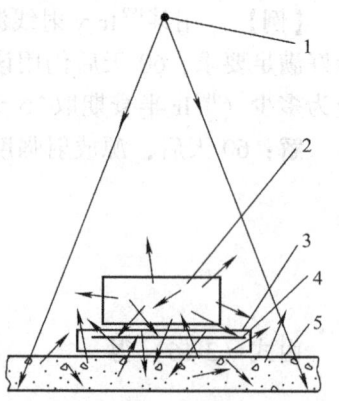

图3-17　散射线产生示意图
1—射线源　2—工件　3—暗盒
4—胶片　5—地面

如图 3-18 所示，给出了钢的散射比（积累因子）与射线能量和透照厚度的关系，它清楚地显示了上面的主要结论。

散射线对影像质量可产生重要的影响，主要表现在两个方面：降低影像的对比度和产生边蚀。

从射线照相对比度的基本公式

$$\Delta D = -\frac{0.434\mu G \Delta T}{1+n}$$

可以清楚地看到，如果散射比较大，影像的对比度将降低很多，也就是散射线会严重地影响小缺陷和裂纹性缺陷的检验。产生边蚀的主要原因是在透照物体边界区产生的散射线，特别是软散射线部分，更容易被胶片吸收，产生的感光作用也更强。如果不采取防护措施，它们将使影像的边界区域变得很模糊，这就是边蚀。边蚀除了使边界影像模糊外，还会导致难于发现处于边界区中的较小缺陷。

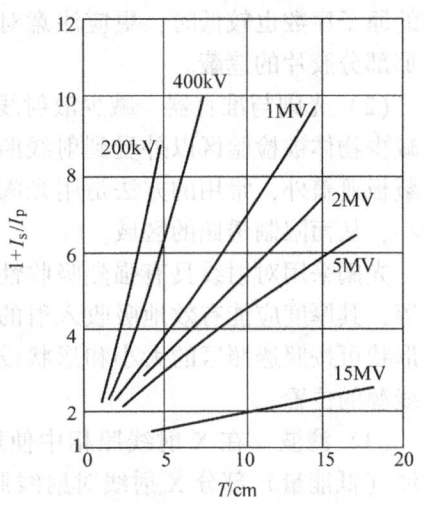

图 3-18 钢的散射比与射线能量和透照厚度的关系

二、散射线的控制措施

散射线会使射线底片的灰雾黑度增大，影像对比度降低，对射线照相质量是有害的，必须严格控制到达胶片的散射线。由于受射线照射的一切物体都是散射源，所以实际上散射线是无法消除的，只能尽量设法减少而已。控制散射线的措施有许多种，其中有些措施对照相质量产生多方面的影响，对这些措施要综合考虑，权衡选择。这些措施包括以下几个方面：

1. 选择合适的射线能量

对厚度差较大的工件，如余高较高的焊缝或小径管透照时，散射比随射线能量的增大而减小，因此可以通过提高射线能量的方法来减少散射线。但射线能量值只能适当提高，以免对主因对比度和固有不清晰度产生明显的不利影响。

2. 使用铅箔增感屏

铅箔增感屏除了具有增感作用外，还具有吸收低能散射线的作用，使用增感屏是减少散射线最方便、最经济、最常用的方法。选择较厚的铅箔减少散射线的效果较好，但会使增感效率降低，因此铅箔厚度不能过大。实际使用的铅箔厚度与射线能量有关，且后屏的厚度一般大于前屏。

还有一些措施专门用来控制散射线，应根据经济、方便、有效的原则加以选用，这些措施包括滤波、光阑、遮蔽、屏蔽、厚度补偿物、修磨试件等，具体的布置示意图如图 3-19 所示。

（1）铅屏蔽 在实际射线照相检测中，采用铅屏蔽防护散射线是经常使用的措施。主要的措施是用适当厚度的铅屏蔽板遮盖工件非透照区，同时用适当厚度的铅屏蔽板遮盖工件以外的胶片，采用适当的金属增感屏吸收来自工件的散射线，或者在工件与胶片之间放置适当厚度的铅屏蔽板，吸收从被透照工件产生的散射线。当同时透照多个工件时，用适当厚度的铅屏蔽板隔离各个工件，减少产生的散射线的相互影响。

应特别注意的是，被透照的工件小于所使用的胶片，射线的能量又较低，被透照工件物质的原子序数也较低时，更应注意对直接处于射线束照射下的那部分胶片的遮蔽。

(2) 光阑与准直器 减少散射线的另一个重要方法是尽量减少物体被检验区以外受到射线照射的范围，除了采用铅屏蔽板遮盖外，常用的方法是用光阑或准直器限制射线束的大小，从而限制透照的区域。

光阑采用对射线具有强烈吸收性能的材料制做，例如铅板等，其厚度应能有效地吸收入射的射线。光阑的孔径和孔的形状可按照透照区的大小和形状设计，光阑通常放在靠近射线源的位置。

(3) 滤波 在 X 射线照相中使用的连续谱 X 射线，其长波（低能量）部分 X 射线对射线照相检测不起主要作用，但当它们直接照射胶片或穿过薄的物体到达胶片时，可以被强烈吸收并产生散射线。为了减少射线中的这部分成分，常采用滤波的方法，即在 X 射线管窗口附近放置滤波片，射线从窗口出射之后首先要穿过滤波片，使长波部分的 X 射线被大量吸收。

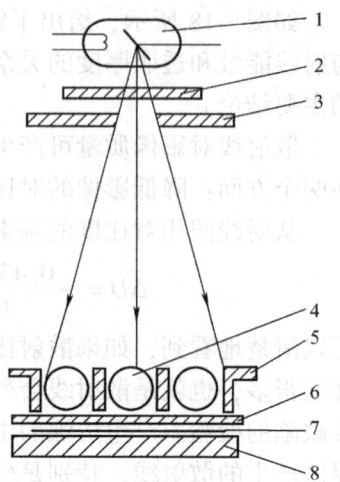

图 3-19 散射线防护方法
1—X 射线管 2—滤波板
3—光阑与准直器 4—工件
5—遮蔽铅板 6—前吸收铅板（箔）
7—胶片 8—后屏蔽铅板

滤波片就是适当厚度的某种金属平板，它的厚度应按射线能量选取，例如透照钢时，采用铜滤波板，其厚度应不超过透照厚度的 20%，若采用铅滤波板则厚度应不超过透照厚度的 3%；透照铝时，采用的铜滤波板的厚度应不超过透照厚度的 4%。

当然，从滤波片也会产生散射线，但由于散射线的方向多偏离一次射线方向，且滤波片与胶片之间具有较大的距离，因此，除了有部分散射线偏离有效透照区外，按照平方反比定律，到达胶片的散射线强度也将大大降低。

(4) 背散射防护 在射线照相检测中，当胶片后方较近的地方存在物体时，必须采用背铅板对背散射线进行防护，否则，背散射线很可能会使底片无法达到规定的影像质量要求。背铅板的厚度一般应大于 1mm。

背铅板的厚度是否满足防护背散射线的要求，可以采用下述的方法检验：在胶片暗袋背面贴附一厚度为 1.6mm、高度为 13mm 左右的铅字，一般是铅字 B，透照后观察底片，如果底片上未出现这个铅字 B 的影像或出现黑度高于背景黑度的铅字 B 影像，则说明防护铅板的厚度符合要求；如果出现黑度低于背景黑度的铅字 B 的影像，则说明防护不足，应加大背铅板的厚度。后者说明有来自周围背景的散射线对胶片产生了一定程度的曝光，由于铅字吸收了一些这部分散射线，所以才呈现为低于周围背景黑度的影像。

当透照厚度较大的非金属材料工件时，特别是对于原子序数小的元素，必须采用特殊的散射线防护方法，如防散射栅格等。

(5) 厚度补偿物 在对厚度差较大的工件透照时，可采用厚度补偿措施来减少散射线。焊缝照相可使用厚度补偿块，形状不规则的小零件照相可使用流质吸收剂（醋酸铅加硝酸铅溶液），或金属粉末（铁粉或铅粉）作为厚度补偿物。

(6) 修磨试件 通过修整、打磨的方法减小工件厚度差也是减少散射线的一项措施。例如检查重要的焊缝时，将焊缝余高磨平后透照，可明显减小散射比，获得更佳的照相质量。

模块五 曝光曲线的制作及应用

在实际工作中，通常根据工件的材质与厚度来选取射线能量、曝光量及焦距等工艺参数，上述参数一般是通过查曝光曲线来确定的。

曝光曲线是在一定条件下绘制的透照参数（射线能量、焦距、曝光量）与透照厚度之间的关系曲线。这些条件主要是透照工件材料、射线源、胶片、暗室处理技术、增感、射线照相质量要求等。实际进行射线照相时经常通过查曝光曲线确定透照参数，从曝光曲线给出的关系可方便地确定某种材料、某个厚度的工件，满足规定的质量要求应选用的射线能量、焦距、曝光量、暗室处理条件等。

对 X 射线照相检测，常用的曝光曲线有两种类型，第一种曝光曲线以透照电压为参数，给出一定焦距下曝光量的对数与透照厚度之间的关系；第二种曝光曲线以曝光量为参数，给出一定焦距下透照电压与透照厚度之间的关系。图 3-20 所示是第一种类型，图 3-21 所示是第二种类型。

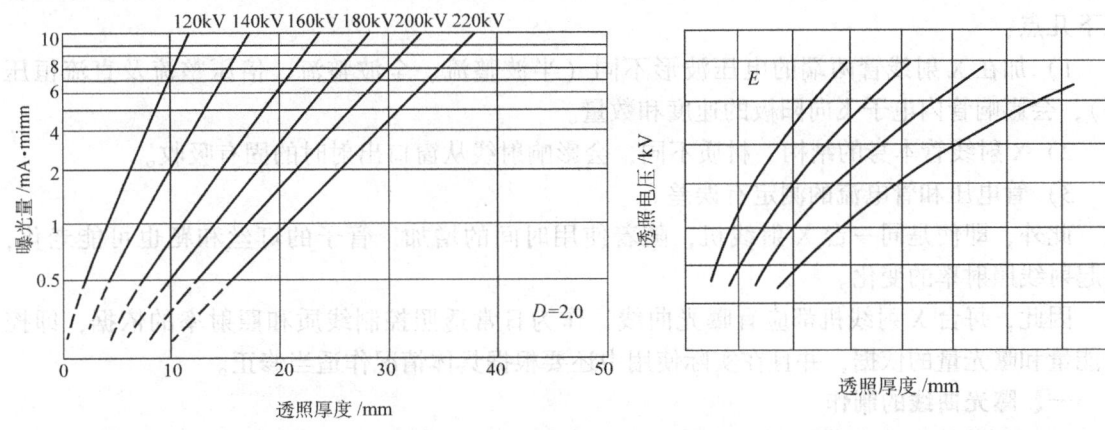

图 3-20　以透照电压为参数的曝光曲线　　图 3-21　以曝光量为参数的曝光曲线

第一种类型的曝光曲线，纵坐标是曝光量，单位是毫安分（mA·min），采用对数刻度尺；横坐标是透照厚度，常用毫米（mm）为单位，采用算术刻度尺。图中的曲线是在相同的焦距下针对不同的透照电压画出的，从图中的曲线可以看到，采用某一透照电压透照不同厚度时，曝光量相差得很大。由于曝光量既不能很大，也不能很小，所以某个透照电压实际上只适于透照一较小的厚度范围。

第二种类型的曝光曲线，纵坐标是透照电压，单位为千伏（kV），采用算术刻度尺；横坐标是透照厚度，单位常用毫米（mm），采用算术刻度尺。图中曲线是在相同的焦距下针对不同曝光量画出的。

γ 射线曝光曲线的一般形式如图 3-22a 所示，它是以黑度为参数，对于一个 γ 射线源画出的曝光量与透照厚度的关系曲线。图中纵坐标是曝光量，采用对数刻度尺；横坐标是透照厚度，采用算术刻度尺。另一种曝光曲线是以曝光因子为参数的曝光量与透照厚度的关系曲线。

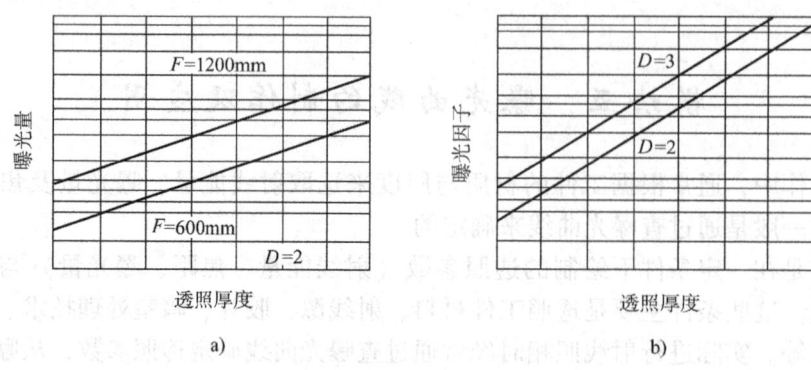

图 3-22 γ 射线曝光曲线

γ 射线源的放射性活度随时间不断减弱，因此在使用 γ 射线的曝光曲线时，必须知道 γ 射线源使用时的放射性活度，由此可以按照放射性衰变规律绘制出适用于任何 γ 射线源的曲线，给出 γ 射线源放射性活度随时间改变的一般关系。

曝光曲线必须通过试验绘制，每台 X 射线机的曝光曲线各不相同，不能通用，因为即使管电压、管电流相同，如果不是同一台 X 射线机，其线质和照射率也是不同的，原因有以下几点：

1) 加在 X 射线管两端的电压波形不同（半波整流、全波整流、倍压整流及直流恒压等），会影响管内电子飞向阳极的速度和数量。

2) X 射线管本身的结构、材质不同，会影响射线从窗口出射时的固有吸收。

3) 管电压和管电流的测定有误差。

此外，即使是同一台 X 射线机，随着使用时间的增加，管子的灯丝和靶也可能老化，引起射线照射率的变化。

因此，每台 X 射线机都应有曝光曲线，作为日常透照控制线质和照射率的依据，即控制能量和曝光量的依据，并且在实际使用中还要根据具体情况作适当修正。

一、曝光曲线的制作

对 X 射线的曝光曲线可按照下面的步骤制作。

1. 准备

确定制作曝光曲线的条件并准备阶梯试块及补充试块。

需确定的制作曝光曲线的条件主要是 X 射线机型号，透照物体的材料和厚度范围，透照的主要条件（胶片、焦距、增感屏等），射线照相的质量要求（灵敏度、黑度等）。

阶梯试块应选用与被透照物体材料相同或相近的材料制做，应具有一定的平面尺寸，例如 300mm×100mm，每个阶梯的厚度差常取为 2mm，阶梯应具有适当的宽度，如 20mm。为适应透照厚度范围，通常还需要制做几块补充试块，补充试块是一平板试块，其尺寸一般取为 210mm×100mm×5mm。利用阶梯试块和补充试块就可以构成较大的厚度范围。

2. 透照

在选定的透照条件下，采用一系列不同的透照电压和不同的曝光量对阶梯试块进行射线照相。要求严格时应在每个阶梯上放置像质计，以判断射线照相灵敏度是否达到要求。

3. 暗室处理

按规定的暗室处理条件进行暗室处理，得到一系列底片。

4. 测定数据

对得到的底片测量黑度，从测得的数据选出在某个透照电压和某个曝光量下符合黑度要求的透照厚度数据，编制成数据表格式见表3-9。对某个透照电压，至少应有不少于5个透照厚度的数据，对不同的透照电压，曝光量可以采用不同的值。

表3-9 绘制曝光曲线数据表

管电压/kV		100	120	140	160	—
透照厚度 /mm	10mA·min					
	15mA·min					
	20mA·min					
	—					

射线机型号和编号：

胶片： 焦距： 增感：

暗室处理条件：

底片黑度：

5. 绘制曝光曲线

利用表3-9的数据，采用描点方法即可绘制出曝光曲线。

进行描点时，会出现数据点并不都在同一直线上的情况，这时应用过大多数点的直线作为曝光曲线。

也可以采用绘制预备曲线的方法绘制曝光曲线，这时候对不同透照电压应采用两个相差较大的不同曝光量透照阶梯试块。

对 γ 射线的曝光曲线可以采取类似 X 射线曝光曲线的绘制方法进行绘制。

二、曝光曲线的应用

在射线照相检测中，曝光曲线主要用于直接确定透照参数。

如果射线照相检测的条件与制作曝光曲线的条件完全一致，则可以简单地从曝光曲线上直接查出所需要的透照参数。首先确定透照厚度，然后按透照厚度选择适当的透照电压或 γ 射线源，再进一步确定曝光量。对于厚度均匀的工件，一般取工件的公称厚度为透照厚度。对变截面工件或在透照区中透照厚度变化较大的工件，则需作进一步的考虑。

实际射线照相检测的条件有时不同于制作曝光曲线的条件，此时不能简单地直接从曝光曲线确定透照参数，而必须对从曝光曲线得到的透照参数进行修正，主要可分为下面四种情况。在下面的讨论中，所采用的符号及意义如下：E_0 表示从曝光曲线直接得到的曝光量；E 表示修正后的曝光量；V_0 表示从曝光曲线直接得到的透照电压；V 表示修正后的透照电压；F_0 表示制作曝光曲线时采用的焦距；F 表示射线照相时实际采用的焦距；D_0 表示曝光曲线采用的底片黑度；D 表示射线照相时底片采用的黑度。

1. 焦距不同时的修正

如果射线照相检测时实际使用的焦距不同于制作曝光曲线时的焦距，可以直接应用曝光因子对从曝光曲线得到的曝光量进行修正。

2. 黑度不同时的修正

如果底片采用的黑度不同于曝光曲线给定的黑度，对从曝光曲线得出的曝光量进行修正时，必须结合胶片的特性曲线。修正方法如下：先从胶片特性曲线查出对应于黑度 D_0 与 D 的曝光量 H_0 与 H，如图 3-23a 所示，实际一般是它们的常用对数值；然后求出这两个曝光量之比 H/H_0；最后，将曝光曲线上得到的曝光量乘以这个比，即得到黑度改变后应选用的曝光量，即

$$E = E_0 \frac{H}{H_0}$$

也就是

$$E = E_0 10^{(\lg H - \lg H_0)}$$

3. 胶片不同时的修正

如果制作曝光曲线时使用的是 A 型胶片，实际射线照相时使用的是 B 型胶片，那么从曝光曲线得到的透照参数应进行修正。修正时必须有这两种胶片的特性曲线，具体方法如下：先从胶片特性曲线查出为得到黑度 D，二者应采用的曝光量 H_A、H_B（图 3-23b），然后求出 H_B 与 H_A 之比（求此比的方法与求 H/H_0 相同），最后将从 A 型胶片曝光曲线上求出的曝光量乘以这个比值，即得到换用 B 型胶片时应采用的曝光量，即

$$E = E_0 \frac{H_B}{H_A}$$

也就是

$$E = E_0 10^{(\lg H_B - \lg H_A)}$$

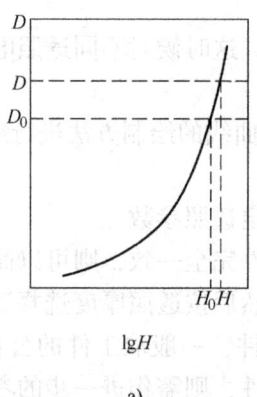
a)

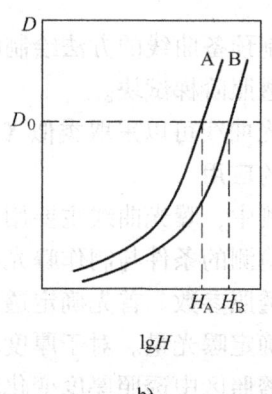
b)

图 3-23 从胶片特性曲线确定曝光量比

4. 材料不同时的修正

被透照物体的材料与制作曝光曲线时的材料不同时，不能直接运用曝光曲线确定透照参数。从一种材料制作的曝光曲线给出其他材料的透照参数，可借助于材料的射线照相等效厚度系数。

射线照相等效厚度系数 φ_m 是指在一定管电压下，达到相同射线吸收效果（或者说获得相同底片黑度）的基准材料厚度 T_0 与被检材料厚度 T_m 之比，即

$$\varphi_m = \frac{T_0}{T_m} \tag{3-17}$$

表 3-10 给出了一些金属材料的射线照相等效厚度系数。

表 3-10　某些金属的射线照相等效厚度系数（以钢为基准）

金属	射线能量与射线源									
	100KV	150KV	220KV	250KV	400KV	1MeV	2MeV	4～25MeV	^{192}Ir	^{60}Co
铁/钢	1.0	1.0	1.0	1.0	1.0	1.0	1.0	1.0	1.0	1.0
镁	0.05	0.05	0.08	—	—	—	—	—	—	—
铝	0.08	0.12	0.18	—	—	—	—	—	0.35	0.35
铝合金	0.10	0.14	0.18	—	—	—	—	—	0.35	0.35
钛	—	0.54	0.54	—	0.71	0.9	0.9	0.9	0.9	0.9
铜	1.5	1.6	1.4	1.4	1.4	1.1	1.1	1.2	1.1	1.1
锌	—	1.4	1.3	—	1.3	—	—	1.2	1.1	1.0
黄铜	—	1.4	1.3	—	1.3	1.2	1.1	1.0	1.1	1.0
因康镍合金	—	1.4	1.3	—	1.3	1.3	1.3	1.3	1.3	1.3
蒙乃尔合金	1.7	—	1.2	—	—	—	—	—	—	—
锆	2.4	2.3	2.0	1.7	1.5	1.0	1.0	1.0	1.2	1.0
铅	14.0	14.0	12.0	—	—	5.0	2.5	2.7	4.0	2.3

材料的射线照相等效厚度系数表示了不同材料对射线吸收的等效性，表 3-10 中给出的等效厚度系数以钢作为基准，不同材料对射线的吸收都与钢进行比较，可以看成 1mm 厚的任何材料相当于多厚的钢。材料对射线的吸收不仅与材料本身的性质相关，而且也与射线能量相关，因此，对不同能量的射线等效厚度系数并不完全相同，表 3-10 中的数据清楚地说明了这一点。利用材料的射线照相等效厚度系数，可以把一种材料的厚度转换为另一种材料的厚度，这样也就能够把一种材料的曝光曲线应用到另一种材料。

【例】 管电压为 250 kV 时，钢和铜的透照等效厚度系数分别为 1.0 和 1.47，问透照 30mm 铜时与透照多厚的钢的曝光量相同？

解：因为
$$\varphi_{Cu} = \frac{T_0}{T_{Cu}}$$

所以
$$T_0 = \varphi_{Cu} T_{Cu} = 1.47 \times 30mm = 44.1mm$$

答：管电压为 250 kV 时，透照 30mm 厚的铜应选择透照 44.1mm 钢时的曝光量。

模块六　透照方式

一、透照方式的选择

我国相关标准给出了常用的典型透照方式示意图，如图 3-24 至图 3-31 所示，可供透照布置时参考，图中 d 表示射线源，F 表示焦距，b 表示工件至胶片的距离，f 表示射线源至工件的距离，T 表示公称厚度，D_0 表示管子外径。这些透照方式分别适用于不同的场合，其中单壁透照是最常用的透照方式，双壁透照一般用在射线源或胶片无法进入内部的小直径容器和管道的焊缝透照，双壁双影法一般只用于外直径小于或等于 100mm 的管子的环焊缝透照，双壁双影直透法则多用于 T（壁厚）>8mm 或 g（焊缝宽度）>D_0/4 的管子的环焊缝透照。

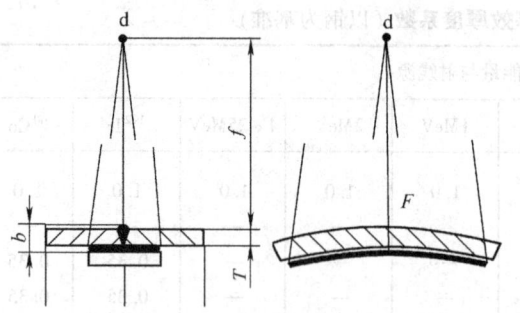

图3-24 纵、环向焊接接头源在外单壁透照方式　　图3-25 纵、环向焊接接头源在内单壁方式

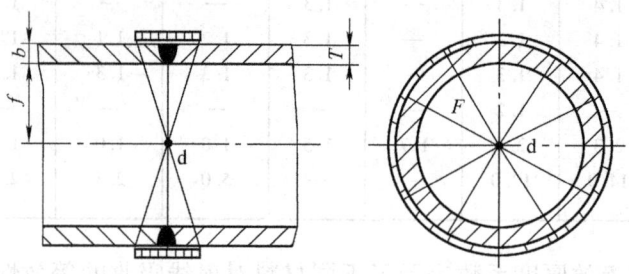

图3-26 环向焊接接头源在中心周向透照方式

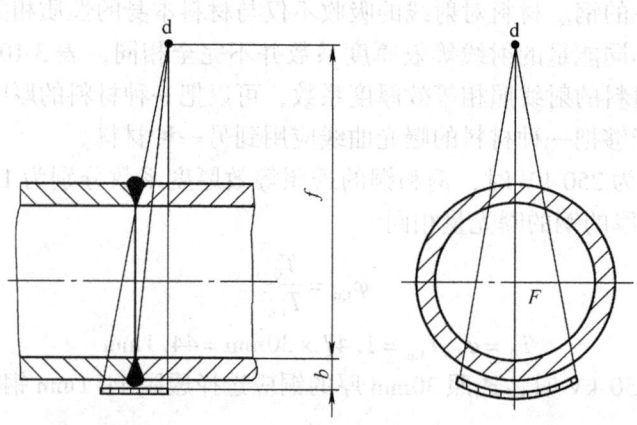

图3-27 环向焊接接头源在外双壁单影透照方式（1）

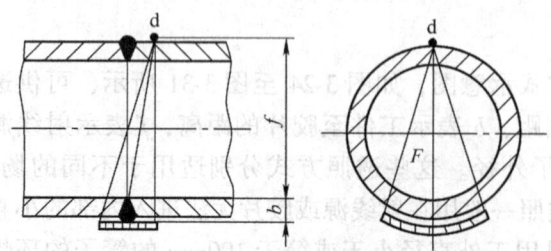

图3-28 环向焊接接头源在外双壁
单影透照方式（2）

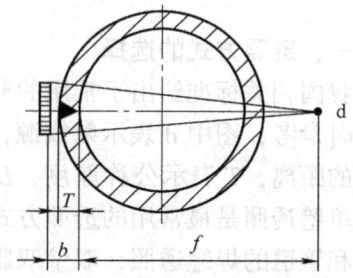

图3-29 纵向焊接接头源在外双壁
单影透照方式

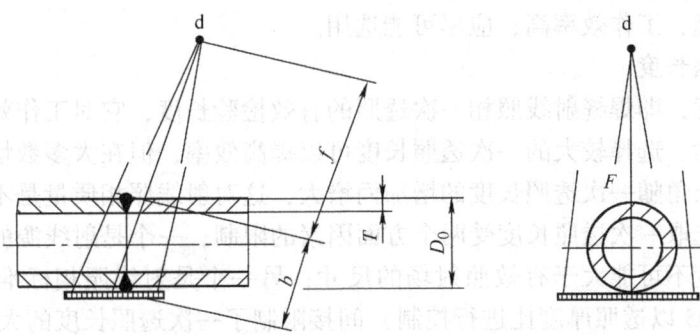

图 3-30 小径管环向对焊接接头倾斜透照方式（椭圆成像）

选择透照方式时，应综合考虑各方面的因素，权衡择优，有关因素包括：

1. 透照灵敏度

在透照灵敏度存在明显差异的情况下，应选择有利于提高灵敏度的透照方式，例如单壁透照的灵敏度明显高于双壁透照，在两种方式都能使用的情况下应选择前者。

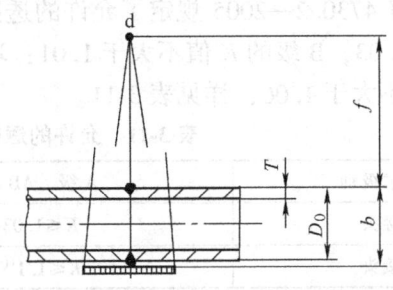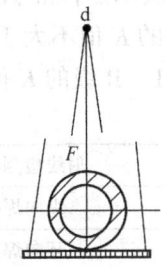

图 3-31 小径管环向对焊接接头
垂直透照方式（重叠成像）

2. 缺陷检出特点

有些透照方式特别适合于检出某些种类的缺陷，可根据被检零件的实际情况选择。例如源在外的透照方式与源在内的透照方式相比，前者对容器内壁表面裂纹有更高的检出率，双壁透照的直透法比斜透法更容易检出未焊透或根部未熔合缺陷。

3. 透照厚度差和横向裂纹检出角

较小的透照厚度和横向裂纹检出角有利于提高底片质量和裂纹检出率。环缝透照时，在焦距和一次透照长度相同的情况下，源在内透照法比源在外透照法具有更小的透照厚度差和横向裂纹检出角，从这一点看，前者比后者优越。

4. 一次透照长度

各种透照方式的一次透照长度各不相同，选择一次透照长度较大的透照方式可以提高检测速度和工作效率。

5. 操作方便性

一般说来，对容器透照，源在外的操作更方便一些。球罐的 X 射线透照，上半球位置源在外透照较方便，下半球位置源在内透照较方便。

6. 试件及探伤设备具体情况

透照方式的选择还与试件及探伤设备情况有关。例如当试件直径过小时，源在内透照可能不能满足几何不清晰度的要求，因而不得不采用源在外的透照方式。使用移动式 X 射线机只能采用源在外的透照方式。使用 γ 射线源或周向 X 射线机时，选择源在内中心透照法对环焊缝周向曝光，更能发挥设备的优点。

值得强调的是，对环焊缝的各种透照方式中，以源在内的中心透照周向曝光法为最佳，该方法透照厚度均一，横向裂纹检出角为 0°，底片黑度、灵敏度俱佳，缺陷检出率高，且一次透照整条环缝,工作效率高,应尽可能选用。

二、一次透照长度

一次透照长度,即焊缝射线照相一次透照的有效检验长度,它对工作效率和照相质量同时产生影响。显然,选择较大的一次透照长度可以提高效率,但在大多数情况下,透照厚度比和横向裂纹检出角随一次透照长度的增加而增大,这对射线照相质量是不利的。

实际工作中选取一次透照长度受两个方面因素的限制,一个是射线源的有效照射场的范围,一次透照长度不可能大于有效照射场的尺寸;另一个是射线照相标准的有关规定(如JB/T 4730.2—2005 以透照厚度比进行控制)间接限制了一次透照长度的大小。

一次透照长度范围内,射线束穿过母材的最大厚度与最小厚度之比称为透照厚度比,用 K 表示。标准 JB/T 4730.2—2005 规定了允许的透照厚度比 K 值:纵向焊接接头 A 级和 AB 级的 K 值不大于 1.03,B 级的 K 值不大于 1.01;环向焊接接头 A 级和 AB 级的 K 值不大于 1.1,B 级的 K 值不大于 1.06,详见表 3-11。

表3-11 允许的透照厚度比

射线检测技术级别	A级,AB级	B级
纵向焊接接头	$K \leqslant 1.03$	$K \leqslant 1.01$
环向焊接接头	$K \leqslant 1.1$ [1]	$K \leqslant 1.06$

[1] 对 100mm < 管子外直径 ≤ 400mm 的环向对接焊接接头(包括曲率相同的曲面焊接接头),A 级,AB 级允许采用 $K \leqslant 1.2$ 的厚度比。

K 值与横向裂纹检出角 θ 有关,如图 3-32 所示,$\theta = \arccos(1/K)$,K 值最小为 1,此时 $\theta = 0°$;K 值越大则 θ 越大,而 θ 又与一次透照长度 L_3 有关,所以 L_3 的大小要按标准的规定通过计算求出。图中 L_{eff} 为有效评定长度,是一次透照长度在底片上的投影长度。

透照方式不同,L_3 的计算公式也不同。在各种透照方式中,双壁双影法的一次透照有效检出范围主要由其他因素决定,一般毋须计算 L_3,除此以外的各种透照方式的一次透照长度 L_3,以及相关参数如 100% 透照时相邻两胶片重叠部分的长度即搭接长度 ΔL、有效评定长度 L_{eff}、最少透照次数 N 等均需通过计算得出,有关计算方法介绍如下:

1. 直缝透照

最常见的直缝有平板对接焊缝、筒体纵缝等,由如图 3-32 所示可知

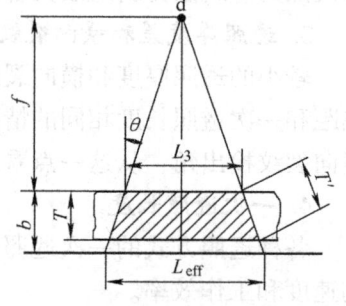

图 3-32 焊缝透照厚度比示意图

$$K = \frac{T'}{T} = \frac{1}{\cos\theta}$$

即
$$\theta = \arccos\left(\frac{1}{K}\right) \tag{3-18}$$

$$L_3 = 2f\tan\theta \tag{3-19}$$

端搭接长度 ΔL 可由相似三角形关系推出

$$\Delta L = \frac{bL_3}{f} = 2b\tan\theta \tag{3-20}$$

底片有效评定长度
$$L_{eff} = L_3 + \Delta L = L_3 + 2b\tan\theta \tag{3-21}$$

对 A 级、AB 级检测技术：$K \leqslant 1.03$，则 $\theta \leqslant 13.86°$，$L_3 \leqslant 0.5f$。

对 B 级检测技术：$K \leqslant 1.01$，则 $\theta \leqslant 8.07°$，$L_3 \leqslant 0.28f$。

实际透照时，搭接标记应按以下方法放置：

单壁透照时，搭接标记放在射线源侧的工件表面上，底片上搭接标记之间的长度即为有效评定长度；双壁透照时，搭接标记放在胶片侧的工件表面上，底片上搭接标记之外还应附加 ΔL 长度才是有效评定范围。

2. 环缝单壁外透法

透照布置如图 3-33 所示。

当采用 100% 透照环焊缝时，满足一定厚度宽容度的最少曝光次数 N 可由式（3-22）确定。

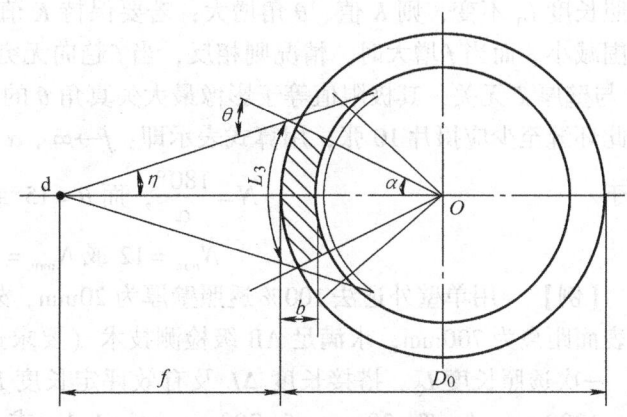

$$\left. \begin{array}{l} N = \dfrac{180°}{\alpha} \\ \alpha = \theta - \eta \\ \theta = \arccos \dfrac{1 + (K^2 - 1)\dfrac{T}{D_0}}{K} \\ \eta = \arcsin\left(\dfrac{D_0}{2f + D_0}\sin\theta\right) \end{array} \right\} \quad (3\text{-}22)$$

图 3-33 环缝单壁外透示意图

式中 α——与 $L_3/2$ 对应的圆心角；

η——有效半辐射角；

θ——影像最大失真角；

K——透照厚度比；

T——工件厚度；

D_0——工件外直径。

当 $D_0 \gg T$ 时

$$\theta \approx \arccos \dfrac{1}{K}$$

由式（3-22）可导出不同 K 值时的 θ 角计算式

$$\left. \begin{array}{l} \theta_{K1.1} = \arccos \dfrac{0.21T + D_0}{1.1D_0} \\ \theta_{K1.06} = \arccos \dfrac{0.12T + D_0}{1.06D_0} \end{array} \right\} \quad (3\text{-}23)$$

当 $D_0 \gg T$ 时，有

$$\left. \begin{array}{l} \theta_{K1.1}^{\infty} = \arccos \dfrac{1}{1.1} = 24.62° \\ \theta_{K1.06}^{\infty} = \arccos \dfrac{1}{1.06} = 19.37° \end{array} \right\} \quad (3\text{-}24)$$

然后就可以进一步求出射线源侧焊缝的一次透照长度、搭接长度和有效评定长度

$$\left.\begin{array}{l}L_3 = \dfrac{\pi D_0}{N} \\ L_{eff} = \dfrac{\pi D_i}{N} + 2b\tan\theta \\ \Delta L = 2b\tan\theta \quad (b\approx T)\end{array}\right\} \quad (3\text{-}25)$$

实际透照时，搭接标记放在射线源侧焊缝透检区两端，则底片上搭接标记之间的长度范围即为有效评定长度，毋须计算。

如图 3-33 所示，可知环缝外透法中的几何参数变化特点：当透照距离 f 减小时，若一次透照长度 L_3 不变，则 K 值、θ 角增大；若要保持 K 值、θ 角不变，则 L_3 缩短，即有效透照范围减小。而当 f 增大时，情况则相反，当 f 趋向无穷大时，一次透照弧长所对应的圆心角 2α 与壁厚 T 无关，其极限值等于影像最大失真角 θ 的 2 倍。若取 $\theta = 15°$ 或 $18°$，则 100% 透照此环缝至少应摄片 10 张，用算式表示即：$f \to \infty$，$\alpha \to \theta$ 时

由于 $$N = \dfrac{180°}{\alpha}，而 \theta = 15°或 18°$$

故 $$N_{min} = 12 \text{ 或 } N_{min} = 10$$

【例】 用单壁外透法 100% 透照壁厚为 20mm，外径为 1200mm 的容器环缝。焦点到工件表面距离为 700mm，求满足 AB 级检测技术（要求透照厚度比 $K \leq 1.1$）的最少透照次数 N、一次透照长度 L_3、搭接长度 ΔL 及有效评定长度 L_{eff}，并确定使用胶片的长度，即已知 $D_0 = 1200$mm，$b \approx T = 20$mm，$f = 700$mm，$K = 1.1$，求 N、L_3、ΔL、L_{eff} 和选用的胶片长度。

解： $\theta \approx \arccos\dfrac{1}{K} = \arccos\dfrac{1}{1.1} = 24.62°$

$\eta = \arcsin\dfrac{D_0\sin\theta}{2f + D_0} = \arcsin\dfrac{1200 \times \sin24.62°}{2 \times 700 + 1200} = 11.08°$

$\alpha = \theta - \eta = 24.62° - 11.08° = 13.54°$

$N = \dfrac{180°}{\alpha} = \dfrac{180°}{13.54°} = 13.3 \approx 14$

$L_3 = \dfrac{\pi D_0}{N} = \dfrac{\pi \times 1200}{14}\text{mm} \approx 269\text{mm}$

$L_{eff} = \dfrac{\pi D_i}{N} + 2b\tan\theta = \dfrac{\pi(1200 - 2\times20)}{14}\text{mm} + 2\times20\times\tan24.62°\text{mm} \approx 279\text{mm}$

$\Delta L = 2b\tan\theta = 2\times20\times\tan24.62°\text{mm} \approx 18\text{mm}$

答： 最少透照次数 $N = 14$ 次，一次透照长度 $L_3 = 269$mm，搭接长度 $\Delta L = 18$mm，有效评定长度 $L_{eff} = 279$mm，使用胶片的长度应大于 $L_3 + \Delta L = 269$mm $+ 18$mm $= 287$mm，考虑贴片位置误差，宜选用长度为 300mm 的胶片。

3. 内透中心法（$F = R$）

内透中心法透照布置如图 3-34 所示，采用此法时，射线源或焦点位于容器、圆筒或管道中心，胶片整条或逐张连接覆盖在整圈环缝外壁上，射线对焊缝作一次性的周向曝光。这种透照布置，透照厚度比 $K = 1$，横向裂纹检出角 $\theta \approx 0°$，搭接标记置于射线源测或胶片侧均可，一次透照长度为整条环缝长度，检测效率高，是环缝透照首选的方法。

4. 内透偏心法

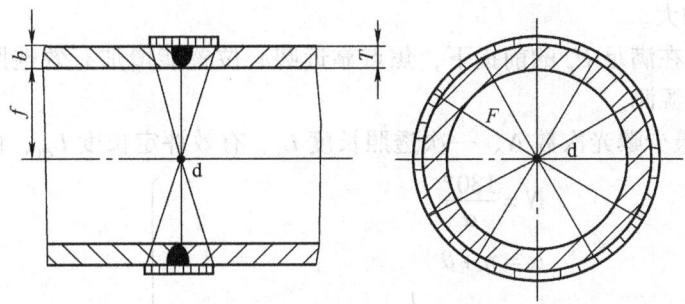

图 3-34 内透中心法

(1) $F<R$ 时 此方法透照布置如图 3-35 所示,当 $F<R$ 时,随着焦点偏离圆心距离的增大,或焦距 F 的缩短,若分段曝光的一次透照长度 L_3 一定,则透照厚度比 K 值增大,影像失真角 θ 也增大;反之,若 K 值、θ 要求一定,则一次透照长度 L_3 缩短。搭接标记应放置于射线源测。

100% 透照的最少曝光次数 N、一次透照长度 L_3、搭接长度 ΔL、有效评定长度 L_{eff},由式 (3-26) 确定

$$\left.\begin{aligned}
N &= \frac{180°}{\alpha} \\
\alpha &= \eta - \theta \\
\eta &= \arcsin \frac{D_0 \sin\theta}{D_0 - 2F} \\
\theta &\approx \arccos \frac{1}{K} \quad (\text{当 } D_0 \gg T \text{ 时}) \\
L_3 &= \frac{\pi(D_0 - 2T)}{N} \\
L_{\text{eff}} &= \frac{\pi D_0}{N} + 2T\tan\theta \\
\Delta L &\approx 2T\tan\theta
\end{aligned}\right\} \tag{3-26}$$

(2) $F>R$ 时 此方法透照布置如图 3-36 所示,当 $F>R$ 时,焦点位置引起的有关几何参数变化也以圆心为准,当 F 增大时,若 L_3 不变,则 K 和 θ 都将增大;当 F 减小时,若 K、

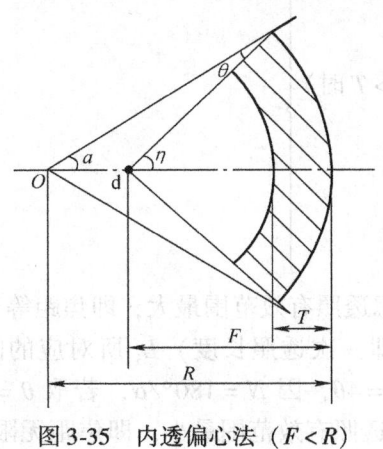

图 3-35 内透偏心法 ($F<R$)

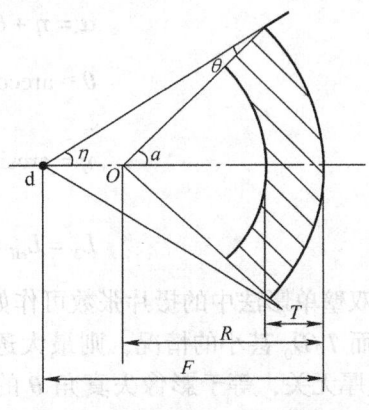

图 3-36 内透偏心法 ($F>R$)

θ 不变，则 L_3 将增大。

用该方法时，在满足 U_g 的前提下，焦点靠近圆心位置能增加有效透照长度。此时搭接标记应放置于射线源测。

100%透照的最少曝光次数 N、一次透照长度 L_3、有效评定长度 L_{eff}，由式（3-27）确定

$$\left. \begin{aligned} &N = \frac{180°}{\alpha} \\ &\alpha = \eta + \theta \\ &\theta \approx \arccos \frac{1}{K} \quad (\text{当 } D_0 \gg T \text{ 时}) \\ &\eta = \arcsin \frac{D_0 \sin\theta}{2F - D_0} \\ &L_3 = L_{eff} = \frac{\pi D_0}{N} \end{aligned} \right\} \quad (3\text{-}27)$$

虽然理论搭接长度 $\Delta L = 0$，但在实际透照时，一般取 $\Delta L \geq 10\text{mm}$，搭接标记应放置于胶片侧。

不管是 $F < R$ 还是 $F > R$ 的偏心法，如果使用普通的定向机照射，一次可检范围往往均取决于 X 射线机的有效照射场范围，换言之，偏心法中由式（3-26）、式（3-27）计算求出的 η 角必须服从于实际最大可用半辐射角的限制。

5. 双壁单影法

此方法透照布置如图 3-37 所示。

100%透照的最少曝光次数 N、一次透照长度 L_3、有效评定长度 L_{eff}，由式（3-28）确定：

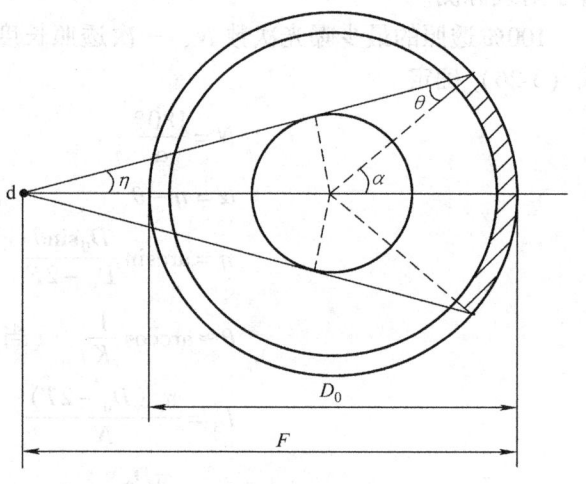

图 3-37　双壁单影法

$$\left. \begin{aligned} &N = \frac{180°}{\alpha} \\ &\alpha = \eta + \theta \\ &\theta \approx \arccos \frac{1}{K} \quad (\text{当 } D_0 \gg T \text{ 时}) \\ &\eta = \arcsin \frac{D_0 \sin\theta}{2F - D_0} \\ &L_3 = L_{eff} = \frac{\pi D_0}{N} \end{aligned} \right\} \quad (3\text{-}28)$$

对双壁单影法中的摄片张数可作如下讨论：若考虑透照有效范围最大，即焦距等于管子外径，而 T/D_0 甚小的情况，则最大透照有效长度（即一次透照长度）L_3 所对应的圆心角 2α 与壁厚无关，等于影像失真角 θ 的 4 倍，即 $2\alpha_{max} = 4\theta$，因 $N = 180°/\alpha$，若取 $\theta = 15°$ 或 $18°$，则最少摄片张数应为 6 张或 5 张。另一方面，当透照有效范围最小，即焦距无限大时，

最小透照有效长度 L_3 所对应的圆心角 2α 就与管子形状无关，而等于失真角 θ 的 2 倍，即 $2\alpha_{max} = 2\theta$，因 $N = 180°/\alpha$，若取 $\theta = 15°$ 或 $18°$，则最多摄片张数也不应超过 12 张或 10 张。上述情况用算式表示即

$F \to D$ 时，$\alpha \to 2\theta$

由 $N = \dfrac{180°}{\alpha}$，而 $\theta = 15°$ 或 $18°$，可得 $N_{min} = 6$ 或 $N_{min} = 5$；

$F \to \infty$ 时，$\alpha \to \theta$

由 $N = \dfrac{180°}{\alpha}$，而 $\theta = 15°$ 或 $18°$，可得 $N_{min} = 12$ 或 $N_{min} = 10$。

练　习

1. 什么是平方反比定律？写出公式，说明含义？
2. 什么是胶片不清晰度？
3. 什么是胶片粒度？
4. 什么是衰变曲线？
5. 什么是胶片特性曲线？
6. 在射线照相中，假定照相工艺参数选择正确，一般底片模糊可能由哪些原因造成？
7. 什么是散射线？
8. 何谓固有不清晰度？
9. 什么是最小可见对比度？影响最小可见对比度的因素有哪些？
10. 为什么射线探伤标准要规定底片黑度上、下限？
11. 何谓曝光因子？
12. 试述散射线的实际来源和分类。
13. 为什么说像质计灵敏度不能等于缺陷灵敏度？
14. 在底片黑度、象质计灵敏度符合要求的情况下，哪些缺陷仍可能漏检？
15. 从提高探伤质量的角度比较各种透照方式的优劣。
16. X 射线线质的选择需要考虑哪些因素？
17. 选择透照焦距时应考虑哪些因素？
18. 曝光条件主要包括哪些内容？
19. 影响射线照相灵敏度的主要因素有哪些？
20. 高电压照相为何降低照相灵敏度？
21. 射线照相灵敏度如何测量？常用于测量灵敏度的工具有哪些？
22. 线型透度计如何放置？
23. 阶梯型透度计如何放置？
24. 为什么透度计一定要放在靠射线源侧的工作表面上？当不能放在射线源侧时应如何处理？
25. 源在外，胶片在内透照圆筒形环焊缝时，如何计算照相灵敏度？
26. 双壁双投影透照管子环焊缝时，如何计算照相灵敏度？
27. 双壁单投影透照圆筒形环焊缝时，如何计算照相灵敏度？

第四单元　暗室处理技术

> **内容导入**：暗室处理是指在暗室内经过显影、定影等一系列的加工处理程序，把经过透照、具有潜影的胶片变为可见影像底片的过程。只有把具有潜影的胶片变为符合质量要求的底片，才能反映试件内部的质量并能长期保存，因此暗室处理在射线检测过程中是一个非常重要的环节，如操作处理不当，就会影响射线底片质量及整体工作效果，造成底片灵敏度不够甚至报废。底片质量好坏不仅与胶片质量、透照技术有关，更与暗室处理技术水平密切相关，作为射线检测人员，应熟练掌握暗室操作技术及有关知识。

模块一　暗室基本知识

一、暗室布局

暗室是存放胶片及切装胶片的地方，也是从显影到干燥处理等用水处理胶片的地方，为保证胶片及暗室处理质量，暗室布置及暗室环境应满足以下基本要求：

1）暗室应有足够的空间，不宜过小或过窄，一般不小于 10m²。

2）暗室要完全遮光。进出口处应设置过渡间和双重门，以保证出入不漏光。另外应设置胶片传递暗窗口，用于传送胶片和暗盒，以便减少人员出入次数。暗室的布局可参照如图 4-1 所示布局进行布置。

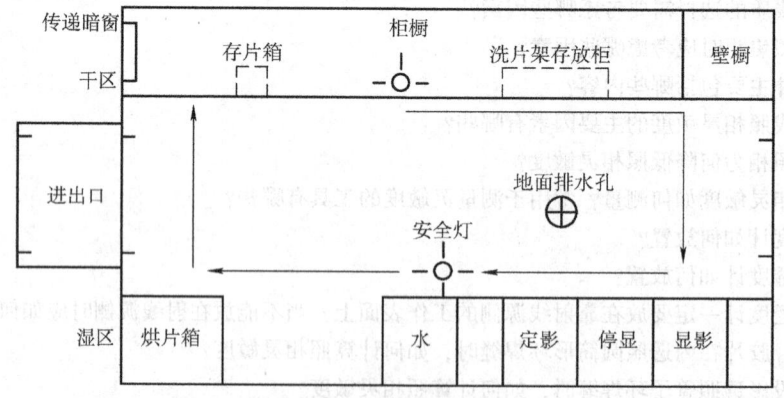

图 4-1　暗室的基本布局

3）暗室应分为干区和湿区两个工作区，并且两个工作区应尽可能距离远一些。干区用于存放胶片、暗盒、增感屏等器材和用来进行切片、装片等工作；湿区用来进行显影、定影、水洗、干燥等工作。

4) 各种设备器材摆放位置应适当,以便于工作。冲洗胶片的设备应按操作次序进行摆放,在切装胶片时,工作台面上的切刀、胶片、增感屏、暗袋等也应按次序摆放。

5) 如暗室附近有射线源,应做好屏蔽防护。

6) 对暗室环境的基本要求有如下几点:

① 温度和湿度控制。应注意保持室内温度,特别是手工处理时,要求室温控制在$(20±5)$℃。为防止切片、装片时胶片受潮,室内相对湿度应控制在30%~60%。

② 通风。暗室应有通风换气设备,但换气设备的装设应注意防止漏光。

③ 照明。暗室内应有两种照明方式——白炽灯、安全红灯,两种照明方式的控制开关不应安装在同一个位置。

④ 在湿区附近应有方便的水源和排水系统。

⑤ 暗室地面和工作台应保持干燥、清洁。

二、暗室设备器材的使用

暗室常用的设备器材包括工作台、切刀、洗片槽(或盘)、烘片箱、安全灯、温度计、天平、计时钟等。有的暗室还配有自动洗片机,洗片机的使用操作有专门的规程,在下文中会专门介绍,其他设备使用时应注意以下几点:

1. 安全红灯

安全红灯用于暗室处理过程中的照明,灯的颜色及亮度应保证胶片在切装和冲洗过程中不被感光。不同种类的胶片具有不同的感光波长范围(此特性称为感色性),安全灯所发出的是胶片非感光波长范围内的光线。一般工业射线胶片对可见光的蓝色部分最敏感,而对红色或橙色部分不敏感,因此暗室处理安全灯应采用暗红色或暗橙色,由15~25W白炽灯加装滤色片构成。为保证安全,对新购置的安全灯应进行测试,由于安全灯的滤色玻璃会褪色,所以对长期使用的安全灯也应作定期测试。测试方法为:在工作位置放置胶片,上面盖上黑纸,打开安全灯,每隔5min移动一下黑纸,使胶片不同部位在安全灯下经受不同时间的曝光,然后进行标准显影处理,将曝光部分与未曝光部分比较,以黑度不明显增大为安全,以不产生灰雾度的时间为安全操作时间,据此来确定安全灯的性能及允许工作时间和工作距离。

2. 洗片槽(或盘)

洗片槽用不锈钢或塑料制成,其深度应超过底片长度20%以上,使用时应将药液装满槽,并及时将槽盖好,以减少药液氧化。洗片槽应定期清洗,保持清洁。盘式处理适用于胶片规格不固定,变化较大的情况,但易产生划痕等伪缺陷,因此要求操作人员应具有熟练的暗室操作技术和操作水平。目前暗室中多采用槽式处理。

3. 温度计

用于配药液和显影操作时测量药液温度,可使用量程大于50℃,刻度为1℃或0.5℃的酒精玻璃温度计,也可使用半导体温度计。

4. 天平

用于配液时称量药品,可采用称量精度为0.1g的托盘天平。天平使用后应及时清洁,以防腐蚀,造成称量失准。

三、配液注意事项

为使药液使用效果更好、使用时间更长,配置药液时应严格按照一定的方法和程序进

行,具体要求如下:

1. 对配置药液器皿的要求

配制药液应使用玻璃、搪瓷、塑料制品或不锈钢制品,也应使用上述材料制作的搅拌棒,切忌使用铜、铁、铝制品,因为铜、铁等金属会与药液发生化学反应,对显影剂的氧化有催化作用。

2. 对配制药液用水的要求

配制药液用水可使用蒸馏水、去离子水、煮沸后冷却水或自来水,所用的水应不含杂质。如用井水或河水配置药液,应预先进行处理,以降低硬度,去除杂质,提高纯度。

3. 对温度的要求

配制药液时要注意控制水的温度,水温太高会促使药品某些成分氧化,太低又会使药品溶解太慢或溶解不充分。配置显影液时,水温一般控制在40~50℃,配制定影液时水温应更高些,一般为60~70℃,这是因为硫代硫酸钠溶解时会大量吸热,会使水温降低。

4. 配制药液的程序和顺序

配置药液应严格按配方规定的次序进行,待前一种药品完全溶解后方可放入后一种药品,切不可随意颠倒次序。

显影液配制的一般顺次为:保护剂—显影剂—促进剂—抑制剂,但用米吐尔与对苯二酚作为显影剂的显影液例外,因米吐尔不溶于亚硫酸钠溶液,应在溶解亚硫酸钠之前先溶解米吐尔,其余显影剂都应在亚硫酸钠之后加入。为减少米吐尔的氧化,一般先将少量亚硫酸钠(与米吐尔的量相等)溶于水中,然后再溶解米吐尔。

在配制定影液时,亚硫酸钠必须在加酸之前溶解,以防硫代硫酸钠分解;硫酸铝钾必须在加酸之后溶解,以防水解产生氢氧化铝沉淀。

配制药液时应不停地搅拌,以加速溶解。但搅拌不宜过于激烈,且应朝着一个方向进行,以免造成大量空气溶入水中,导致药液过分氧化。

5. 配制药液时的一般注意事项

1) 各种药品应严格按配方规定的量加入。
2) 使用块状药品时应先将其研碎成粉末状再加入。
3) 应先取总体积3/4的水量,待全部药品溶解后再加水至所需的体积。
4) 配好的药液应静置24 h后再投入使用。

四、胶片处理程序和操作要点

为得到高质量的射线底片,暗室胶片处理过程必须严格遵循规定的操作程序和操作要点。

1. 胶片处理程序

手工胶片处理过程可分为润湿、显影、停显、定影、水洗和干燥等几个步骤,每一个步骤都有严格的操作标准(表4-1)。

表4-1 手工胶片处理的操作标准和操作要点

步骤	温度/℃	时间/min	药液	操作要点
显影	20±2	4~6	显影液	预先水浸,过程中适当搅动
停显	16~24	约0.5	停显液	充分搅动

（续）

步骤	温度/℃	时间/min	药液	操作要点
定影	16~24	5~15	定影液	适当搅动
水洗	16~24	20~30	水	流动水漂洗
干燥	≤40	—		去除表面水滴后干燥

2. 手工胶片处理操作要点

（1）润湿、显影操作要点　在胶片放入显影液之前，应预先在清水中使胶片表面润湿，以避免胶片进入显影液后表面产生气泡造成显影不均匀。在胶片刚与显影液接触时，一定要使胶片迅速全部浸入显影液中，以保证一开始胶片就处于均匀显影的状态，必须严格控制显影温度。显影时，特别是最初 1~2min 内，要使胶片不间断地做两个相互垂直方向的摆动（盘式处理是两个水平方向，槽式处理是垂直方向和水平方向）或翻动，避免胶片之间互相粘贴，以后每隔 30s 摆动一次。操作中应避免胶片之间发生较强的摩擦。

停显阶段也应不间断地充分摆动，使停显能均匀进行，同时要避免胶片损伤。停显温度最好与显影温度相近或相同，避免产生温差"网纹"、"皱褶"等缺陷。

（2）定影操作要点　定影操作与显影操作要点基本相同，要控制好温度，在定影最初阶段要使胶片在两个不同方向上摆动，以保证定影均匀进行。定影时间应为定透时间的 2 倍，随着定影液的老化要适当延长定影时间。

（3）水洗与干燥操作要点　应使用清洁的流动水进行水洗，水洗不充分的底片长期保存后会发生变黄现象。水洗水温应适当控制，水温高时水洗效率高，但药膜高度膨胀易产生"划伤"、"药膜脱落"等缺陷。水洗后的底片表面附有许多水滴，要用湿海绵擦去水滴，或浸入脱水剂溶液使水从底片表面快速流尽，如不除去会因干燥不均产生水迹。

底片干燥应在清洁、干燥、空气流动性好、没有灰尘的地方进行，因为湿底片极易吸附空气中的灰尘。热风干燥能缩短干燥时间，但如温度过高易产生干燥不均的条纹，热风温度不能高于40℃，并应对热风进行过滤，以减少热风所带的杂质和灰尘。

模块二　暗室处理技术

一、显影

显影在整个胶片处理过程中是最重要的环节，与影像质量关系最密切。即使是同一种胶片，透照条件相同，如果采用不同的显影配方和操作条件，所表现的感光性能也是不一样的，底片的主要质量指标，如黑度、对比度、颗粒度等都受到显影的影响。下面将重点介绍显影的作用原理、显影液的组分、配方、药液的配置及影响显影的因素等内容。

1. 显影过程的作用及基本原理

显影过程的作用是将曝光后在胶片乳剂层中形成的潜影，通过显影液的作用转化为可见的影像。其本质是一个氧化还原过程，即把胶片乳剂层中感光的溴化银还原成金属银，使不可见的潜影转化为可见的影像。

显影原理的基本化学反应可用下式表示

已感光的 $AgBr$ + 显影剂 → 金属 Ag + 显影剂氧化物 + HBr（可溶溴化物）

以上显影反应分为三步进行，首先，因感光而形成潜影的溴化银晶粒吸附显影剂；然后显影剂释放电子，电子转移到溴化银晶粒；最后，电子与银的正离子结合将银离子 Ag^+ 还原成黑色的金属银，聚集在潜影中心，形成银原子团影像，溴离子则生成可溶性的溴化物溶于显影液中，而显影剂自身被氧化。

在显影过程中，显影液对已感光的溴化银颗粒和未感光的溴化银颗粒都具有还原作用，但还原的速度不同，对感光的溴化银颗粒的还原速度远远高于未感光的溴化银颗粒。只要控制得当，未感光的溴化银颗粒是不会显影的，但如显影液的显影能力过强，也容易产生过大的灰雾度。

另外，并非所有能够还原银离子的物质都可作为显影剂，能用作照相显影剂的材料，至少应具有以下五项性能：

1）能给出电子，将银离子还原为黑色的金属银。
2）只对已感光的溴化银起还原作用，而对未感光的溴化银不起作用。
3）可溶于水或碱性溶液。
4）比较稳定，能抗空气氧化。
5）所产生的氧化物应是可溶的和无色的。

显影过程必须在碱性溶液中进行，在碱性溶液中显影剂才能离解，完成显影过程。显影液的碱性越大，显影剂的离解程度越大，显影液的显影能力越强，但容易产生较大的灰雾度。

2. 显影液的组成及各组分的作用

通常使用的显影液中含有四种主要成分：显影剂、保护剂、促进剂和抑制剂。此外有时还加入一些其他物质，例如溶剂水、坚膜剂和水质净化剂等。调整各组分的比例，可以得到不同性能的显影液。

（1）显影剂　显影剂的作用是将已感光的卤化银还原为金属银，常用的显影剂有米吐尔、菲尼酮和对苯二酚。它们各有不同特点。显影配方通过选择不同显影剂和不同的配比来调整显影性能。

1）米吐尔是一种白色或灰色针状结晶体或粉末，易溶于水，不易溶于亚硫酸钠溶液，因此配制显影液时要将米吐尔先于亚硫酸钠之前溶解。它是一种强显影剂、还原能力强、显影速度快、初影时间短，得到的影像柔和、反差小，所以称为软性显影剂，单独使用易产生较大的灰雾度。米吐尔适用的溶液 pH 范围很宽，在 6~10 之间均可使用，但显影能力对温度的变化不敏感，易氧化。

2）对苯二酚是一种白色或灰白色针状结晶体，发生氧化时变为灰黄色，易溶于水和亚硫酸钠溶液。对苯二酚还原能力弱、显影速度慢、初影时间长，一旦出影，则影像密度急增，即在显影初期作用比较缓慢，显影到一定程度后，其作用就会逐渐加强、加快。由于其影像反差高，故又被称为硬性显影剂。对苯二酚在 pH 值 9~11 之间的碱性溶液中才有较好的显影能力，同时它对温度也非常敏感，在 10℃ 以下时几乎无显影能力，但温度过高又会引起灰雾增加。此外它对溴化钾也很敏感，显影液中溴化钾过量会大大抑制对苯二酚的显影能力。

3）菲尼酮呈白色结晶粉末状，常温下不溶于水，但易溶于碱性溶液和热水。单独作为显影剂时，其显影能力很弱，反差较低，但影像颗粒较细，是一种软性显影剂。菲尼酮与对苯二酚配合使用时表现出一系列优良性能，如极强的显影能力、性能稳定，且在强碱性溶液中更稳定；显影活性受溴化物影响较小；其超加和作用比米吐尔与对苯二酚配合时更佳。

所谓超加和作用是指两种显影剂一起使用时产生的一种特殊效应，即两种显影液加在同一溶液中，其总显影速度大于两种显影剂分别速度之和。

(2) 保护剂　保护剂的作用是阻止显影剂与进入显影液的氧发生作用，使其不被氧化，延长显影液的寿命。

显影剂在水溶液中，特别是在碱性溶液中很容易氧化，氧化不仅使其失去显影能力，而且产生的大量氧化物又会使溶液变黄，污染乳剂。为防止显影液氧化、延长寿命，必须在显影液中加入保护剂。最常用的保护剂是亚硫酸钠，它具有很强的与氧化合的能力，因而能够优先与氧化合，减少显影剂的氧化。同时亚硫酸钠还能与显影剂的氧化产物作用，生成可溶的无色显影剂磺酸盐，从而延长显影液的使用寿命。

亚硫酸钠有两种：一种是无水亚硫酸钠（Na_2SO_3）；另一种是结晶亚硫酸钠（$Na_2SO_3 \cdot 7H_2O$）。一般配方中采用无水亚硫酸钠，如使用结晶亚硫酸钠，应进行质量换算。其作用的化学反应是

$$2Na_2SO_3 + O_2 \rightarrow 2Na_2SO_4$$

(3) 促进剂　促进剂的作用是中和显影液中的氢离子，控制显影液的碱性，增强显影剂的显影能力和速度。各种有机显影剂的显影能力都随着pH值的增大而增强，因此大多数显影液都是碱性溶液。在显影过程中，卤化银被还原出一个金属银原子时，就会相应产生一个氢离子，为了不使显影液pH值降低而减缓显影速度，就必须在显影液中加入足量的促进剂，用足够的氢氧离子来中和氢离子，使溶液呈碱性。并且促进剂还应具有保持碱性pH值的良好的缓冲性能。通常使用的促进剂是弱酸盐，如碳酸钠、硼砂，有时也会用一些强碱，如氢氧化钠。

显影液的pH值低，则显影速度较慢，所得影像颗粒较细，反差较小。显影液的pH值高，则显影速度较快，所得影像颗粒较粗，反差较大，灰雾也增大。显影液的pH值一般在8~11之间，可通过改变促进剂的种类和数量来调节。硼砂为软性促进剂，作用较柔和，在显影液中加入硼砂，pH值约为8.0~9.2；碳酸钠为中性促进剂，在显影液中加入碳酸钠，pH值约为9.0~11.0；氢氧化钠为硬性促进剂，在显影液中加入碳酸钠和氢氧化钠，pH值约为10.5~12.0。

碳酸钠有无水碳酸钠（Na_2CO_3，分子量106）和结晶碳酸钠（$Na_2CO_3 \cdot 10H_2O$）两种。一般配方中采用无水碳酸钠，如使用结晶碳酸钠，应作质量换算。硼砂的分子式为$NaB_4O_7 \cdot 10H_2O$，分子量为381。氢氧化钠分子式NaOH，分子量为40。氢氧化钠是强碱，一般很少使用，使用时一定要注意安全。

(4) 抑制剂　抑制剂的主要作用是降低未感光的溴化银微粒的显影程度，抑制灰雾。常用的抑制剂包括溴化钾、苯丙三氮唑等。

不加抑制剂的显影液对已感光和未感光的溴化银颗粒都具有显影作用，区别能力很小，会形成较大的灰雾倾向，而在显影液中加入溴化钾后，离解出的溴离子会吸附在溴化银颗粒周围，形成一个负电层，排斥显影剂的负离子吸附到未感光的溴化银微粒上，从而阻滞了未感光的溴化银微粒的显影作用。由于已感光的溴化银微粒存在潜影，其吸附显影剂离子的能力远远大于吸附带负电的溴离子的能力，所以这种阻滞作用，对未感光的溴化银颗粒作用大，而对已感光的溴化银颗粒作用小，从而使显影灰雾降低。

抑制剂在抑制灰雾的同时也抑制了显影速度，这样有利于显影均匀。此外抑制剂对影像层次和反差也起着调节和控制作用。

3. 工业射线胶片常用的显影配方

常用的显影液有两大类，一类由米吐尔和对苯二酚组成，称为 MQ 显影液，另一类由菲尼酮和对苯二酚组成，称为 PQ 显影液。当前，PQ 显影液的超加和作用比 MQ 显影液更佳，使用日益广泛，大有取代 MQ 显影液的趋势。

工业射线胶片常用的显影配方见表 4-2 和表 4-3。

表 4-2 米吐尔显影配方

	天津	柯达 D19b	阿克发	富士
温水（50℃）	750mL	750mL	750mL	750mL
米吐尔	4g	2.2g	3.5g	4g
无水亚硫酸钠	65g	72g	60g	60g
对苯二酚	10g	8.8g	9g	10g
无水碳酸钠	45g	48g	40g	53g
溴化钾	5g	4g	3.5g	2.5g
加水至	1000mL	1000mL	1000mL	1000mL
显影温度	20℃	20℃	18℃	20℃
显影时间	4~8min	5min	5~7min	5min

表 4-3 菲尼酮显影配方

	普通槽用显影液	高活性显影液	自动洗片机用显影液
温水（50℃）	750mL	750mL	750mL
无水亚硫酸钠	60g	100g	60g
对苯二酚	11g	35g	24g
菲尼酮	0.275g	0.6g	0.75g
无水碳酸钠	40g	25g	
偏硼酸钠			33g
氢氧化钠	4g	21g	19g
溴化钾	4g	1g	10g
6—硝基苯并咪唑			0.5g
蒽醌—2—磺酸			0.2g
苯并三唑	0.1g	0.5g	
E.D.T.A	2g	2g	3.5g
聚乙二醇200			0.2mL
明胶坚膜剂 （亚硫酸氢盐化合物）			17g
加水至	1000mL	1000mL	1000mL
显影温度	20℃	26.5℃	32~40℃
显影时间	4~5min	1.5~2min	约35s

4. 影响显影的因素

影响显影效果的因素很多，除了显影液配方因素外，主要影响因素还有：显影时间、温度、显影液的活性和显影操作程序、技能等。

（1）显影时间对显影的影响　显影时间与显影液配方密切相关，所以配方都附有推荐的显影时间，应严格按推荐的时间显影。显影时间延长，虽然黑度和反差会增加，但影像颗粒和灰雾也将增大；而显影时间过短，将导致黑度和反差不足，也会增大影像的颗粒度。对于手工处理，正常的显影时间一般应为 4~6 min，这是综合考虑显影时间的影响确定的，特别是考虑了平均梯度。如图 4-2 所示反映了显影时间与射线底片影像质量（感光度、平均梯度、灰雾度）的关系，从图中可以看出随着显影时间的增加，感光度、平均梯度、灰雾度变化的规律。

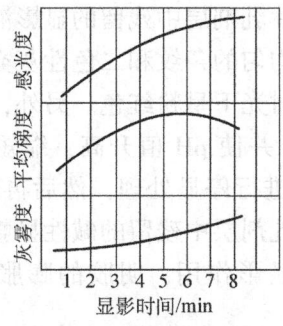

图 4-2　显影时间与射线底片影像质量的关系

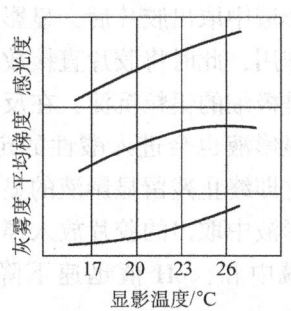

图 4-3　显影温度对射线底片像质的影响

（2）温度对显影的影响　显影温度对显影液的显影能力具有非常大的影响，手工处理时显影液的显影温度一般为 18~20℃。不同的显影配方要求的显影温度略有不同，应严格按要求进行操作。温度高显影速度快，但温度过高会使显影液中的某些药品分解失效，或使显影液过分氧化，造成底片灰雾增大、影像颗粒变粗，同时可能损害乳剂层，使药膜松软，容易划伤或脱落；温度低显影速度慢，但温度过低时，显影液的显影能力会大大降低，甚至完全失去显影作用，造成影像的反差降低。例如温度高时对苯二酚显影能力增强，其结果是使影像反差增大，同时灰雾增大，颗粒变粗；温度低时对苯二酚显影能力减弱，此时显影主要靠米吐尔作用，因此反差降低（图 4-3）。

（3）显影液活性对显影的影响　显影液的活性取决于显影剂的种类、浓度及显影液的pH 值。显影液在使用过程中，显影剂氧化物逐渐增加，pH 值逐渐降低，使显影剂的浓度逐渐降低，溶液中卤化物离子逐渐增加，将导致显影作用减弱，活性降低，这种现象称为显影液老化。使用老化的显影液，会使显影速度变慢，反差减小，灰雾增大。显影液老化到一定程度（在规定的温度和时间条件下处理胶片，得到底片的黑度明显偏离正常值）后，应停止使用，否则将得不到合格的底片质量。

为保证显影效果，可在活性减弱的显影液中加入补充液。补充液应具有比显影液更高的pH 值，更高的显影剂和亚硫酸盐浓度。补充液通常不含溴化物。每次添加的补充液最好不超过槽中显影液总体积的 2%，当加入的补充液达到原显影液体积 2 倍时，药液必须废弃。

（4）显影操作程序和技能对显影的影响　在显影过程中应严格遵守显影操作程序，注意操作要点，应选择操作技术熟练的人员进行操作，否则将造成显影不均匀或其他不正常影像。

显影操作时要特别注意进行搅动,搅动可以使乳剂膜表面不断地与新鲜药液接触并发生作用,这样不仅使显影速度加快,而且保证了显影作用均匀。此外,由于感光多的部分显影反应迅速,与之接触的药液容易疲乏,不感光的部分显影作用少,药液不易疲乏,搅拌的结果加速了感光多的部分的显影速度,从而提高了反差。如果胶片在显影液中静止不动,会使反应产生的溴化物无法扩散,造成显影不均匀的条纹。为保证显影均匀,应不断进行搅动,尤其是胶片进入显影液的最初 1min 的频繁搅动特别重要。

二、停显

停显的作用,一是终止从显影液中取出的胶片继续显影,二是减少胶片上残留的显影液对定影液的污染。

从显影液中取出胶片后,显影作用并不立即停止,胶片乳剂层中残留的显影液还在继续进行显影作用,此时将胶片直接放入定影液,容易产生不均匀的条纹和二色性灰雾,所谓二色性灰雾是极细的银粒沉淀,在反射光下呈蓝绿色,在透射光下呈粉红色。另外,胶片上残留的碱性显影液也会进入酸性的定影液,会污染定影液,并使 pH 值升高,缩短定影液寿命。为了立即终止残留显影液的显影作用,显影之后必须进行停显处理,然后再进行定影,即把从显影液中取出的胶片放入停显液中,使胶片表面和乳剂层中残留的碱性显影液与停显液发生酸碱中和,pH 值迅速下降至显影停止点而停止显影作用,明胶的膨胀也得到控制。

常用的停显液是 1.5%~5% 的醋酸溶液,其他的停显剂还有酒石酸、柠檬酸、亚硫酸氢钠等。停显时间一般为 0.5~2min。停显时由于酸碱中和,乳剂层中会产生 CO_2 气泡从胶片表面排出,操作时应不停搅动。在热天或药液温度较高时,药膜极易损伤,可在停显液中加入坚膜剂——无水硫酸钠。常用的停显液配方见表 4-4。

表 4-4 常用停显液配方

	停显配方	坚膜停显配方
水	750mL	750mL
冰醋酸	20mL	20mL
无水硫酸钠		45g
加水至	1000mL	1000mL
停显时间	10~20s	20s

停显温度一般应与显影温度相同或相近,避免产生温差网纹。停显过程还应注意操作,避免胶片损伤,使停显均匀进行。

如果不用停显液,则应在显影之后先将胶片放入流动的水中冲洗约 1min 左右,然后再将胶片转入定影液中定影。

三、定影

1. 定影的原理

经过显影之后,胶片乳剂层中已感光的卤化银还原为金属银,但绝大部分未感光的卤化银(大约还有 70% 左右)未被还原成金属银,还保留在乳剂层中,这些卤化银必须从乳剂层中去除掉,将显影形成的影像固定下来,这一过程称为定影。在定影过程中,定影剂与卤化银发生化学反应，生成溶于水的银的络合物进入溶液，但对已还原的金属银则不发生作用而使其固定下来。

2. 定影液的组成及作用

定影液包含有四种主要组分：定影剂、保护剂、坚膜剂、酸性剂，此外还有溶剂水，定影的基本作用由定影剂完成。

（1）定影剂　定影剂是定影液的主要成分，最常用的定影剂为硫代硫酸钠，又称大苏打或海波，分子式为 $Na_2S_2O_3$。有时也使用硫代硫酸铵 $(NH_4)_2S_2O_3$，后者有快速定影作用。结晶的硫代硫酸钠为柱形透明晶体，白色，易溶于水。

硫代硫酸根离子可与银离子反应，生成比较复杂的多种形式的银的络合物并溶于水中，同时卤离子也进入溶液，但并不参与反应，这样卤化银就从乳剂层中除去而溶解在定影液中，而对已还原的金属银则不发生作用，从而使影像固定下来。

定影过程经过两个阶段：第一阶段，硫代硫酸钠与卤化银反应，生成不溶于水的硫代硫酸银钠

$$AgBr + Na_2S_2O_3 \rightarrow NaBr + NaAgS_2O_3$$

第二阶段，硫代硫酸银钠与硫代硫酸钠继续反应，生成可溶于水的硫代硫酸三银钠

$$3NaAgS_2O_3 + Na_2S_2O_3 \rightarrow Na_5Ag_3(S_2O_3)_4$$

（2）保护剂　定影剂硫代硫酸钠在酸性溶液中易发生分解，析出硫沉淀而失效，它的化学反应为

$$S_2O_3 + [H^+] \rightarrow HSO_3 + S$$

为防止定影液的酸度升高，在定影液中需加入保护剂。常用的保护剂为无水亚硫酸钠，它的亚硫酸根离子能与氢离子结合从而抑制硫代硫酸钠的分解。

（3）坚膜剂　在定影过程中，胶片感光乳剂层大量吸水膨胀，易造成划伤和药膜脱落，因此需要在定影液中加入坚膜剂。坚膜剂的作用是降低乳剂层吸水膨胀，减少在水洗、干燥中可能产生的药膜脱落及机械损伤现象，降低胶片的吸水性，使胶片干燥起来更容易。

常用的坚膜剂有硫酸铝钾（钾明矾），化学式为 $K_2SO_4 \cdot Al_2(SO_4)_3 \cdot 24H_2O$，硫酸铬钾（钾铬矾），化学式为 $K_2SO_4 \cdot Cr(SO_4)_3 \cdot 24H_2O$，后者的坚膜能力优于前者，上述坚膜剂适用于酸性定影液，坚膜效果最佳的 pH 值约在 4~6 之间，当酸度较低时（pH 值较高）会产生亚硫酸铝沉淀。

（4）酸性剂　为中和停显阶段未除净的显影液碱性物质，通常将定影液配制成酸性溶液，加入的酸性物质通常是醋酸和硼酸。

醋酸（CH_3COOH）在常温下呈白色晶体状，所以又称冰醋酸。硼酸（H_3BO_3）为无色的结晶透明晶粒。

定影液的 pH 值一般控制在 4~6 之间，若 pH 值低于 4，硫代硫酸钠易发生分解而析出硫；当 pH 值高于 6 时，坚膜剂会发生水解形成氢氧化铝沉淀。坚膜剂中，硫酸铝钾比硫酸铬钾更易水解，单纯硫酸铝钾溶液在 pH 值升至 4.2 时即开始水解。硼酸可抑制水解的发生，定影液中加入硼酸后，可将硫酸铝钾不发生水解的 pH 值升高至 6.5。在配制定影液时，为避免硫代硫酸钠产生硫沉淀，最好先将高浓度的冰醋酸稀释，然后再缓慢加入。

3. 定影液配方

常用定影液配方见表 4-5。

表 4-5 常用定影液配方

	天 津	柯达 F5	柯达 ATF—6 快速定影配方
温水（65℃）	600mL	600mL	600mL
硫代硫酸钠	240g	240g	
硫代硫酸铵			200g
无水亚硫酸钠	15g	15g	15g
冰醋酸	15mL	15mL	15.4mL
硼酸	7.5g	7.5g	7.5g
硫酸铝钾	15g	15g	15g
加水至	1000mL	1000mL	1000mL

4. 影响定影的因素

影响定影的因素主要有：定影时间、定影温度、定影液老化程度，以及定影时的搅动。

(1) 定影时间 定影的速度一般用通透时间来表示，所谓通透是指在定影过程中，胶片乳剂膜的乳黄色消失，变为透明色的现象。通透现象出现意味着胶片乳剂层中未显影的卤化银已被定影剂溶解，但要使被溶解的银盐从乳剂中渗出进入定影液，还需要附加时间。从胶片放入定影液到呈现通透现象的这段时间称为"通透时间"。而定影时间是指从胶片放入定影液开始，到乳剂层中未显影的卤化银被定影剂完全溶解，并将溶解所形成的银盐从乳剂层中完全转移进入到定影液中所需的时间，因此，定影时间应明显多于通透时间，一般规定定影时间为通透时间的2倍。在标准条件下，采用硫代硫酸钠配方的定影液时，所需的定影时间一般不超过15min。如采用硫代硫酸铵作定影剂，定影时间将大大缩短。

完成定影所需时间受许多因素的影响，除了与定影液配方有关外，还与卤化银的成分，颗粒的大小、乳剂层厚度，定影温度，搅动方式及定影液老化程度等因素有关。

(2) 定影温度 定影液温度对定影影响很大，温度低时定影进行缓慢，随着温度的升高，定影速度加快。但如果温度过高，会造成定影液药品分解失效，胶片乳剂膜过度膨胀，容易造成药膜划伤或脱落，应对定影温度作适当控制，通常控制在16~24℃，与显影温度相近或相同。

(3) 定影液的老化 定影液在使用过程中，定影剂不断消耗，使浓度降低，而银的络合物和卤化物不断积累，浓度增大，使得定影能力降低，速度越来越慢，所需时间越来越长，此种现象称为定影液的老化。随着定影液的老化，通透时间将不断延长，一般认为通透时间延长到新定影液通透时间的2倍时，则认为定影液已失效，应停止使用，更换新液。过于老化的定影液在定影时会生成一些较难溶的银盐络合物，即便经过水洗也难以除去，仍残留在乳剂层中，经过若干时间后，会分解出硫化银，使底片变黄。

(4) 定影时的搅动 定影操作对定影效果影响很大，在定影过程中要注意搅动，使胶片与新鲜定影液均匀接触，可以提高定影速度，并使定影均匀。特别是定影初期，在胶片刚放入定影液时，应使胶片在两个不同方向多次抖动。在定影过程中，一般每2min搅动一次。

四、水洗和干燥

1. 水洗

定影后在胶片的表面和内部都吸附着许多硫代硫酸钠和银的络合物，如果他们留在射线底片里，银的络合物会很快分解产生硫化银，硫代硫酸钠也会缓慢地与空气中的水分和二氧化碳进行反应，产生硫和硫化氢，最后与金属银作用生成棕黄色的硫化银。硫化银会使射线底片变黄，影像质量下降，为使射线底片具有稳定的质量，能够长期保存，胶片在定影后，必须进行充分的水洗。冲洗时将胶片在流动的清水中冲洗20~30 min，冲洗的目的是将胶片表面和乳剂膜内吸附的硫代硫酸钠及银盐络合物彻底清除掉，使射线底片具有稳定的质量，能够长期保存。

底片水洗质量决定于水洗的温度、时间、方式等。温度高可缩短水洗时间，但温度过高可能会破坏乳剂层。一般推荐使用的水洗条件是采用16~24℃的流动清水冲洗底片，使胶片总是接触新鲜清水，水洗时间一般需要30min。但由于冲洗用水大多使用自来水，水温往往超出上述范围，当水温较低时，应适当延长水洗时间；当水温较高时，应适当缩短水洗时间，同时应注意保护乳剂膜，避免损伤。水洗过程中，为节约用水，建议采用连续递进水洗方式，这种水洗方式是将从定影液中取出的胶片先放入第一个水洗槽，再依次放入第二、第三个水洗槽，而水则是反方向从最后一个水洗槽进入，然后依次流入前方的水洗槽，这样可以同时水洗多批胶片，又不会使处于不同水洗状况的胶片互相污染，既节约用水，又可得到良好的水洗效果。水洗质量好的底片保存10年也不会变色。

水洗效果好坏可用以下方法鉴别：用蒸馏水配制浓度为1%的硝酸银溶液，用滴管将配制好的硝酸银溶液滴一滴到待鉴别胶片的比较透明处（应擦去胶片表面的水），静置1min左右后，用试纸洗掉所滴溶液，观察该处颜色，颜色不变化，说明水洗充分；颜色呈微黄色，说明水洗不够充分；颜色呈棕黄色，说明水洗不够，应重新水洗。

2. 干燥

干燥的目的是去除膨胀的乳剂层中的水分。

为防止干燥后的底片产生水迹，可在水洗后、干燥前进行润湿处理，即把水洗后的湿胶片放入润湿液（浓度约为0.3%的洗洁精水溶液）中浸润约1min，然后取出，待胶片表面水滴流尽，再进行干燥。

干燥的方法有自然干燥和烘箱干燥两种。自然干燥是在清洁、干燥、通风的室内把水洗后的胶片悬挂起来，让水分自然蒸发晾干。烘箱干燥是把胶片悬挂在烘箱内，用热风烘干，热风温度一般不应超过40℃，并应对热风进行过滤，尽量减少热风所带的杂质和灰尘。

模块三 自动洗片机

一、自动洗片机的原理

自动洗片机是将胶片从显影到干燥全过程进行自动处理的专用设备，胶片从进片口送入自动洗片机内，采用连续冲洗方式，自动完成显影、定影、水洗、烘干整个暗室处理过程，从出片口送出处理质量良好的底片。完成上述处理全过程的时间约为7~12min或更短。为了在短时间内完成全部暗室处理过程，自动洗片机需要在高温下完成处理，因此需采用专用的显影液和定影液，在处理过程中，自动洗片机会自动补充显影液和定影液。

自动洗片机工作原理如图4-4所示。

二、自动洗片机的特点

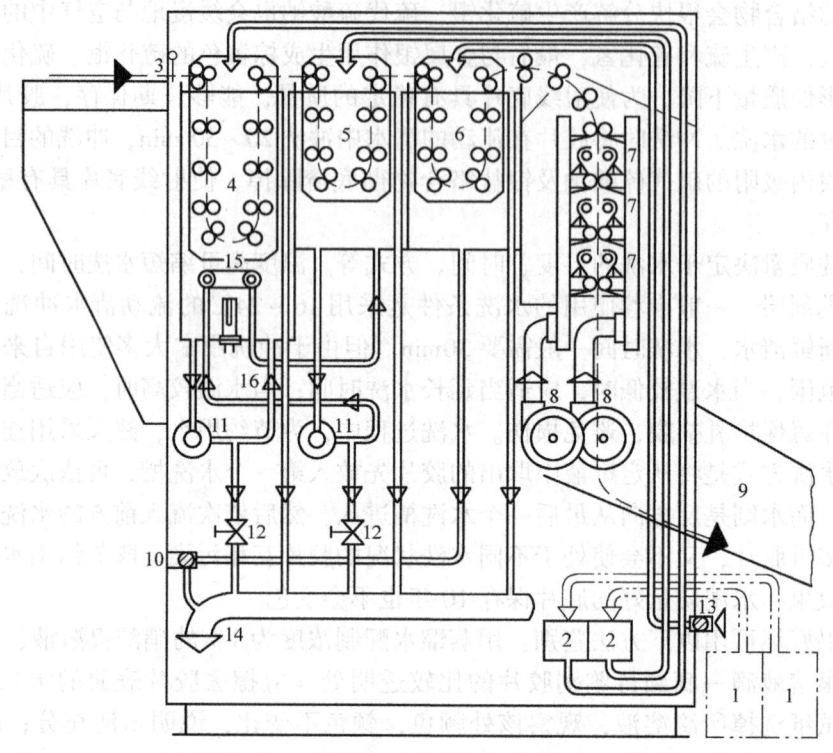

图 4-4 自动洗片机工作原理图

1—补充液供给箱（机外） 2—补给泵（机内） 3—进片扫描器（连补给） 4—显影箱
5—定影箱 6—水洗箱 7—红外加热器 8—风扇 9—收片斗 10—排水阀（外控）
11—循环泵 12—排放口（显影液和定影液） 13—冷水供给（可调球阀） 14—总排口
15—定影液热交换器 16—显影液加热器

自动洗片机自动处理与手工处理胶片相比有以下特点：

1）速度快——自动洗片机能在 7~12 min 内提供干燥好的可供评定的射线照相底片。

2）效率高——每小时约可处理 360 mm×100 mm 胶片 100~200 张，特别适合于大批量射线照相检测的情况。

3）质量好——由于处理工艺严格规范化，只要透照条件正确，通过自动洗片机处理的底片表面光洁、性能稳定可靠、像质好。

4）劳动强度低——操作者只需将胶片逐张输入自动洗片机即可，对操作者的技术熟练程度要求不高。

5）由于自动洗片机是按照固定的规范进行处理的，因此必须保证同一批工件透照参数的一致性。

三、自动洗片机的组成

自动洗片机一般包括五部分：胶片传送系统、显影液和定影液输送机构（补液机构）、温度控制机构、搅拌机构和干燥机构。

1）胶片传送机构。胶片传送机构是由 100 多个传动滚筒及其传动部件组成的，它能使胶片从输入口进入，按一定速率移动，完成显影、定影、水洗、干燥等各项胶片处理工作，最后将底片送入收片箱。送片滚筒分为几组，可以方便地从洗片机中取出，进行清洗、维修工作。

2）温度控制机构。自动洗片机内，显影、定影、水洗、干燥的温度要求是严格的，温度的自动控制通过自动电加热器及热交换器来完成，使各项温度达到恒定。

3）干燥机构。采用电热器和鼓风机，或采用红外干燥装置，使水洗后的底片迅速干燥。

4）显影液和定影液输送机构（补液机构）。自动洗片机显影、定影的时间和温度是一定的，所以要求药液的浓度不能变化，而显影液、定影液在与胶片多次作用后药力会下降，为了解决这一矛盾，自动洗片机配置了胶片面积扫描装置和显影液、定影液自动补充装置。每次进片，自动洗片机都能给出一个进片信号，使溶液泵自动按输入胶片的面积向机内补充一定数量的显影液、定影液，与此同时，机内排出相应数量的溶液。每处理 $1m^2$ 的胶片约需补充 1000mL 显影液和 1000mL 定影液。

5）搅拌装置。为了使机内药液温度、浓度均匀，并使胶片表面不断与溶液充分接触，自动洗片机内设有搅拌机构对药液进行搅拌。

四、自动洗片机使用时的注意事项

为保证底片质量和设备的正常运行，应严格按照设备使用说明书及设备操作规程进行，具体注意事项如下：

1）自动洗片机正式投入使用前，除对主机作大量的调整试验外，由于自动洗片机显影的温度和时间是固定的，故对摄片条件要求较为苛刻，必须对所有射线探伤机重新制作曝光曲线，以适应自动洗片机的特点，否则底片的黑度不能达到预期效果。在透照时应严格按照采用自动洗片机条件制作的新曝光曲线控制摄片条件，才能得到满意的底片。

2）每次使用前要先开机预热一段时间，当温度达到设定温度、机器给出允许送片信号后才能开始处理胶片。

开始时，先输入一张 35 cm×43 cm 的清洗片，等它输出后检查无异常时，才能连续输入需冲洗的胶片。清洗片的作用是清除掉曝露在空气中的液筒上沾染的被空气氧化的显影液和定影液。最好的清洗办法是在自动洗片机工作结束或开始工作前，将送片滚筒取出，用清水冲洗。

3）处理胶片的长度应不小于100mm。

4）清洗片和胶片输入时必须注意与导向边一端成直角送入，并注意不要让暗盒等物上的油污、灰尘沾污胶片，尤其要防止异物进入洗片机，防止划伤滚筒。

5）普通手工冲洗显影液不能用于自动洗片机，自动洗片机必须使用专用的配方配制的药液。为了适应自动洗片机高温、快速、运动冲洗的工作条件，自动洗片机专用药液具有活性高，防灰雾性能好，坚膜能力强等特点。

练 习

1. 为保证胶片及暗室处理质量，暗室布置及暗室环境应满足那些基本要求？
2. 简述手工胶片处理操作要点。
3. 简述显影过程与显影的主要作用。

4. 影响显影效果的因素有哪些？
5. 简述定影过程与定影的主要作用。
6. 简述显影液的组分与各组分的主要作用。
7. 简述定影液的组分与各组分的主要作用。
8. 影响定影效果的因素有哪些？

第五单元　射线照相底片的评定

> **内容导入**：通过暗室处理得到的底片，需要满足一定的质量要求，才能作为合格的底片进行质量评定，对底片上的缺陷进行定性和定量分析。缺陷的定性分析需要积累经验，结合焊接等方面的知识才能得出正确的结论。缺陷的评定需要在对缺陷定性分析后，充分理解相关标准的基础上进行。

模块一　评片工作的基本要求

缺陷能否通过射线照相而被检出，取决于多个环节。首先，必须使缺陷在底片上留下足以识别的影像，这涉及到照相质量方面的问题；其次，底片上的影像应在适当条件下得以充分显示，以利于评片人员观察和识别，这与观片设备和环境条件有关；第三，评片人员对观察到的影像应能作出正确的分析与判断，这取决于评片人员的知识、经验、技术水平和责任心。根据上述环节，可将评片工作的基本要求归纳为三个方面，即底片质量要求、设备环境条件要求和人员条件要求。

一、底片质量要求

通常对底片的质量检查包括以下六个项目：

1. 灵敏度检查

灵敏度是射线照相质量诸多影响因素的综合结果。底片灵敏度用像质计测定，是根据底片上像质计的影像的可识别程度来定量评价灵敏度高低。目前国内广泛使用的是丝型像质计，评价底片灵敏度的指标是像质指数，它等于底片上能识别出的最细金属丝的编号。显然，透照一定厚度的工件时，底片上显示的金属丝直径越小，其像质指数越大，底片的灵敏度也就越高。

灵敏度必须符合有关标准的要求，在标准 JB/T 4730.2—2005 中规定，根据不同的透照厚度和不同的射线检测技术应达到相应的像质指数。检查底片的像质计灵敏度时，当采用单壁透照，像质计置于源侧时应符合表5-1；当采用双壁双影透照，像质计置于源侧时应符合表5-2；当采用双壁单影或双壁双影透照，像质计置于胶片侧时应符合表5-3。

对底片的灵敏度检查内容包括：底片上是否有像质计影像，像质计型号、规格、摆放位置是否正确，能够观察到的金属丝编号是多少，是否达到了标准规定的要求等。

【想一想】

像质计和像质计灵敏度有什么联系和区别？

表 5-1　单壁透照，像质计置于源侧时的灵敏度要求

应识别丝号	公称厚度（T）/mm		
（线径/mm）	A 级	AB 级	B 级
18（0.063）	—	—	≤2.5
17（0.080）	—	≤2.0	2.5~4.0
16（0.100）	≤2.0	2.0~3.5	4~6
15（0.125）	2.0~3.5	3.5~5.0	6~8
14（0.160）	3.5~5.0	5.0~7	8~12
13（0.20）	5.0~7	7~10	12~20
12（0.25）	7~10	10~15	20~30
11（0.32）	10~15	15~25	30~35
10（0.40）	15~25	25~32	35~45
9（0.50）	25~32	32~40	45~65
8（0.63）	32~40	40~55	65~120
7（0.80）	40~55	55~85	120~200
6（1.0）	55~85	85~150	200~350
5（1.25）	85~150	150~250	>350
4（1.60）	150~250	250~350	—
3（2.00）	250~350	>350	—
2（2.50）	>350	—	—

表 5-2　双壁双影透照，像质计置于源侧时的灵敏度要求

应识别丝号	公称厚度（T）/mm		
（线径/mm）	A 级	AB 级	B 级
18（0.063）	—	—	≤2.5
17（0.080）	—	≤2.0	2.5~4.0
16（0.100）	≤2.0	2.0~3.0	4~6
15（0.125）	2.0~3.0	3.0~4.5	6~9
14（0.160）	3.0~4.5	4.5~7	9~15
13（0.20）	4.5~7	7~11	15~22
12（0.25）	7~11	11~15	22~31
11（0.32）	11~15	15~22	31~40
10（0.40）	15~22	22~32	40~48
9（0.50）	22~32	32~44	48~56
8（0.63）	32~44	44~54	—
7（0.80）	44~54	—	—

表 5-3　双壁单影或双壁双影透照，像质计置于胶片侧时的灵敏度要求

应识别丝号 （线径/mm）	公称厚度（T）/mm		
	A 级	AB 级	B 级
18（0.063）	—	—	≤2.5
17（0.080）	—	≤2.0	2.5~4.0
16（0.100）	≤2.0	2.0~3.5	4~6
15（0.125）	2.0~3.5	3.5~5.5	6~12
14（0.160）	3.5~5.5	5.5~11	12~18
13（0.20）	5.5~11	11~17	18~30
12（0.25）	11~17	17~26	30~42
11（0.32）	17~26	26~39	42~55
10（0.40）	26~39	39~51	55~70
9（0.50）	39~51	51~64	70~100
8（0.63）	51~64	64~85	100~180
7（0.80）	64~85	85~125	180~300
6（1.0）	85~125	125~225	>300
5（1.25）	125~225	225~375	—
4（1.60）	225~375	>375	
3（2.00）	>375		

2. 黑度检查

黑度是射线照相底片质量的一项重要指标，标准 JB/T 4730.2—2005 对底片黑度的要求如下：

A 级：$1.5 \leqslant D \leqslant 4.0$　　AB 级：$2.0 \leqslant D \leqslant 4.0$　　B 级：$2.3 \leqslant D \leqslant 4.0$

用 X 射线透照小径管或其他截面厚度变化大的工件时，AB 级最低黑度允许降至 1.5，B 级最低黑度可将至 2.0。

由胶片特性曲线可知，胶片梯度随黑度的增加而增大，为保证底片具有足够的对比度，黑度不能太小，所以标准规定了黑度的下限；另一方面，受观片灯亮度的限制，底片黑度又不能过大，黑度过大将造成透过光强不足，导致人眼观察识别能力下降，所以标准又规定了底片黑度的上限。底片黑度用光学密度计测定。测定时应注意，最大黑度一般在底片中部焊接接头热影响区位置，最小黑度一般在底片两端焊缝余高中心位置，只有当有效评定区内各点的黑度均在规定的范围内时，才能认为该底片黑度符合要求。

3. 标记检查

底片上标记的种类和数量应符合标准 JB/T 4730.2—2005 和工艺的规定。标记由识别标记和定位标记组成，识别标记一般包括：产品编号、对接接头编号、部位编号、透照日期，返修后的透照还应有返修标记，扩大检测比例的透照应有扩大检测标记；定位标记一般包括中心标记和搭接标记。标记应放在适当位置，一般应放置在距焊缝边缘至少 5mm 以外的部位，所有标记的影像不应重叠，且不应干扰有效评定范围内的影像。

【想一想】

标记为什么应放置在距焊缝边缘至少5mm以外的部位？

4. 伪缺陷检查

伪缺陷是指由于透照操作或暗室操作不当，或由于胶片、增感屏质量不好，在底片上留下的非缺陷影像。常见的伪缺陷影像包括：划痕、折痕、水迹、静电感光、指纹、霉点、药膜脱落、污染等。

伪缺陷容易与真缺陷影像混淆，影响评片的正确性，造成漏检和误判，所以底片上有效评定区域内不允许有伪缺陷影像。

5. 背散射线检查

背散射线检查即"B"标记检查。透照时在暗盒背面贴一个"B"铅字标记，观片时若发现在较黑的背景上出现"B"字较淡的影像，说明背散射线严重，应采取防护措施重新透照；若不出现"B"字，或在较淡的背景上出现较黑的影像，则说明背散射防护符合要求。"B"字的黑色影像是由于铅字标记本身引起射线散射产生了附加增感，不能作为底片质量判废的依据。

6. 搭接标记检查

双壁单影透照纵缝的底片，其搭接标记以外应有附加长度 ΔL 才能保证无漏检区。其他透照方式摄得的底片，如果搭接标记按规定摆放，则底片上只要有搭接标记影像即可保证无漏检区，但如果因某些原因搭接标记未按规定摆放，则底片上搭接标记以外必须有附加长度 ΔL，才能保证完全搭接。

二、评片的主要条件与环境设备要求

评片条件和对评片条件的要求是按照眼睛的视觉特性提出的。

眼睛的视觉具有下面三方面的主要特性：一是只对可见光具有感受性；二是具有双重视觉功能，包括明视觉功能和暗视觉功能，明视觉功能是在明亮的条件下的视觉功能，这时候眼睛可以识别颜色和细节；三是视觉的暗适应性，即当照明条件改变时，眼睛的视觉感受灵敏度也将改变，从明亮的条件下转入黑暗的条件时，视觉感受灵敏度将逐步提高。视觉灵敏度逐步提高的过程称为暗适应过程。眼睛充分完成暗适应过程约需经过30min以上的时间，在最初的10min，可识别强度的降低不迅速；在10~20min期间可识别的强度将迅速降低，也就是眼睛的感受灵敏度迅速提高，产生的差别可以达到100倍以上；此后视觉灵敏度的变化又趋于平缓。眼睛在不同的照明亮度下，视觉的灵敏度不同，也就是识别小对比度（或者说较小的黑度差）的能力不同。如图5-1所示给出的是这方面研究的基本结果，从图中可知，在适当的照明亮度时，例如30~2000cd/m²，视觉的亮度对比度阈值可达到一近似常数值0.0175左右，对应的可识别的黑度差 ΔD_{min} 约为0.008。此值与观察时的照明亮度相关，而不是与底片黑度相关。

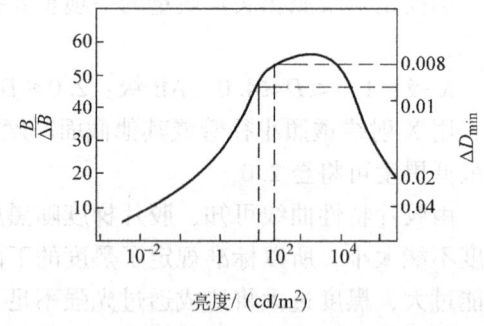

图5-1 小对比度的可识别性与照明亮度的关系

环境设备条件应能提供底片的最大的细节对比度，使评片人员感到舒适且疲劳最小，各种干扰应尽量避免，以保证评片人员能聚精会神的工作。为了充分地识别底片上的细节影像，评片者在进入评片室开始观察底片之前必须经历一定的暗适应时间：从日光下转入评片室的暗适应时间不能少于10min；从室内光线下转入评片室的暗适应时间不能少于30s。在更换底片时，如果破坏了眼睛的暗适应状态，则必须重新进行暗适应过程。

1. 环境

评片室应与其他工作岗位隔离，单独布置，室内光线应柔和偏暗，但不必全黑，一般等于或略低于透过底片光的亮度，应保证杂散光线在评定的底片的表面上不产生较强的反射光线。当存在这些杂散的反射光线时，将会降低观察缺陷时的亮度对比度，这将影响对小细节影像的识别。观片灯两侧应有适当台面供放置底片及记录。黑度计、直尺等常用仪器和工具应靠近放置，便于取用。此外，评片室应具有安静的环境、适宜的温度和新鲜的空气。

2. 观片灯

观片灯光的颜色一般应为日光色，观片灯应有足够的光强度且可调整。当底片评定范围内的黑度 $D \leq 2.5$ 时，透过底片评定范围内的亮度应不低于 $30\text{cd}/\text{m}^2$；当底片评定范围内的黑度 $D > 2.5$ 时，透过底片评定范围内的亮度应不低于 $10\text{cd}/\text{m}^2$。

观片灯应有足够大的照明区，一般不小于 $30 \sim 80\text{mm}$，照明区过小会使人感到观察不方便，实际使用时可采用一系列遮光板改变照明区面积，使其略小于底片尺寸。

照射到底片上的光应是散射的，通常用一块漫射玻璃来实现这一要求。观片灯应散热良好，可使底片与其观察屏接触10min而不致变形或损伤，无噪声。

3. 各种工具用品

评片需用的工具物品包括：

1）放大镜，用于观察影像细节，放大倍数一般为 $2 \sim 5$ 倍，最大不超过10倍。

2）遮光板，观察底片局部区域或细节时，遮挡周围区域的透射光，避免多余光线进入评片人眼中。

3）直尺，最好是透明塑料尺。

4）记号笔，用于在底片上作标记。

5）手套，避免评片人的手指与底片直接接触，产生污痕。

6）文件，提供数据或用于记录的各种规范、标准、图表。

三、人员要求

担任评片工作的人员应符合以下要求：

1）应经过系统的专业培训，并通过法定部门考核确认其具有承担此项工作的能力与资格。

2）应具有一定的评片实际工作经历和经验。

3）除了系统地掌握射线检测理论知识外，还应掌握焊接、材料等相关专业知识。

4）应熟悉射线检测标准及被检测试件的设计制造规范和有关管理法规。

5）应充分了解被检测试件的状况，如材质、焊接和热处理工艺，以及表面形态等。

6）应充分了解所评定的底片的射线照相工艺及工艺执行情况。

7）应具有良好的职业道德，高度的工作责任心。

8）应具有良好的视力。射线检测人员未经矫正或经矫正视力应不低于5.0，评片人员应每年检查一次视力。

模块二 评片基本知识

一、观片的基本操作

观察底片的操作可分为两个阶段，通览底片和影像细节观察。

1. 通览底片

通览底片的目的是获得焊接接头质量的总体印象，找出需要分析研究的可疑影像。通览底片时必须注意，评定区域不仅是焊缝，还应包括焊缝两侧的热影响区，对这两部分区域都应仔细观察。由于余高的影响，焊缝和热影响区的黑度差异往往较大，有时需要调节观片灯亮度，在不同的光强下分别观察。

2. 影像细节观察

影像细节观察是为了作出正确的分析判断。因细节的尺寸和对比度极小，识别和分辨是比较困难的，为尽可能看清细节，常采用下列方法：

1）调节观片灯亮度，寻找最适合观察的透过光强。
2）用纸框等物体遮挡住细节部位邻近区域的透过光线。
3）使用放大镜进行观察。
4）移动底片，不断改变观察距离和角度。

二、投影的基本概念

投影概念对于影像的识别和评定具有重要意义。用一组光线将物体的形状投射到一个面上去，这个过程称为投影，在该面上得到的图像，也称作投影，这个面称为投影面（通常是平面），光线称为投射线。投射线从一点出发时称为中心投影，投射线相互平行时称为平行投影。平行投影中，投射线与投影面垂直的称为正投影，倾斜的称为斜投影（图5-2）。

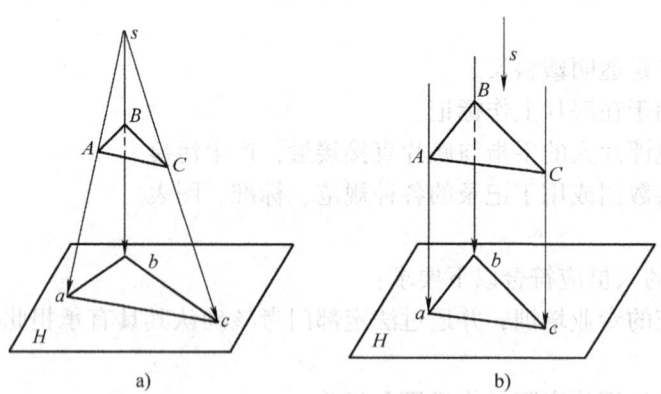

图 5-2 投影概念的图示
a）三角形的中心投影　b）三角形的平行正投影

射线照相就是通过投影把具有三维尺寸的试件（包括其中的缺陷）投射到底片上，转化为只有二维尺寸的图像。由于射线源、物体（试件及缺陷）、胶片三者之间的相对位置和角度不同，会使底片上的影像与实际物体的尺寸、形状、位置有所不同，常见的情况有以下几种：

1. 放大

影像放大是指底片上的影像尺寸大于物体的实际尺寸。由于焦距比射线源尺寸大得多，射线源可视为点源，照相投影可视为中心投影，影像放大程度与 L_1、L_2 有关（图5-3），放大率 M 的计算公式为

$$M = \frac{w'}{w} = \frac{L_1 + L_2}{L_1} = 1 + \frac{L_2}{L_1}$$

一般情况下 $L_1 > L_2$，所以影像放大并不显著，底片评定时一般不考虑放大产生的影响。

2. 畸变

对于同一物体，正投影和斜投影所得到的影像形状不同，如果正投影得到的像视为正常，则认为斜投影的像发生了畸变。

实际照相中，影像畸变大部分是由投射线和投影面不垂直的斜投影造成的。此外，当投影面不是平面时（胶片弯曲），也会引起或加剧畸变。球形气孔在斜投影中畸变影像为椭圆形（图5-3），裂纹影像有时会畸变为一条有一定宽度的，黑度不大的暗带。

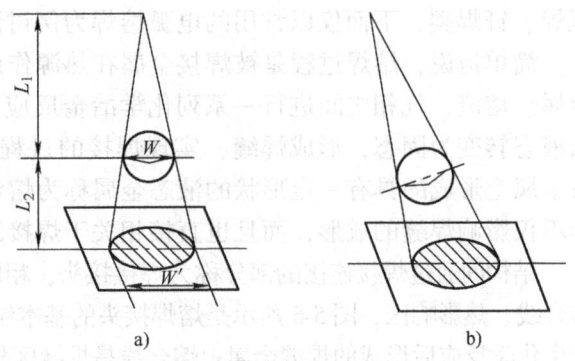

图 5-3　球孔透照时影像的放大与畸变
a) 放大　b) 畸变

畸变会改变缺陷的影像特征，有时给缺陷的识别和评定带来困难。

3. 重叠

影像重叠是射线照相投影特有的情况，由于射线能够穿透物质，试件对于射线是"透明"的，试件上下表面的几何形状影像和内部缺陷影像都能在底片上出现，从而造成影像重叠，例如图5-4所示的底片上 A 点的影像实际上是投射线经过各点 $A1$、$A2$…所得影像的叠加。

射线照相底片上影像重叠的情况有以下几种：试件上下表面几何形状影像重叠，表面几何形状影像与内部缺陷影像重叠，两个或更多的缺陷影像重叠。在评片时应注意分析不同影像的层次关系。

4. 相对位置改变

比较正投影方式照相的底片和斜投影方式照相的底片，可以发现底片上影像的相对位置发生了变化，例如图5-5所示，不同的投影角度使 a、b、c、d 点在底片上的相对位置改变。

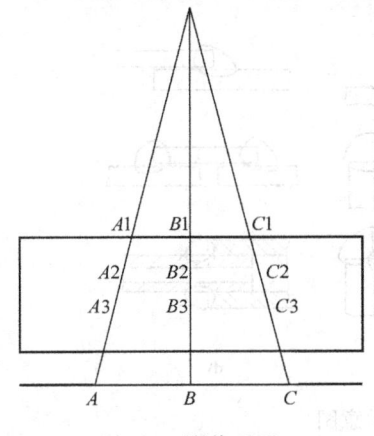

图 5-4　影像重叠

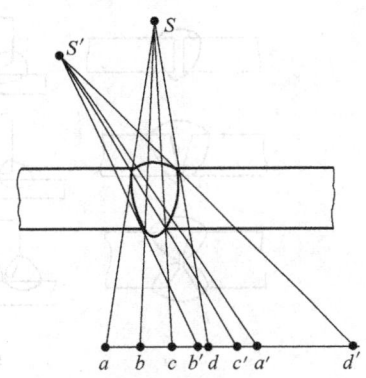

图 5-5　射线照相的影像相对位置改变

影像位置是判断和识别缺陷的重要依据之一，相对位置改变有时会给评片带来困难，需要通过观察，推测投影角度，作出正确判断。

三、焊接缺陷的危害性及分类

焊接从微观上看是材料通过原子或分子间的结合和扩散形成永久性连接的工艺过程。为了达到焊接的目的，焊接工艺常采用两种措施：一是对被焊接金属施加热量，二是对被焊接金属施加压力，使金属表面紧密接触。焊接有多种不同的方法，通常将焊接方法分为熔焊、压焊、钎焊类，下面仅以常用的电弧熔焊为例讨论焊接接头缺陷。

简单地说，熔焊过程是被焊接金属在热源作用下被加热，母材金属局部被熔化，熔化的金属、熔渣、气相之间进行一系列化学冶金反应，伴随着热源移开，熔化的金属开始结晶，从液态转变为固态，形成焊缝，实现焊接的过程。由熔化的母材金属（和焊条金属）在母材金属上形成的具有一定形状的液态金属称为熔池。熔池的形状、体积、存在的时间、温度等不仅影响焊缝的成形，而且也直接相关于焊接缺陷的产生。

结构间通过焊接连接的部分称为焊接接头，粗略地可以把焊接接头分为三个部分：焊缝区、熔合线、热影响区，图5-6所示是熔焊接头的基本结构。焊缝区是由焊条金属和母材金属熔化并发生化学反应后形成的焊缝金属；熔合线是焊缝区外侧至母材部分熔化的区域；热影响区是母材部分熔化区和母材发生固相组织变化的区域，检验时，这三个区都是被检验的区域。

常用的焊接接头形式主要有对接接头、角接接头、T形接头、搭接接头。焊接处一般要加工成一定形状，称为坡口。焊接接头常用的坡口类型，按坡口的形状分为V形坡口、U形坡口、X形坡口、双U形坡口，对薄板焊接接头，常不加工出坡口，或者称为I形坡口。坡口角度（双面）常为60°左右，坡口根部一般有直角钝边，即一定高度的直边区。图5-7所示是V形坡口结构示意图，可按此图理解其他类型坡口。图5-8所示是部分接头的结构示意图。

图5-6 熔焊接头结构
1—母材　2—热影响区　3—焊缝　4—熔合线

图5-7 V形坡口结构

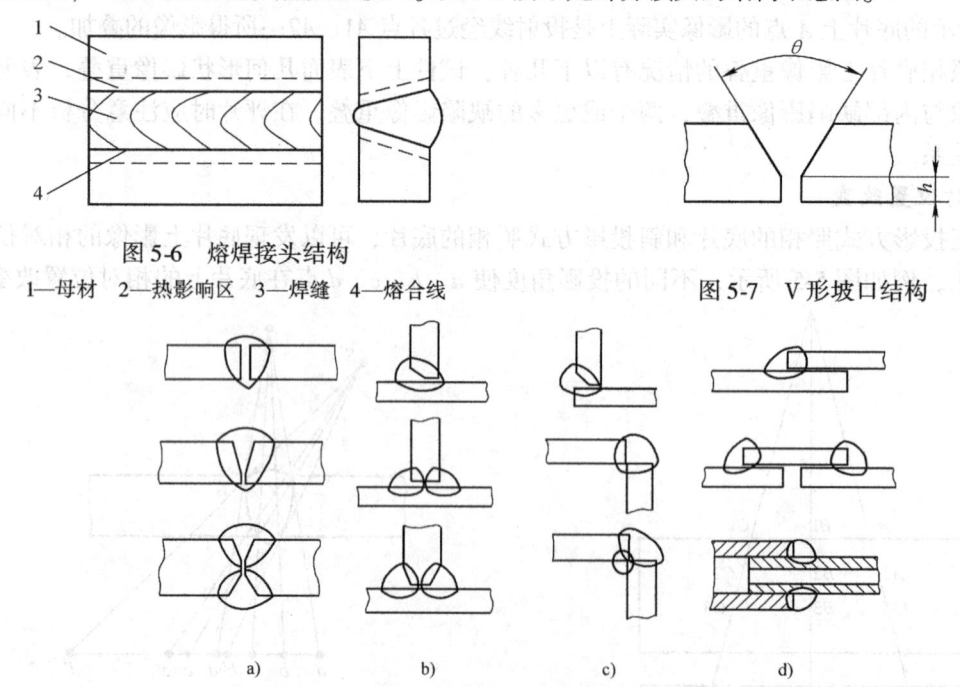

图5-8 部分接头的结构示意图
a) 对接接头　b) T形接头　c) 角接接头　d) 搭接接头

由于焊接工艺不当、焊接操作存在问题、接头准备和焊接材料不符合要求、焊接结构设计不合理等原因，均可造成焊接缺陷。焊接缺陷对锅炉压力容器安全的影响主要表现在三个方面：一是由于缺陷的存在，减少了焊缝的承载截面积，消弱了静力拉伸强度；二是由于缺陷形成缺口，缺口尖端会发生应力集中和脆化现象，容易产生裂纹并扩展；三是缺陷可能穿透筒壁，发生泄露，影响致密性。

金属熔化焊焊接接头中的缺陷可以分为以下五类：

1. 裂纹

裂纹是指材料局部断裂形成的缺陷。焊接过程中产生的裂纹是多种多样的，可分布在接头的各个部位，图5-9所示是各部位可能出现的裂纹示意图。按照裂纹产生的原因，可将其分为五类：热裂纹、冷裂纹、再热裂纹、层状撕裂和应力腐蚀裂纹。

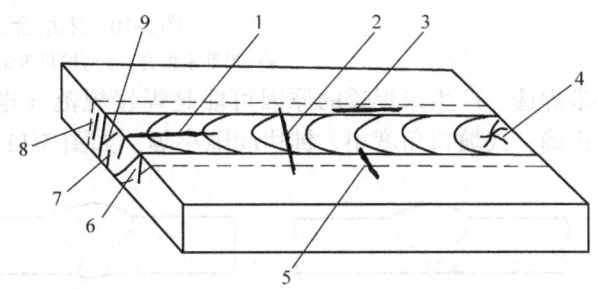

图5-9 焊缝裂纹分布示意图
1—焊缝纵向裂纹 2—焊缝横向裂纹 3—热影响区纵向裂纹
4—弧坑裂纹 5—热影响区横向裂纹 6—焊趾裂纹
7—焊缝根部裂纹 8—焊道下裂纹 9—焊缝内晶间裂纹

1）热裂纹是在高温下由拉应力作用产生的裂纹。由于焊接过程是一个局部不均匀加热和冷却的过程，因此必然产生拉应力，在拉应力的作用下，焊缝的薄弱处发生开裂，形成热裂纹。

2）冷裂纹是在焊后较低的温度下产生的裂纹，它与焊接金属材料的成分和特性、材料与氢的作用和拘束应力密切相关。冷裂纹有的在焊后立即出现，有的在焊后数小时或数天才出现，即它是一种延迟裂纹。冷裂纹常出现在热影响区、熔合线附近和焊缝根部。

3）再热裂纹是焊后进行消除应力的热处理过程中产生的裂纹，它一般出现在热影响区、熔合线附近。

4）层状撕裂是由于母材金属中原有的夹杂物在焊接应力作用下导致的开裂，它总是出现在热影响区或母材金属中。

5）应力腐蚀裂纹是某些材料在某些介质中，由于拉应力的作用所产生的延迟裂纹，它是腐蚀介质和拉应力共同作用产生的，主要由表面向深度方向发展。

2. 未熔合

未熔合是母材金属与焊缝金属之间局部未熔化成为一体，或焊缝金属之间未熔化成为一体而造成的缺陷。

产生未熔合的原因可能是焊接规范（电压、电流、预热等）不适当，焊接操作不正确，或坡口角度小、清理不符合要求等。

按照未熔合出现的位置，常将其分为三种：根部未熔合、坡口未熔合、层间未熔合（图5-10）。根部未熔合是指坡口根部处发生的焊缝金属与母材金属未熔化成一体的缺陷，坡口未熔合是指坡口侧壁处发生的焊缝金属与母材金属未熔化成一体的缺陷，层间未熔合是多层焊时各层焊缝（焊道）金属之间未熔化成一体的缺陷。

3. 未焊透

未焊透是母材金属之间局部未熔化成为一体的缺陷，它出现在坡口根部，因此常称为根

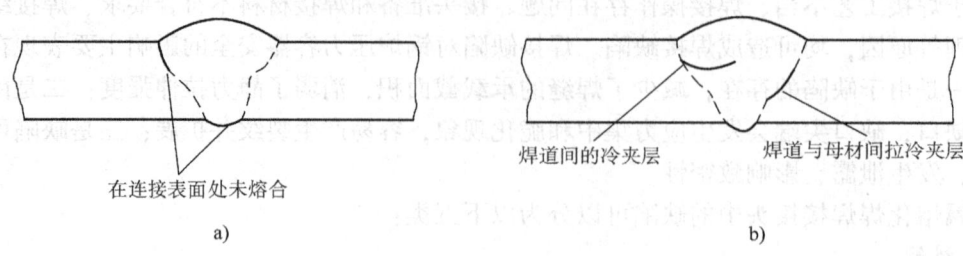

图 5-10 未熔合示意图

a) 根部未熔合　b) 坡口未熔合、层间未熔合

部未焊透。产生未焊透的原因可能是焊接规范（电压、电流、预热等）不适当，焊接操作不正确，或坡口角度小、钝边间隙小等，如图 5-11 所示。

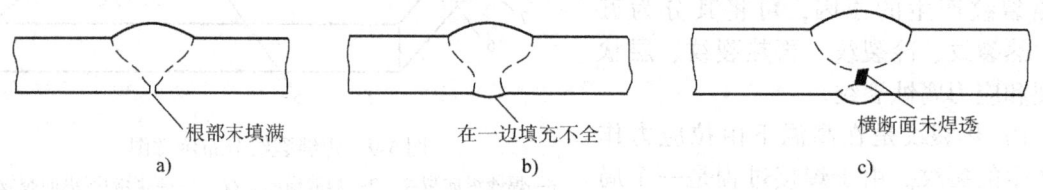

图 5-11 未熔合示意图

a) 根部未焊透　b) 错边未焊透　c) 横断面未焊透

4. 夹杂物

焊缝中残留的各种非熔焊金属物质称为夹杂物。夹杂物一般分为两类：夹渣和夹钨。

夹渣是焊后残留在焊缝内的焊渣和焊接过程中产生的各种非金属杂质，如氧化物、氮化物、硫化物等。夹钨是钨极惰性气体保护焊时，熔入焊缝中的钨粒，夹钨也称为钨夹杂。焊缝中产生夹渣的主要原因是焊接电流小或焊接速度快，使杂质不能与液态金属分开并浮出。在多层焊时，如果前一层的焊渣清理不彻底，焊接操作又未能将其完全浮出，也会在焊缝形成夹渣。夹钨主要是焊接操作不当使钨极进入熔池，或焊接电流过大导致钨极熔化，落入熔池形成钨夹杂。

5. 气孔

气孔是焊缝中常见的缺陷，它是在熔池结晶过程中未能逸出而残留在焊缝金属中的气体形成的孔洞。

在焊接过程中，焊接区内充满了大量气体，气孔的形成都将经历下面的过程：熔池内发生气体析出，析出的气体聚集形成气泡，气泡长大到一定程度后开始上浮，上浮过程中受到熔池金属的阻碍不能逸出，被留在焊缝金属中形成气孔。焊缝中形成气孔的气体主要是氢气和一氧化碳，如图 5-12 所示。

6. 成形不良

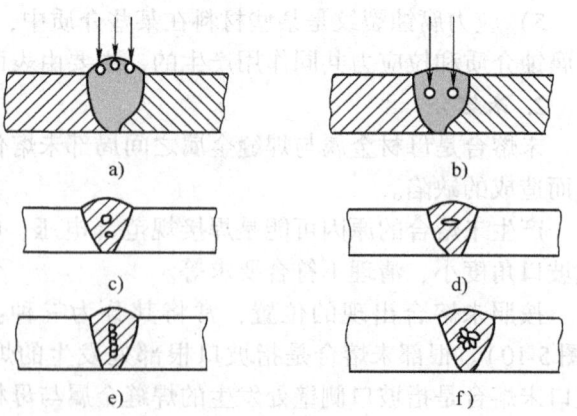

图 5-12 气孔

a) 表面气孔　b) 内气孔　c) 圆形气孔
d) 椭圆气孔　e) 链状气孔　f) 蜂窝状气孔

由于焊接规范不当或焊接操作不当，会造成焊缝成形不良缺陷。常见的主要成形不良缺陷有：咬边、烧穿、焊瘤。此外还有一些其他成形不良缺陷，如收缩沟（内凹）、塌陷等。

咬边是在母材金属表面上沿焊趾产生的沟槽，产生咬边的原因主要是焊接电流过大、电弧过长、焊条角度不正确等，如图 5-13 所示。咬边是一种危险的缺陷，它减少了母材金属的有效截面，造成应力集中，容易引起裂纹。

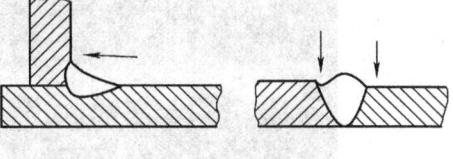

图 5-13　咬边

烧穿是由于熔化深度超出母材金属厚度，熔化金属自坡口背面流出，形成穿孔缺陷，如图 5-14 所示。产生这种缺陷的原因主要是焊接电流过大、焊接速度过慢、坡口间隙过大。

焊瘤是熔化的金属流到焊缝外或流到未熔化的母材金属上形成的金属瘤，产生焊瘤的主要原因是操作不熟练，如图 5-15 所示。

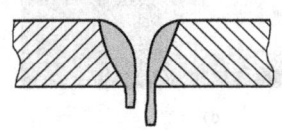

图 5-14　烧穿

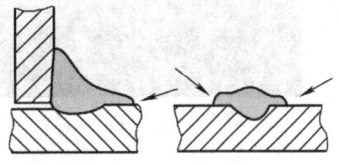

图 5-15　焊瘤

模块三　底片影像分析

底片上的影像千变万化，形态各异，很难用文字表达叙述清楚，人眼的感观识别只有在大量的观片实践中积累经验，才能对底片上的影像作出正确的判断。按其来源大致可将影像分为三类：由缺陷形成的缺陷影像；由试件外观形状造成表面几何影像；由于材料、工艺条件或操作不当造成的伪缺陷影像。对于底片上的每一个影像，评片人员都应能够作出正确解释。影像分析和识别是评片工作的重要环节，也是评片人员的基本技能。

一、焊接缺陷影像

1. 裂纹

底片上裂纹的典型影像是轮廓分明的黑线或黑丝，影像的黑度可能较大，也可能较小，容易与其他缺陷的影像区别。常见的裂纹影像有：线状、星（辐射线）状、簇状。星状裂纹主要是出现在起弧或收弧处弧坑内的裂纹，所以也常称为弧坑裂纹，其细节特征包括：线有微小的锯齿、分叉，粗细和黑度有时有变化，有些裂纹影像呈较粗的黑线与较细的黑丝相互缠绕状，线的端部尖细，端头前方有时有丝状阴影延伸。图 5-16 所示是裂纹缺陷的影像。

各种裂纹的影像差异和变化较大，因为裂纹影像不仅与裂纹自身形态有关，而且与射线能量、工件厚度、透照角度、底片质量等许多因素有关。例如，透照时射线束方向与裂纹深度方向平行，得到的裂纹影像是一条黑线，随着透照角度逐渐增大，黑线将变宽，同时黑度变小，透照角度更大时，可能只出现一条模糊的宽带阴影，完全失去了裂纹影像特征。又如，薄板焊缝的裂纹影像比较清晰，各种细节特征都可以显示出来，而当透照厚度增加后，

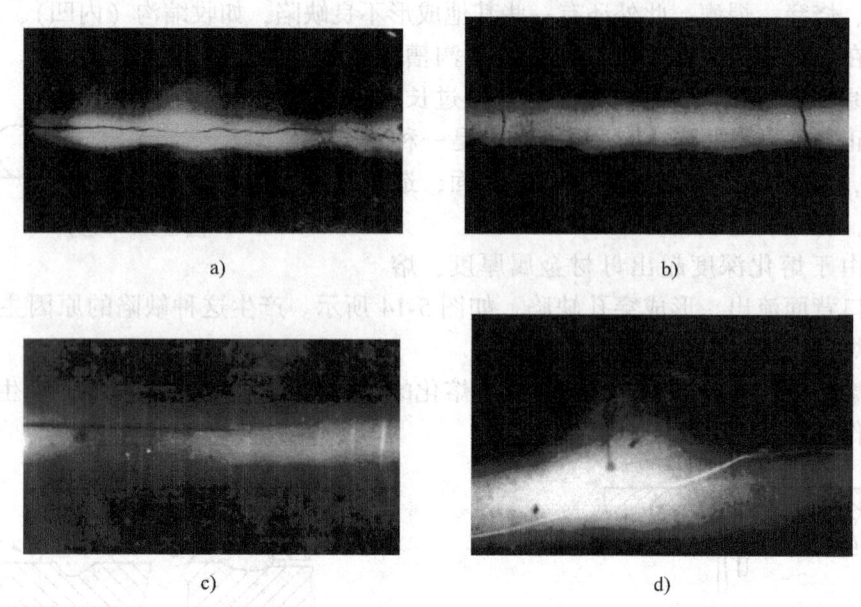

图 5-16 裂纹
a）纵向裂纹 b）横向裂纹 c）开口裂纹 d）丁字接头处裂纹

细节特征可能有一部分丧失，甚至完全消失，影像将发生很大变化。所以在影像分析时，要注意各种因素对裂纹影像变化的影响。

裂纹可能发生在焊接接头的任何部位，包括焊缝和热影响区。

2. 未熔合

底片上未熔合影像的形态与射线束的方向有关，一般情况下它呈现为模糊的线条状影像或断续的线点状影像，线条沿焊缝方向延伸，位置与未熔合的位置相关。影像的黑度与背景的黑度差比较小，有时影像的一侧呈现直边。

1）根部未熔合的典型影像是一条细直黑线，线的一侧轮廓整齐且黑度较大，为坡口钝边痕迹，另一侧轮廓可能较规则也可能不规则。根部未熔合在底片上的位置应是焊缝根部的投影位置，一般在焊缝中间，因坡口形状或投影角度等原因也可能偏向一边，如图 5-17 所示。

2）坡口未熔合的典型影像是连续或断续的黑线，宽度、黑度不均匀，靠近母材侧轮廓较齐，黑度较大，靠近焊缝中心侧轮廓不规则，多为弯曲状，黑度较小，在底片上的位置一般在焊缝中心至边缘的 1/2 处，沿焊缝纵向延伸，如图 5-18 所示。该缺陷多伴随夹渣同生，此时称为黑色未熔合；若不含夹渣，则多含有气隙，此时称为白色未熔合。沿坡口方向透照时，会得到黑度大，轮廓清晰的细线状夹渣影像。

3）层间未熔合的典型影像是黑度不大的块状阴影，形状不规则，轮廓不清晰，如伴有夹渣，夹渣部位的黑度较大。层间未熔合影像出现的位置和影像的形状与条状夹渣或片状夹渣类似，但未熔合影像的黑度比夹渣影像的黑度要低很多，而且轮廓也模糊。未熔合是射线照相容易漏检的缺陷，特别是层间未熔合，在评片时应注意识别这种缺陷。

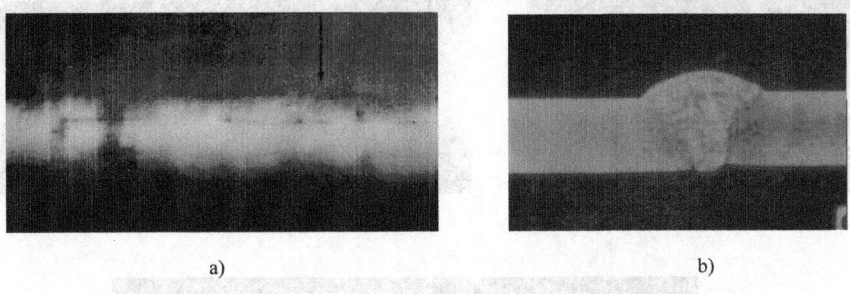

图 5-17　根部未熔合
a) 影像　b) 剖面图

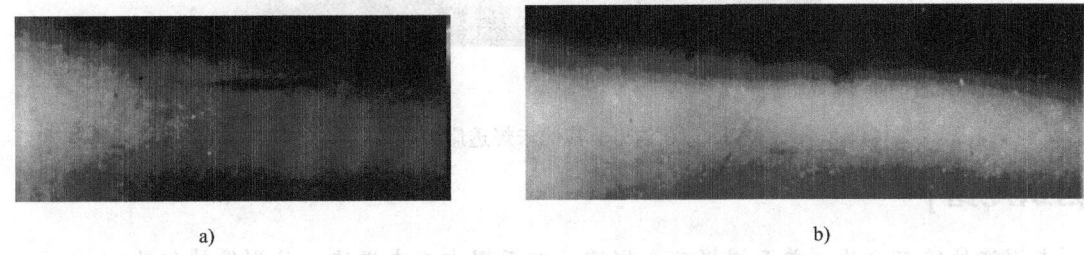

图 5-18　坡口未熔合
a) 坡口两侧母材与焊缝未熔合　b) 层间未熔合

3. 未焊透

未焊透是底片上容易识别的缺陷。由于坡口存在直的机械加工边，而且坡口直边又位于焊缝中心（特别是对于单面焊对接接头），因此未焊透缺陷的典型影像是细直黑线，两侧轮廓都很整齐（为坡口钝边痕迹），宽度恰好为钝边间隙宽度，如图 5-19 所示。

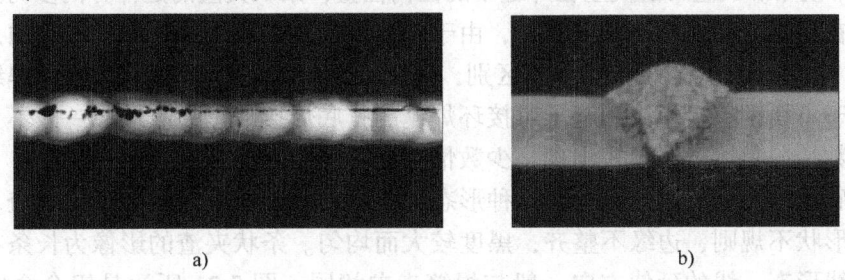

图 5-19　未焊透
a) 影像（局部有气孔）　b) 剖面图

实际中看到的未焊透缺陷影像还可能是其他形态，如断续的黑线，或伴随其他形态影像的线状影像，或有一定宽度的条状影像等。有时坡口钝边有部分熔化，影像轮廓就变得不整齐，线宽度和黑度局部发生变化，但只要能判断是处于焊缝根部的线性缺陷，即可将其判定为未焊透，如图 5-20 所示。

未焊透缺陷影像在底片上处于焊缝根部的投影位置，一般在焊缝中部，因透照偏、焊偏等原因也可能偏向一侧。未焊透缺陷影像呈断续或连续分布，有时能贯穿整张底片，由于透照方向的不同，也可能出现在偏离中心的位置。

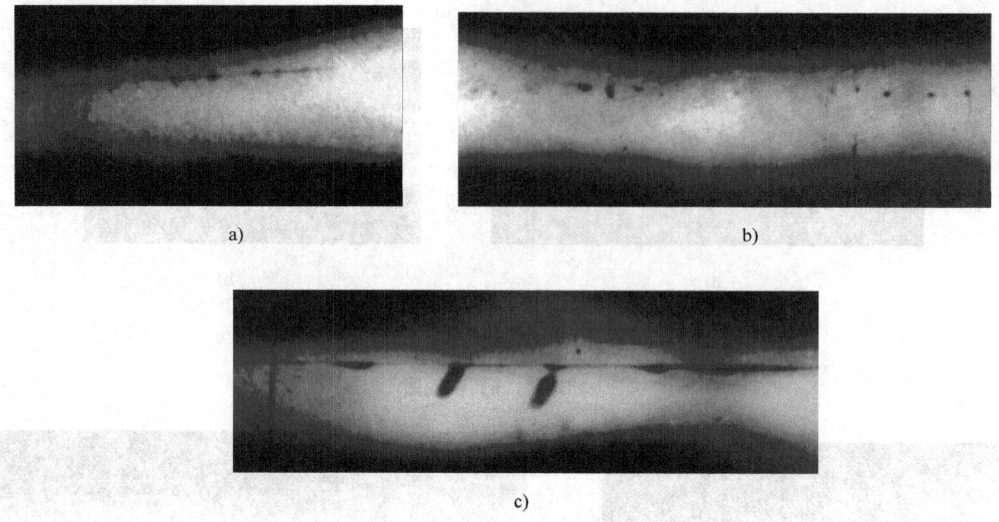

图 5-20 其他未焊透影像

【归纳总结】

未焊透缺陷可分为：单面焊根部未焊透、双面焊中心未焊透，其影像特征为：
A. 细直黑线，两侧轮廓整齐。
B. 呈连续或断续分布。
C. 出现在焊缝中部。

4. 夹渣

非金属夹渣在底片上的影像是黑点、黑条或黑块，形状不规则，黑度变化无规律，轮廓不圆滑，有的带棱角。夹渣可能发生在焊缝中的任何位置，条状夹渣的延伸方向多与焊缝平行。

钨夹渣在底片上的影像是一个白点，由于钨对射线的吸收系数很大，因此白点的黑度极小（极亮），据此可将其与飞溅影像相区别，钨夹渣只产生在非熔化极氩弧焊焊缝中，该焊接方法多用于不锈钢薄板焊接和管子对接环焊缝的打底焊接。钨夹渣尺寸一般不大，形状不规则，大多数情况是以单个形式出现，少数情况以弥散状态出现。

夹渣在底片上常见的影像主要有三种形态：点状夹渣、密集夹渣和条状夹渣。其影像的主要特点是形状不规则，边缘不整齐，黑度较大而均匀。条状夹渣的影像为长条状、具有一定宽度的暗线形态，线的延伸方向一般与焊缝走向相同。图 5-21 所示是铝合金中的夹渣缺陷影像。图 5-22 所示是夹钨缺陷影像。

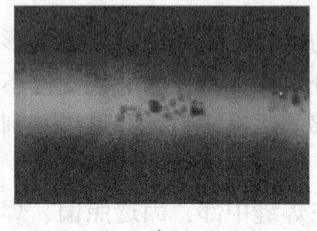

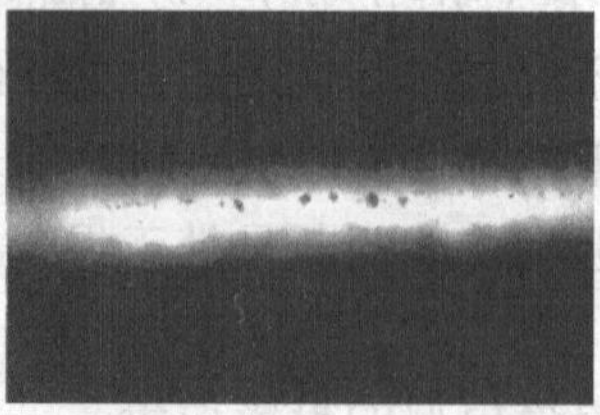

图 5-21 夹渣缺陷
a）密集夹渣滓 b）链状夹渣

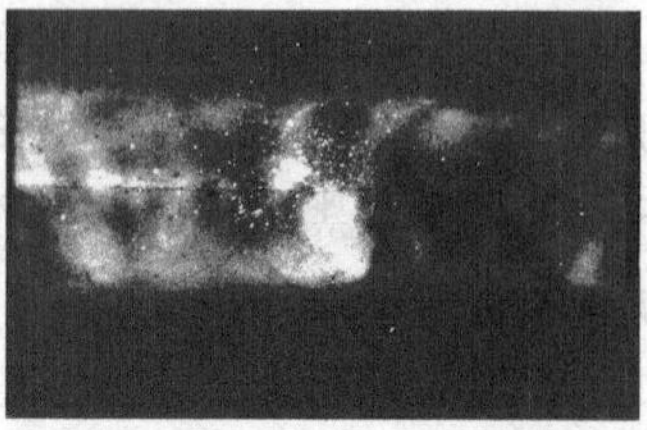

图 5-22 夹钨（伴有未焊透）

【归纳与扩展】

非金属点状夹渣的影像特征为：
A. 外形不规则的点状，轮廓清晰且有棱角。
B. 黑度淡而均匀。
C. 分布有单个或密集的情况。

金属点状夹渣的影像特征为：
A. 夹钨：呈现为白色点状亮点，轮廓清晰。
B. 夹铜：呈现为灰白色不整齐的影像。
C. 夹珠：圆形的灰白色影像，在白色的影像周围有黑度大于焊缝金属的黑色圆圈，如同符号⊙的形状。

条状夹渣的影像特征为：
A. 形状不规则，两端有棱角。
B. 宽窄不一，黑度不均匀，轮廓清晰。
C. 沿焊缝方向延伸成条状。

5. 气孔

气孔在底片上的影像是黑色圆点，也有呈椭圆形、长圆形（梨形）、条形、黑线（线状气孔）或其他不规则形状的，气孔的轮廓比较圆滑，其黑度中心较大，边缘稍小，如图 5-23 所示。气孔常见的分布形态主要有四种：孤立气孔、密集气孔、链状气孔、虫孔。孤立气孔可能以多种形状出现，链状气孔是指排列在一条直线上、间隔一定距离的多个气孔，虫孔主要是一氧化碳沿结晶方向分布形成的气孔，其可能是单侧分布，也可能是双侧分布。

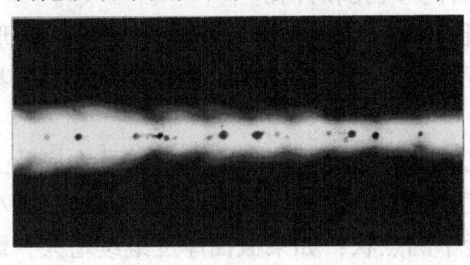 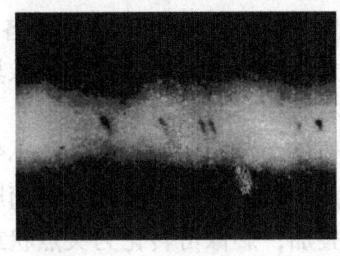

a)　　　　　　　　　　　b)

图 5-23　气孔

a）链状气孔　b）虫孔

气孔可以发生在焊缝中任何部位，手工单面焊的根部线状气孔，双面焊的根部链状气孔，焊缝中心线两侧的虫状气孔是发生部位与气孔形状有对应规律的例子。

"针孔"是直径较小的特殊气孔，影像黑度很大，一般发生在焊缝中心。"夹珠"是气孔与夹渣共同作用的特殊缺陷，它是由前一道焊接程序生成的气孔，在后续焊接过程中被熔穿，液态金属流进气孔的空间而形成的，底片上的影像为黑色气孔中间包含着一个白色圆珠。

二、铸件缺陷影像

铸造是通过制造铸型，熔炼金属或合金，并将金属熔液浇入铸型，在金属熔液凝固后获得一定形状和性能工件的工艺过程，它是工件成型的基本方法之一，广泛应用于各个工业领域。

铸件的质量，除了直接与铸造金属相关外，还与下列因素相关：

1）铸件设计。
2）铸件制造工艺。
3）铸造过程中的操作。

它们共同影响液态金属的性质、液态金属的充型能力和铸件的凝固过程，也就决定了铸件的质量。

铸件中常见的内部缺陷可分为下面四类：
1）孔洞类缺陷：如气孔、针孔、缩孔、缩松、疏松。
2）裂纹类缺陷：如冷裂纹、热裂纹、白点、冷隔。
3）夹杂类缺陷：如夹杂物、夹渣（渣孔）、砂眼。
4）成分类缺陷：偏析。

下面介绍主要缺陷的产生、特点及其在底片上影像的特点。

1. 气孔

气孔是熔化的金属在凝固过程中，金属熔液中的气体未能逸出，在铸件中形成的孔洞。气孔是铸件中最常见的缺陷之一。按照气孔产生的原因，可将其分为三类：侵入气孔、析出气孔和反应气孔。

侵入气孔是在浇注的过程中，铸型、型芯由于急剧加热挥发出的气体，或粘接剂等有机物燃烧产生的气体，或型腔中未逸出的气体，进入金属熔液中形成的气孔。析出气孔是溶解在金属熔液中的气体，在冷却、凝固过程中，由于温度降低或外界压力降低，使溶解度降低，而从金属熔液中析出形成的孔洞。反应气孔是金属熔液与铸型或金属熔液中的某些元素之间发生化学反应产生的气体所造成的气孔。

气孔缺陷在底片上常见的形态主要有两种：气孔和针孔。

气孔的影像在底片上可以呈现为各种形态，如孤立的或成群的圆形、椭圆形、梨形暗斑，它轮廓光滑、影像鲜明，整个影像黑度较大，无明显变化。较大的气孔很容易识别，但细小的气孔有时很难与夹渣区分。

针孔是铸件中散布比较均匀的细小气孔。铸件截面厚度较小时，针孔在底片上呈现为均匀散布的暗点状影像，影像清晰；截面厚度较大时，针孔影像模糊，这时由于细小气孔在厚度方向上的叠加，影像可转化为尖点状或近于圆点状；如果截面厚度继续增大，影像将变成模糊的云片状。图 5-24 所示是气孔缺陷影像，图 5-25 所示是针孔缺陷影像。

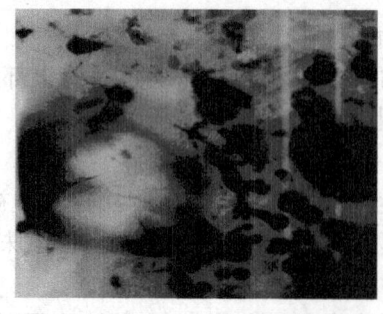
图 5-24　气孔（补焊区存在裂纹）

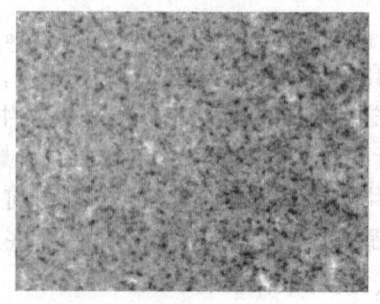
图 5-25　针孔

2. 夹杂物

夹杂物缺陷是铸件中含有的，与铸件基本成分不同的各种金属异物和非金属异物造成的缺陷。

夹杂物可分为三类：金属夹杂物、夹渣、砂眼（夹砂）。这些夹杂物多集中于铸件的某个部位，如铸件的上表面，内浇注系统附近等。

（1）金属夹杂物　常见的金属夹杂物主要是混杂在铸件金属熔液中的其他种类的金属块，因此它具有一定的几何形状，视其与铸件金属相比密度的大小、原子序数的高低，它的影像黑度与背景黑度不同，常为片状，整个影像的黑度比较一致。

（2）夹渣　夹渣来源于金属熔液的内部反应，以及熔炼过程中形成和分离出来的浮渣、熔剂残渣、脱落的铸型材料等。经常出现的夹渣是炉渣、氧化物等，它们化学成分复杂，形状极不规则，多数情况下集中在铸件的某个部位，以比较密集或分散的状态出现。在底片上它们影像的基本形态是在一定范围内分布的颗粒状的黑斑，影像的轮廓比较清楚，黑度与背景黑度相差较大。

（3）砂眼　砂眼是充塞型砂的孔洞，是由于铸型受到冲刷，致使型砂脱落并残留在铸件中造成的缺陷。在底片上其整体影像的形状可能极不规则，但影像黑度具有颗粒状特征，特别在影像边缘区。

图 5-26 所示是夹渣的典型影像。

图 5-26　夹渣

3. 缩孔与缩松

铸件在冷却和凝固过程中，会发生液态收缩和固态收缩，由于铸件设计的特点，铸型设计存在的不足和浇注操作不当等，会造成补缩不足，在铸件中产生孔洞。集中的大孔洞称为缩孔，分散而细小的孔洞称为缩松。缩孔与缩松在底片上呈现的常见形态是集中性孔洞、纤维状缩孔和海绵状缩松。

通常所说的缩孔特指集中性孔洞，在底片上它呈现为形状不规则、黑度比背景高出较多的暗斑影像，其分布没有确定的方向，面积较大，轮廓一般清晰。纤维状缩孔在底片上呈现为树枝状、黑度较大的影像，影像具有主干、主枝、次枝等特征。由于其形状的特殊性，这种缺陷影像容易识别。海绵状缩松由许多相互连结的小孔洞构成，在底片上呈现为云雾状影像，它总有一定的面积分布。如图 5-27、图 5-28、图 5-29 所示是缩孔与缩松缺陷的影像。

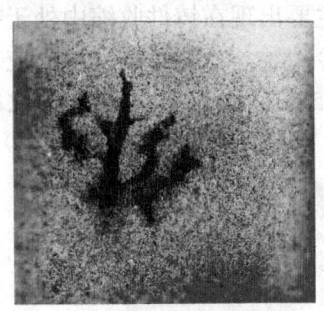
图 5-27　缩孔

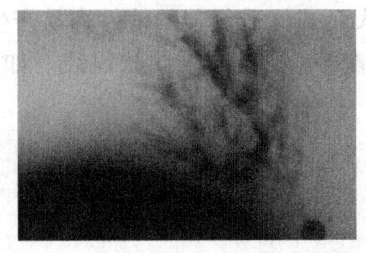
图 5-28　纤维状缩孔

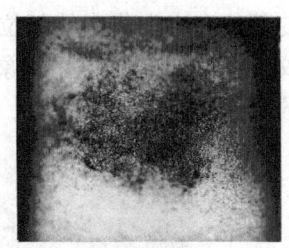
图 5-29　海绵状缩松

4. 疏松（显微缩松）

在铸件冷却和凝固的过程中，由于补缩不足，在其缓慢凝固区出现的很细小的孔洞区称为疏松，也称为显微缩松。在不同合金中，疏松可出现不同的形态，常见的形态主要有一般疏松、中心疏松、层状疏松和分散状疏松。

一般疏松是细小、分立的孔洞，分布在铸件的整个厚度范围内，在底片上呈现的影像与铸件厚度有关。对薄的截面，一般疏松显示为细的网纹影像；对厚的截面，由于孔洞的相互重叠，它将显示为模糊的暗斑。当它分布在铸件中心区时，影像显示为模糊的暗斑，常称为中心疏松。

在镁合金中，细小的孔洞系常形成层状分布，在底片上呈现为条纹状影像，条纹的黑度不大，总是多条同时出现，并具有整体相同的走向，常称为层状疏松。

分散状疏松是细小、相互连接的孔洞，常集中分布在铸件的某个范围内，在底片上呈现为小长条状的网状影像。

如图 5-30、图 5-31、图 5-32 所示是疏松缺陷的一些影像。

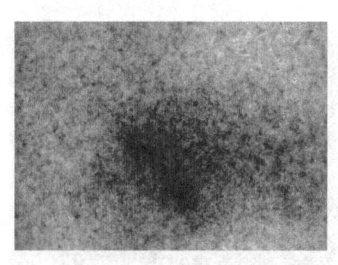 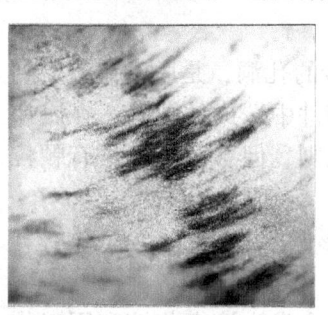 

图 5-30　中心疏松　　　　图 5-31　层状疏松　　　　图 5-32　分散状疏松（伴有针孔）

5. 裂纹

铸件在凝固末期和常温的冷却过程中，其收缩可能受到阻碍，这些阻碍作用将导致在铸件中产生应力，当应力超过铸件金属当时的强度时将引起开裂，造成裂纹缺陷。

铸件中出现的裂纹可分为两类：热裂纹和冷裂纹，它们产生的原因不同，特点不同，底片上的影像也具有不同的特征。

热裂纹是高温液态金属凝固时，由于收缩应力超过了金属当时的强度，或变形超过了金属的塑性而产生的裂纹。它主要出现在铸件的拐角处、截面厚度突变处和最后凝固处。在底片上它呈现为不规则的黑线状影像，黑线常为波折状，有时可形成分叉。冷裂纹是铸件在较低温度下，由于铸造应力超过了合金的强度而产生的裂纹。它主要出现在铸件收缩中处于拉伸的部位和应力集中的部位。大型或构造复杂的铸件容易产生冷裂纹。冷裂纹也常称为应力裂纹，在底片上的典型影像是微弯、平滑的直线状黑线。如图 5-33、图 5-34 所示是裂纹缺陷的影像。

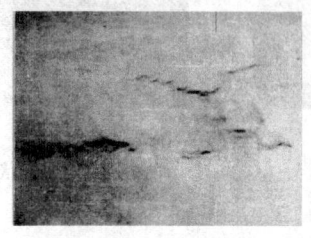 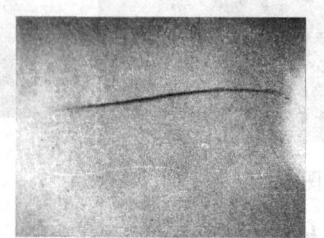

图 5-33　热裂纹　　　　　　　　　　　　图 5-34　冷裂纹

6. 冷隔

在铸件中金属流汇合处，如果金属熔液熔合不完全或金属熔液不连续，那么在铸件中将产生穿透或未穿透的缝隙，即冷隔缺陷。产生冷隔的原因主要是金属熔液温度低、铸型表面或冷铁激冷度过大、充型速度不正确、浇注系统不合理等。冷隔缺陷主要出现在铸件远离浇注系统的宽大表面处和薄壁处。在底片上，冷隔缺陷常呈现为宽度比较均匀、缺少变化、平滑的黑线影像或呈现为片状的影像。图5-35 所示是冷隔缺陷影像。

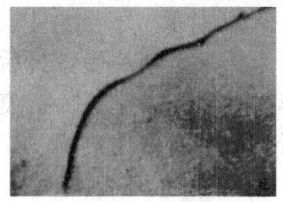

图 5-35 冷隔

7. 偏析

铸件凝固后出现的化学成分不均匀性称为偏析，即局部区域的某种合金成分过多或过少。

偏析可分为三种类型：一般偏析、局部偏析和带状偏析。一般偏析是某种合金成分均匀地在很小范围内集中，形成大量的小的偏析区域。带状偏析是不同合金成分以层状交替分布在铸件中，主要发生在离心铸造的铸件中。一般偏析和带状偏析在一般情况下都不被认为是缺陷。

局部偏析（或称为集中偏析）可以出现多种形态，常见的是缩孔或热裂纹的整体或局部被低熔点的合金成分（或化合物）填充形成的偏析，它们也分别被称为收缩偏析和热裂偏析。对于由铝镁合金形成的局部偏析，它们在底片上的影像呈现为黑度小于背景黑度的裂纹状形态，所以很容易识别，也常称其为白裂纹。在收缩偏析或热裂偏析中也可能含有夹渣。图 5-36 所示是不含夹渣的收缩偏析，图 5-37 所示是含有夹渣的收缩偏析。

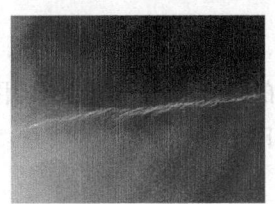

图 5-36 收缩偏析

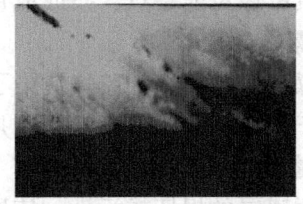

图 5-37 含有夹渣的收缩偏析

8. 型芯撑未熔

型芯撑是用于支撑铸模内型芯的金属器件，通常它用与铸件相同的金属材料制做。当熔化的合金熔液与其接触时，它应被熔化。如果型芯撑未熔化或仅部分熔化，所产生的缺陷称为型芯撑未熔。型芯撑未熔缺陷类似于冷隔缺陷，是一种不允许存在的缺陷。

三、常见伪缺陷影像及识别方法

伪缺陷是指由于照相材料、工艺或操作不当在底片上留下的影像，常见的有以下几种：

1. 划痕

划痕是胶片被尖锐物体（指甲、器具尖角、胶片尖角、砂粒等）划过，在底片上留下的黑线。划痕细而光滑，十分清晰，识别方法主要是借助反射光观察时，可以看到底片上药膜有划伤痕迹。

2. 压痕

胶片局部受压会引起局部感光，从而在底片上留下压痕。压痕是黑度很大的黑点，其大小与受压面积有关，借助反射光观察，可以看到底片上的药膜有压伤痕迹。

3. 折痕

折痕是胶片受弯折后发生减感或增感效应引起的影像。胶片在曝光前受折，折痕为白色影像，曝光后受折，折痕为黑色影像，最常见的折痕形状呈月牙形。借助反射光观察，可以看到底片有折伤痕迹。

4. 水迹

由于水质不好或底片干燥处理不当，会在底片上出现水迹。水迹可能发生在底片的任何部位，影像黑度一般不大。水滴流过的痕迹影像是一条黑线或黑带，直而光滑，可以找到起点和终点。水滴最终停留的痕迹是黑色的点或弧线。借助反射光观察，有时可以看到底片上水迹处药膜有污物痕迹。

5. 静电感光

切装胶片时，因摩擦产生的静电发生放电现像使胶片感光，会在底片上留下黑色影像。静电感光影像以树枝状最为常见，也有点状或冠状斑纹影像。静电感光影像比较特殊，易于识别。

6. 显影斑纹

因曝光过度或显影液温度过高、浓度过大导致的快速显影，以及显影时搅动不及时等原因均会造成显影不均匀，从而产生显影斑纹。显影斑纹呈黑色条状或宽带状，在整张底片范围出现，影像对比度不大，轮廓模糊，一般不会与缺陷影像混淆。

7. 显影液沾染

显影操作开始前，如胶片上沾染了显影液，沾上显影液的部位会提前显影，黑度比其他部位大，其影像可能是点、条或成片区域的黑影。

8. 定影液沾染

显影操作开始前，如胶片沾染了定影液，沾上定影液的部位会发生定影作用，使得该部位黑度小于其他部位，其影像可能是点、条或成片区域的白影。

9. 增感屏伪缺陷

由于增感屏的损坏或污染，使局部增感性能改变而在底片上留下的影像称为增感屏伪缺陷。如增感屏上的裂纹或划伤会在底片上造成黑色伪缺陷影像，而增感屏上的污物会在底片上造成白色影像。

增感屏引起的伪缺陷在底片上的形状和部位与增感屏上完全一致。当增感屏重复使用时，伪缺陷会重复出现，避免此类伪缺陷的方法是经常检查增感屏，及时淘汰损坏了的增感屏。

底片上其他伪缺陷还有：因胶片质量不好或暗室处理不当引起的药膜脱落、网纹、指印、污染等，因胶片保存或使用不当造成的跑光、霉点等。

四、表面几何影像的识别

对于焊接件，表面几何影像是指由于试件的结构和外观形状投影形成的影像，大致可分为以下几类：

1. 试件结构影像

由母材厚度的变化、焊缝垫板、试件内部结构件投影等因素造成的影像称为试件结构影像。

2. 焊接成形影像

由焊缝余高、根部形状、焊缝表面波纹、焊道间沟槽等生成的影像称为焊接成形影像。

3. 焊接形状缺陷影像

如前文所述的咬边、烧穿、内凹、收缩沟、弧坑、焊瘤、未填满、搭接不良等因焊接造成的表面缺陷的影像称为焊接形状缺陷影像。

咬边缺陷在底片上的影像类似于夹渣，但它一定出现在焊缝区两侧，因此容易识别。

烧穿缺陷在底片上的影像呈现为低黑度的圆环或椭圆环及中心高黑度的暗斑，中心暗斑是由滴落金属熔液后形成的孔洞形成的影像，低黑度的环则是过多的熔化金属造成较大的焊缝背面下沉形成的影像。

焊瘤在底片上呈现为具有圆滑轮廓的较大的低黑度斑点影像，它可能出现在焊缝区内（焊瘤在焊缝背面），但大多数情况出现在焊缝两侧。

4. 表面损伤影像

由非焊接因素造成的表面缺陷的影像称为表面损伤影像，如机械划痕、压痕、表面撕裂、电弧烧伤、打磨沟槽等。

为能正确地识别表面几何影像，首先要求评片人员仔细了解试件结构和焊接接头形式，其次评片人员应熟悉不同焊接方法和焊接位置的焊缝成形特点。此外，评片人员应注意焊缝外观检查的结果，掌握试件的表面质量状况，对可能影响缺陷识别的表面几何形状进行打磨，评片时应注意对表面缺陷的核查。

对于底片上焊接形状缺陷的影像和表面损伤的影像，主要根据其位置、形状、表面结晶形态及影像轮廓清晰度等特征来加以识别。

五、底片影像分析要点

底片上包含着丰富的信息，评片人员从底片上能够获得的不仅仅是缺陷情况，还能了解到一些试件结构、几何尺寸、表面状态及焊接和照相投影等方面的情况，注意提取上述信息并进行综合分析，有助于作出正确的评定。

下面简要叙述观察底片时应提取的信息要点及影像分析的一般方法。只有在理论学习的基础上经过大量的实践训练，才能较好掌握影像分析的技能。

1. 通览底片时的影像分析要点

结合已掌握的情况，通过观察底片，一般应进行以下分析并作出判断：

1) 焊接方法：区分手工焊、自动焊和氩弧焊等。

2) 焊接位置：区分平焊、立焊、横焊或仰焊（对管子环焊缝则有水平固定、垂直固定或滚动焊等）。

3) 焊缝形式：区分双面焊、单面焊和加垫板单面焊。

4) 评定区范围：认清焊缝余高边缘和热影响区范围。

5) 投影情况及投影位置：判断投影是否偏斜，认清焊缝上缘、下缘及根部的位置。

6) 认清焊接方向，估计结晶方向，查找起弧和收弧位置。

7) 了解试件厚度，判断试件厚度变化情况，大致判断清晰度、对比度、灰雾度的大小和成像质量水平，考核底片质量是否满足标准规定的要求。

2. 缺陷定性时的影像分析要点

观察影像时，一般首先注意的是影像的形状、尺寸和黑度，除此以外，还应作下列观察与分析：

1）影像位置：根据影像在底片上的位置及影像特征，结合投影关系，推测其在焊缝中的位置：是在根部、坡口还是表面，是在焊缝还是在热影响区。

2）影像的延伸方向：影像的延伸方向有一定规律性，例如未熔合、未焊透等沿焊缝纵向延伸，热裂纹、虫状气孔与焊缝结晶方向有关，咬边、弧坑的轮廓与焊缝表面波纹相吻合。

3）影像轮廓清晰程度：除了照相工艺条件影响清晰度外，还应注意影响轮廓清晰程度的其他因素，并据此进行分析厚板与薄板中影像轮廓清晰程度的差异、缺陷和伪缺陷轮廓清晰度的差异、内部缺陷和表面缺陷影像轮廓清晰度的差异等。

4）影像细节特征：注意寻找细节特征，如裂纹的尖端、锯齿和未焊透的直边等。

3. 影像定性分析方法——列举排除法

列举排除法是影像定性分析常用的方法，对一定形状的影像，先列出它可能是什么，再根据每一类影像的特点，逐个鉴别，排除与影像特征不符的推测，最终得到正确的结论。例如，底片上的一个黑点可能是气孔、点状夹渣、弧坑、压痕、水迹、显影液沾染或霉点，可逐个进行鉴别排除。气孔、点状夹渣、压痕、水迹和显影液沾染的影像特征和识别方法在本单元已有叙述。弧坑影像的特征是发生在焊道中央，在收弧部位，焊接位置应处于平焊。如果是霉点的影像，则应大量发生，在底片上广泛分布，不会是孤立黑点。再如，针对底片上的一条黑线，可以列出它可能是裂纹、未熔合、未焊透、线状气孔、咬边、错口、划痕、水迹或增感屏伪缺陷等。裂纹、未熔合、未焊透、划痕、水迹及增感屏伪缺陷影像的特征和识别方法本单元已有叙述，线状气孔的影像为细长黑线，黑度均匀，轮廓圆滑，发生在手工单面焊的焊缝根部；咬边发生在焊缝边缘，与焊缝波纹的起伏走向一致；错边发生在焊缝中心线上，如果细看的话可以发现它不是一条黑线，而是一条不同黑度区域间的明暗分界线。

4. 影像分析示例：小径管环焊缝底片评判要点

（1）小径管环焊缝双壁双影照相特点　透照厚度变化大，例如对 $\phi 51mm \times 3.5mm$ 的管子照相，最大透照厚度为最小透照厚度的 3.7 倍，因此底片上不同部位的黑度和灵敏度差异较大。为错开上下焊缝，透照时有一倾角，对 $\phi 51mm \times 3.5mm$ 的管子，这一倾角约为 $12°\sim 18°$，会引起影像畸变，对纵向裂纹检出亦有影响。上、下焊缝几何不清晰度存在较大差异，对 $\phi 51mm \times 3.5mm$ 的管子，上焊缝 U_g 约为下焊缝的 10 倍。边蚀效应较严重，散射比较大，因此成像质量不高。

（2）通览底片时的影像分析要点

1）辨认焊接方法：小径管焊口多采用手工焊，由根部成形情况判断是否用氩弧焊打底。

2）辨认焊接位置：根据焊缝波纹判断水平固定、垂直固定或是滚动焊，如果是水平固定，找出起弧的仰焊位置和收弧的平焊位置。

3）确定有效评定范围：根据黑度和灵敏度情况判断检出范围是否达到 90%。

4）辨明投影位置：焊缝根部投影位于椭圆影像的内侧，根据影像放大或畸变情况及清晰程度有时可分辨出上焊缝和下焊缝。

（3）缺陷定性时的影像分析要点

1）辨别常见缺陷：裂纹、根部未熔合、未焊透、夹渣、气孔、焊穿、内凹和内咬边。

2）辨别常见形状缺陷：焊瘤、弧坑和咬边。

3）影像位置的一般规律：根部裂纹、未熔合、未焊透、线状气孔、内凹、内咬边、烧穿都发生在焊缝根部，底片上影像的位置处于椭圆内侧；内凹一般在仰焊位置；根部焊瘤、焊漏、弧坑发生在平焊位置。

4) 观察影像的主要特征和细节特征，注意未焊透与内凹的区别，烧穿、弧坑与气孔的区别，线状气孔与裂纹的区别。

模块四 焊接接头的质量等级评定

底片上的缺陷被确认以后，下一步就是对照有关标准，评出焊接接头的质量等级。

射线照相的相关标准有许多种，例如国家标准、行业标准及国外标准等。不同的射线照相标准关于质量分级的具体规定各不相同，但确定质量等级的原则和依据大体是一致的。缺陷的危害性、焊接接头的强度水平、制造要求的工艺水平是质量分级考虑的主要因素，缺陷性质、尺寸大小、数量、密集程度是划分质量等级的主要依据。

一、质量分级规定

下文将结合标准 JB/T 4730—2005，讲述质量分级的有关规定。

有关缺陷性质的评级规定如下：裂纹、未熔合、双面焊和加垫板单面焊的未焊透属不允许存在的缺陷，只要发生即评为Ⅳ级。不加垫板单面焊允许未焊透存在（这取决于焊缝系数），但最高只能评为Ⅲ级，其允许长度按条状夹渣Ⅲ级的有关规定确定。

对夹渣和气孔按长宽比重新分类：长宽比大于 3 的定义为条状缺陷，长宽比小于或等于 3 的定义为圆形缺陷，对两者分别制定控制指标，其中Ⅰ级焊缝不允许有条状夹渣存在。

缺陷数量包括单个尺寸、总量和密集程度三个方面。定量的依据（包括缺陷长度、宽度尺寸及间距）是底片上量得的尺寸，不考虑投影放大或畸变造成的影响。黑度不作为缺陷定级的依据，特殊情况下需要考虑缺陷高度和黑度对焊缝质量的影响时应另作规定。

标准允许圆形缺陷存在，但应根据母材厚度对缺陷数量加以限制。标准规定单个缺陷尺寸不得超过母材厚度的 1/2，对缺陷总量采用点数换算的方法确定，对缺陷密集程度采用评定区控制的方法确定。各质量等级允许的缺陷点数都有明确规定。

对于条状夹渣，标准也是根据母材厚度来限制的，以单个条渣长度、条渣总长和间距三项指标分别对单个缺陷尺寸、总量、密集程度作出限制。此外，如果在圆形缺陷评定区内同时存在圆形缺陷和条状夹渣或单面焊的未焊透，则需要进行综合评级，这也属于对缺陷密集程度限制的规定。

1. 圆形缺陷的确定和分级

1) 长宽比小于或等于 3 的缺陷定义为圆形缺陷，它们可以是圆形、椭圆形、锥形或带有尾巴（在测定尺寸时应包括尾巴）等不规则的形状，包括气孔、夹渣和夹钨。

2) 圆形缺陷用评定区进行评定，评定区域的大小见表 5-4。评定区应选在缺陷最严重的部位。

3) 评定圆形缺陷时，应将缺陷尺寸按表 5-5 换算成缺陷点数。如缺陷尺寸符合表 5-6 的规定，则该缺陷不需换算成点数参加缺陷评级。

表 5-4 评定区域的大小

母材厚度 T/mm	≤25	25~100	>100
评定区尺寸（mm×mm）	10×10	10×20	10×30

表 5-5　缺陷点数换算表

缺陷长径/mm	≤1	1~2	2~3	3~4	4~6	6~8	>8
点数	1	2	3	6	10	15	25

表 5-6　不计点数的缺陷尺寸　　　　　　　　　（单位：mm）

母材厚度 T	缺陷长径
≤25	≤0.5
25~50	≤0.7
>50	≤1.4%T

注：母材厚度不同时，取薄的厚度值。

4）当缺陷在评定区边界线上时（包括外切），应把它划在该评定区内计算点数。

5）当评定区附近缺陷较少，且认为只用该评定区大小划分级别不适当时，经供需双方协商，可将评定区沿焊缝方向扩大三倍，求出缺陷总点数，用此值的 1/3 进行评定。

6）圆形缺陷的分级见表 5-7。

7）Ⅰ级焊缝和母材厚度等于或小于 5mm 的Ⅱ级焊缝内不计点数的圆形缺陷，在评定区内不得多于 10 个。

表 5-7　圆形缺陷的分级

评定区（mm×mm）		10×10			10×20		10×30
母材厚度/mm		≤10	10~15	15~25	25~50	50~100	>100
等级	Ⅰ	1	2	3	4	5	6
	Ⅱ	3	6	9	12	15	18
	Ⅲ	6	12	18	24	30	36
	Ⅳ	缺陷点数大于Ⅲ级或缺陷长径大于 T/2 者					

注：1. 表中的数字是允许缺陷点数的上限。
　　2. 母材板厚不同时，取薄的厚度值。

2. 条状夹渣的确定和分级

1）单个条形缺陷长度测定：把未断开的长度作为单个缺陷长度计量；当两个或两个以上条形缺陷在一直线上且相邻间距小于或等于较小缺陷尺寸时，应作为一个

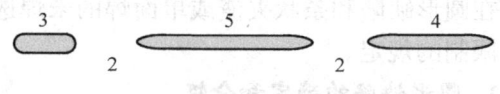

图 5-38　条形缺陷长度

缺陷处理，其间距也应计入缺陷的长度。如图 5-38 所示，按单个尺寸计：$L = 3mm + 2mm + 5mm + 2mm + 4mm = 16mm$。

2）断续条形缺陷群（组）的等级评定：在平行焊缝轴线的直线上，规定的范围内，只有相邻间距≤6L（Ⅱ级）或相邻间距≤3L（Ⅲ级）的若干条形缺陷，才能成为一组条形缺陷。评定区是与焊缝方向平行的具有一定宽度的矩形区。

3. 综合评级

在圆形缺陷评定区内，当同时存在圆形缺陷和条状夹渣或未焊透时，应各自分别评级，将级别之和减 1 作为最终级别。条状夹渣的分级见表 5-8。

表 5-8 条状夹渣的分级

等级	单个条状夹渣长度	条状夹渣总长
Ⅱ	$T/3$，最小可为 4mm，最大不超过 20mm	在任意直线上，相邻两夹渣间距均不超过 $6L$ 的任何一组夹渣，其累计长度在 $12T$ 焊缝长度内不超过 T
Ⅲ	$2T/3$，最小可为 6mm，最大不超过 30mm	在任意直线上，相邻两夹渣间距均不超过 $3L$ 的任何一组夹渣，其累计长度在 $6T$ 焊缝长度内不超过 T
Ⅳ	大于Ⅲ级者	

注：1. 表中 L 为该组夹渣中最长者的长度，T 为母材厚度。
2. 长宽比大于 3 的长气孔的评级与条状夹渣相同。
3. 当被检焊缝长度不足 $12T$（Ⅱ级）或 $6T$（Ⅲ级）时，可按比例折算，当折算的条状夹渣总长度小于单个条状夹渣长度时，以单个条状夹渣长度为允许值。
4. 当两个或两个以上条状夹渣在一直线上，且相邻间距小于或等于较小的夹渣尺寸时，应作为单个连续夹渣处理，其间距也应计入夹渣长度，否则应分别评定。
5. 母材板厚不同时，取薄的厚度值。

二、评片实例

1. 圆形缺陷的评定步骤

1）定性：圆形缺陷。

2）找出底片上的最大圆形缺陷，测量其直径是否大于 $T/2$，若 $\phi > T/2$，则直接评为Ⅳ级。

3）根据板厚确定评定区，用评定区框住底片上圆形缺陷最严重的区域。

4）进行点数换算。

5）对于评为Ⅰ级焊缝或母材厚度 $T \leq 5$mm 的Ⅱ级焊缝，不计点数的圆形缺陷不得多于 10 个，否则降一级处理。

【例】 如图 5-39 所示，钢管壁厚为 4mm，大气孔直径为 $\phi 2.5$mm，3 个小气孔直径为 $\phi 1$mm，试评定其等级。

解：评定步骤：

由于气孔直径 $\phi 2.5$mm $> T/2$，故评为Ⅳ级。

【例】 如图 5-40 所示，已知板厚 $T = 10$mm，在 10mm×10mm 区域内，共有 11 个气孔，直径均为 $\phi 0.5$mm，试评定其等级。

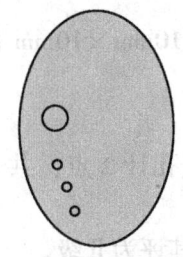

图 5-39 圆形缺陷一　　　　　　　　　　图 5-40 圆形缺陷二

解：评定步骤：

由于不计点数圆缺陷个数为11,大于10,故降1级处理,评为Ⅱ级。

2. 条形缺陷评定程序

1) 首先评定最大单个条形缺陷,并按单个条形缺陷允许值评定等级。
2) 评定条形缺陷累计总长是否符合单个等级,若不高出该等级,则缺陷评定为单个条形缺陷评出的等级;若高出该等级,则按条形缺陷累计总长评级。
3) 条形缺陷总长在12T(6T)范围内时,只评定一组的总长尺寸,其他条形缺陷不计算。

【例】 如图5-41所示,已知$T=20mm$,各条形缺陷及间距尺寸如图,试评定其等级。按JB/T4730—2005评级?

图5-41 条形缺陷一

解:评定步骤:

(1) 评定单个最大缺陷长度$6mm < T/3$,故将其评为Ⅱ级。
(2) 条形缺陷总长在12T范围内,且$3mm+4mm+6mm=13mm<T$,故将其评为Ⅱ级。

注:底片评定时,可用一组严重缺陷对该底片进行评定,并用6L测定间距。如本例中$6L=6\times6mm=36mm<40mm$(最长间距),故可用一组缺陷进行评定。

【例】 如图5-42所示,板厚$T=14mm$。

图5-42 条形缺陷二

解:评定步骤:

(1) 评定单个最大缺陷长度$4mm+2mm+3mm=9mm\leq2T/3$,故将其评为Ⅲ级。
(2) 条形缺陷总长的评定:由于最大间距$20mm<3L=3\times9mm=27mm$,且缺陷总长$9mm+6mm=15mm>T$,故将其评为Ⅳ级。

条形缺陷总长评定高出单个级别,故评为Ⅳ级。

3. 裂纹、未熔合、未焊透

评为Ⅳ级。

4. 压力管道的评定

Ⅱ、Ⅲ级允许存在一定数量的单面焊未焊透、根部内凹和根部咬边,但其深度应在一定范围内。

【例】 对板厚为$T=12mm$的焊缝进行射线照相,底片上在$10mm\times10mm$范围内有2个$\phi1mm$和1个$\phi1.5mm$的气孔,条状夹渣4mm,试评定其等级。

解:评片步骤:

(1) 评定圆形缺陷:2个$\phi1mm$气孔计2点,1个$\phi1.5mm$气孔计2点,共4点<6点故将其评为Ⅱ级。
(2) 评定条形缺陷:单个条状夹渣长度$L=4mm=T/3$,故将其评为Ⅱ级。
(3) 评定综合评级:将各单独缺陷级别之和减1,可知该片最终级别为Ⅲ级。

【例】 对板厚为4mm的焊缝进行射线照相,底片上有3mm和2mm的条状夹渣位于同一直线上，其间距为6mm，试评定其等级。

解：评片步骤：

（1）评定单个最大缺陷长度：3mm＜4mm，故将其评为Ⅱ级。

（2）评定总长缺陷：间距6mm＜3L=3×3mm，且条状夹渣总长度3mm+2mm=5mm＞T，但由于总长度5mm＜6mm（单个条状夹渣长度规定最小值），故将其评为Ⅲ级。

该片应评为Ⅲ级。

注：在薄板中，板厚也可能小于最小值，这种情况按最小值规定处理。

【例】　对板厚为24mm的焊缝进行射线照相，底片上有共线且平行于焊缝直线的两个长度分别为8mm和9mm的条状夹渣，其间距为7mm，试评定其等级。

解：按条形缺陷累计总长评级8mm+7mm+9mm=24mm＞2T/3，故将其评为Ⅳ级。

【例】　对板厚为4mm的焊缝进行射线照相，底片上有两个长度分别为5mm和3mm的条状夹渣，共线且位于平行于焊缝的直线上，间距为10mm，试评定其等级。

解：评片步骤：

（1）评定单个最大缺陷长度：5mm＜6mm（单个条状夹渣长度规定最小值），故将其评为Ⅲ级。

（2）评定总长缺陷：间距10mm＜3L=3×5mm=15mm，且缺陷总长5mm+3mm=8mm＞6mm，故将其评为Ⅳ级。

L总=5+3=8＞6（最小值）评为：Ⅳ级

该片评为Ⅳ级。

【例】　底片有效评定长度300mm，板厚T=30mm，缺陷为条状夹渣，其尺寸与间距如图5-43所示，试评定其等级。

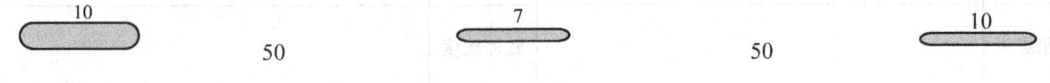

图5-43　条形缺陷三

解：评片步骤：

（1）评定单个最大缺陷长度：10mm=T/3，故将其评为Ⅱ级。

（2）评定总长缺陷：由于间距50mm＜6L=6×10mm，且缺陷总长10mm+7mm+10mm=27mm＜T，故将其评为Ⅱ级。

三、射线检测结果的记录与报告

评片人员应对射线照相检测结果及有关事项进行详细记录并出具报告，其主要内容包括：

1）产品情况，包括工程名称、试件名称、规格尺寸、材质、设计制造规范、探伤比例部位、执行标准、验收和合格级别。

2）透照工艺条件，包括射源种类、胶片型号、增感方式、透照布置、有效透照长度、曝光参数（管电压、管电流、焦距、时间）和显影条件（温度、时间）。

3）底片评定结果，包括底片编号、像质情况（黑度、像质指数、标记、伪缺陷）、缺陷情况（缺陷性质、尺寸、数量、位置）、焊缝级别、返修情况和最终结论。

4）评片人签字、日期。

5）照相位置布片图。

X射线焊缝检测报告及附页基本格式见表5-9、表5-10。

表5-9 X射线焊缝检测报告

报告编号： 　　　　　　　　　　　　　　　　　　　　　　　　　　　共 页第 页

项目名称				检测日期			年 月 日
委托单位				检测标准			
设备型号				射线种类			
试件规格				材　　质			
透照方式	中心内透 □	单壁单影 □	双壁双影 □	透照条件	电压/kV	电流/mA	时间/min
胶片型号				胶片规格			
像质计				像质摆放	□源侧		□胶片侧
铅增感屏	前屏		后屏	胶片处理条件	显影		定影
胶片处理	□自动		□手工				
透照焦距				底片黑度			

拍片示意图：

A　　　B　　　C　　　D　　　E　　　F

检测结论：					
评片		审核		检测单位：	
级别		级别		（公章）	
时间		时间		年 月 日	

表 5-10　X 射线焊缝检测报告（附页）

报告编号：　　　　　　　　　　　　　　　　　　　　　　　　　　　　共　　页第　　页

项目名称		试件规格		材　质	
委托单位		检测时间		执行标准	

试件及底片编号	像质指数	缺欠性质及当量 /mm	评定结果	备　注

评片		审核	
级别		级别	
时间		时间	

练 习

1. 为了得到正确的结果，评片条件应满足哪些要求？
2. 射线照相标准中，对底片质量一般作出了哪些方面的规定？
3. 对底片上的缺陷影像，一般应从哪些方面判断其缺陷性质？
4. 简述熔化焊焊接接头的基本结构。
5. 简述铸件常见的缺陷和它们在底片上影像的主要特点。
6. 简述熔化焊常见的主要缺陷和它们在底片上影像的主要特点。
7. 射线照相质量验收标准对质量分级评定从哪些方面进行了规定？
8. 如何理解射线照相标准中规定黑度范围为1.7~4.0？

第六单元　射线检测技术的应用

> **内容导入**：射线检测除主要用于焊缝检测外，还可以用于其他方面。随着科技的发展，各种各样的检测方法越来越多的应用到各个行业中。本单元主要介绍射线检测在各个行业中的应用。

模块一　典型工件的射线透照技术

一、大厚度比试件的透照技术

射线检测经常遇到的主要问题之一是进行变截面工件的透照，也就是在一次透照区中包含不同透照厚度的射线检测。射线透照常规工艺允许试件有一定的厚度差异，可以使射线底片上影像黑度符合标准规定的厚度范围称为射线照相厚度容度。试件厚度差过大，会使透照质量失效，要解决此问题，必须采用一些特殊工艺或技术措施进行透照。

试件厚度差的大小可用试件厚度比来衡量，试件厚度比可定义为一次透照范围内，试件的最大厚度与最小厚度之比，用 K_s 表示，当 K_s 大于 1.4 时，可以认为该试件属于大厚度比试件。实际工作中的大厚度比试件包括余高较高的薄板对接焊缝试件、小口径管试件、角焊缝试件，以及一些形状较复杂的机械零件。

大厚度比对射线照相质量的不利影响主要表现在两个方面：一是因试件厚度差较大导致底片黑度差较大，而底片黑度过低或过高都会影响射线照相灵敏度；二是由于试件厚度变化导致散射比增大，产生边蚀效应。

对大厚度比试件透照的特殊技术措施包括双胶片技术、适当提高管电压（X 射线）技术和补偿技术。

1. 双胶片技术

双胶片技术是在同一暗盒中放置两张感光度不同或感光度相同的胶片同时透照的技术。当采用两张感光度不同的胶片时，感光度较高的胶片应适于工件厚度较大部分的透照，感光度较低的胶片应适于工件厚度较小部分的透照。当采用两张感光度相同的胶片时，使用单张胶片评定厚度小的区域，使用两张胶片叠加的方法评定厚度大的区域。

如果工件截面厚度变化不是太大，特别是工件主要由两个厚度的截面组成时，可以采用双胶片技术进行透照。

对采用两张感光度不同的胶片的双胶片技术，应解决的问题是如何选用胶片。简单地说，选用方法是利用曝光曲线和胶片的感光特性曲线，从曝光曲线确定应使用的胶片和对应的厚度，再从曝光曲线确定两厚度的曝光量比，利用此比值和胶片感光特性曲线确定应使用的另一种胶片。选取方法可参照如图 6-1 所示的方法。

对采用两张感光度相同的胶片的双胶片技术，应注意的是底片的黑度。目前的多数标准均限定了双片迭加观察区的黑度，该区单片的黑度不能低于标准规定的下限值。不同标准的限定值可能不同，主要的下限限定值有：

ASTM E1742 标准规定：$D \geqslant 1.0$。
EN 444：1994 标准规定：$D \geqslant 1.3$。
ISO 5579：1998 标准规定：$D \geqslant 1.3$。
GJB 1187A—2001 标准规定：$D \geqslant 1.2$。

2. 适当提高管电压（X 射线）技术

对截面厚度变化比较小，特别当截面厚度是连续变化时，可采用适当提高管电压技术进行透照。

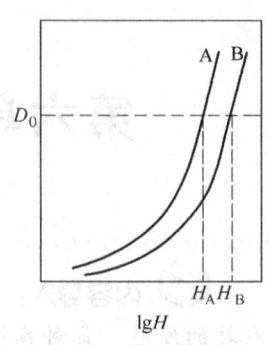

图 6-1 双胶片技术选取胶片方法

从曝光曲线可以看出，不同透照电压的曝光曲线其厚度宽容度不同。标准中规定的允许的底片黑度范围，相当于规定了允许的曝光量范围，这个范围使不同的透照电压对应的厚度差不同。从曝光曲线中可以看到，较高的管电压对应的可透照厚度范围较大，也即厚度容度较大。因此，当采用不同的管电压进行透照时，最大透照厚度与最小透照厚度影像之间的黑度差将不同。较大的管电压得到的黑度差较小，较小管电压得到的黑度差较大。这样，对规定的黑度范围，采用较高的管电压透照，就可以覆盖更大的厚度范围。应注意的是，这种方法降低了射线照相对比度。

适当提高管电压技术是处理在一次透照区中厚度连续变化较大的问题经常采用的技术。

3. 补偿技术

对截面厚度变化大或异形工件采用补偿技术进行透照是比较有效的方法。

补偿是采用与被透照工件对射线吸收性质相同或相近的材料，制成的补偿块、补偿粉、补偿液等，对工件的不同厚度部分进行填补，使工件的透照厚度转化为相同，这样，就可以将其视为厚度均匀的工件进行透照。

使用时主要应注意补偿物体中应不含有影响评定或可能造成误判的缺陷。

二、小直径管对接接头射线检测技术

以往标准中通常定义管外径不大于 89mm 的管为小直径管，但近年的标准一般称管外径不大于 100mm 的管为小直径管。

1. 小直径管对接接头射线照相检测问题的基本特点

在小直径管对接接头射线照相中所选用的焦距都远大于小直径管的直径，因此可近似地认为射线束平行入射，并只讨论垂直管轴截面的情况。对于这种情况，小直径管对接接头焊缝透照时的透照厚度可按照如图 6-2 所示厚度进行讨论，其离开圆心不同距离处的透照厚度与圆心处透照厚度的比，称为透照厚度比，记为 k，x/R 表示离开圆心的相对距离，则有

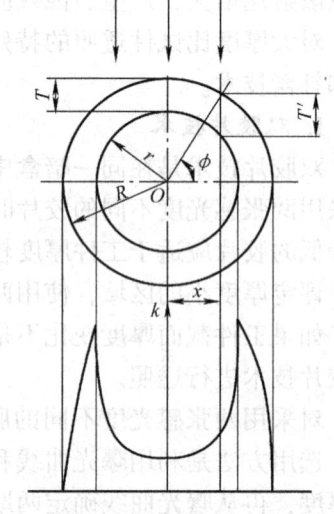

图 6-2 小直径管对接焊缝的透照厚度

对 $x < r$
$$k = \frac{\sqrt{1-\left(\frac{x}{R}\right)^2} - \sqrt{\left(1-\frac{2T}{D_0}\right)^2 - \left(\frac{x}{R}\right)^2}}{\frac{2T}{D_0}}$$

对 $x \geqslant r$
$$k = \frac{\sqrt{1-\left(\frac{x}{R}\right)^2}}{\frac{2T}{D_0}}$$

从上面的两个关系式可以看到,对于小直径管对接焊缝透照,透照厚度比相关于:

$\frac{T}{D_0}$——小直径管的壁厚与外径之比。

$\frac{x}{R}$——所研究的点与圆心的相对距离。

两式给出了透照厚度比随被研究点(透照点)与圆心的相对距离变化的一般规律。如图 6-2 所示,对于一定的 T/D_0,k 随 x/R 的增大逐渐增大,在

$$\frac{x}{R} = \frac{r}{R}$$

点透照厚度比达到最大值,之后随 x/R 的增大迅速减小。表 6-1 给出了部分 T/D_0 对应的透照厚度比最大值 $k_{\max}$。

表 6-1 小直径管对接焊缝的最大透照厚度比

T/D_0	0.05	0.10	0.12	0.15	0.20	0.25
r/R	0.90	0.80	0.76	0.70	0.60	0.50
$k_{\max}$	4.36	3.00	2.71	2.38	2.00	1.73

透照区内透照厚度的上述变化规律,形成了小直径管对接焊缝射线照相技术的基本特点。

2. 透照布置

对小直径管对接接头,其透照布置主要是椭圆成像透照布置和垂直透照布置,如图 6-3、图 6-4 所示是透照布置的示意图。

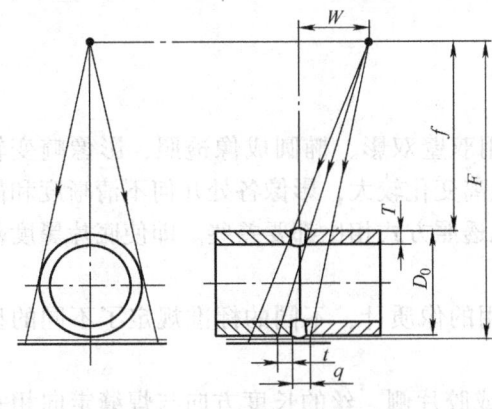

图 6-3 椭圆成像透照布置

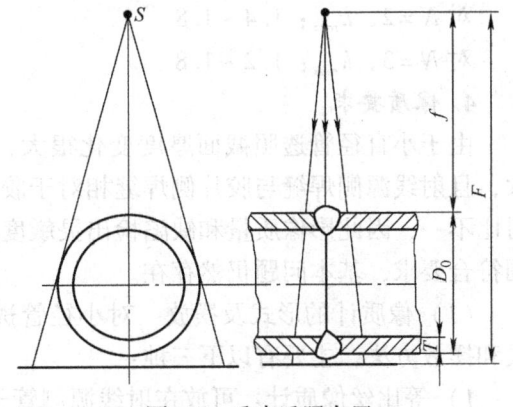

图 6-4 垂直透照布置

椭圆成像透照布置是源在外双壁透照的方式，此时射线穿过焊缝后在胶片上将形成整个环焊缝的影像，所得到的影像呈现为椭圆形状，故称为椭圆成像透照，也称为双壁双影透照布置。采用椭圆成像透照布置的条件是：$D_0 \leq 100\text{mm}$，W（焊缝宽度）$\leq D_0/4$，$T < 8\text{mm}$。

椭圆成像透照布置的基本要求是射线源布置在偏离焊缝中心面适当距离的位置，中心射线束一般指向环焊缝的中心。射线源偏移的距离应保证源侧焊缝和胶片侧焊缝的影像不互相重叠，并应具有适当的间距，以保证热影响区的射线照相影像不被干扰。两侧焊缝影像的间距（椭圆影像的短轴方向距离）常称为（椭圆影像）开口宽度，一般规定其值为1倍焊缝宽度。开口宽度不能过大，否则将影响对周向裂纹性缺陷的检测，如根部未焊透，在不干扰热影响区影像的条件下应尽量取较小的值。依据开口宽度值可以计算射线源应偏移的距离。

如图6-3所示，椭圆成像透照布置中，射线源偏移环焊缝中心面的距离W为

$$W = \frac{f(q+t)}{D_0} \tag{6-1}$$

由此计算所得数值完全可以保证实际的应用要求。

垂直透照布置时，射线源布置在焊缝中心面上适当距离的位置，中心射线束垂直指向环焊缝的中心轴线。当主要检测小直径管对接接头的根部未焊透缺陷或不符合椭圆成像透照条件时，则应采用垂直透照布置。

3. 透照次数

椭圆成像的透照次数一般规定为：$T/D_0 \leq 0.12$时，相隔90°进行2次透照；$T/D_0 > 0.12$时，取相隔60°或120°的3点进行3次透照。

垂直透照的透照次数一般规定为：取相隔60°或120°的3点进行3次垂直透照。

椭圆成像的透照次数是小直径管对接焊缝椭圆成像透照技术的重要规定之一，此规定是为了保证全部焊缝区尽可能得到有效的检测，由于

$N = 2$，$\dfrac{T}{D_0} \leq 0.12$时，$k_{\max} \leq 1.78$

$N = 3$，$\dfrac{T}{D_0} \leq 0.25$时，$k_{\max} \leq 1.73$

可见，对小直径管对接焊缝椭圆成像透照的上述规定，实质上是把椭圆成像透照的透照厚度比控制在一定的范围内，即

对$N = 2$，$k_{\max}$：$1.4 \sim 1.8$
对$N = 3$，$k_{\max}$：$1.2 \sim 1.8$

4. 像质要求

由于小直径管透照截面厚度变化很大，而采用双壁双影、椭圆成像透照，影像畸变较大，且射线源侧焊缝与胶片侧焊缝相对于胶片的距离变化较大，影像各处几何不清晰度和散射比不一，因此影像质量和缺陷检出灵敏度与其他透照方式相比都要差些。即使底片黑度范围符合要求，基本问题仍然存在。

（1）像质计的形式及摆放　对小径管透照使用的像质计，不同的标准规定了不同的型式和摆放方法，主要有以下三种：

1）等比丝像质计：可放在射线源侧管子表面或胶片侧，丝的长度方向与焊缝走向相垂直。置于胶片侧要有附加标记，其像质计显示丝号要求与放在射源侧不一样。

2) 等径丝像质计：可放在射线源侧管子表面或胶片侧，丝的长度方向与焊缝走向相垂直。

3) 单丝像质计：置于管子环缝中心，金属丝绕管一圈，以显示丝的长度范围作为有效评定范围。应用此法时，应防止丝的影像掩盖焊缝根部缺陷的显示。

(2) 像质计灵敏度 小径管的椭圆透照工艺中，灵敏度与宽容度的矛盾尤为突出，为兼顾较大的厚度宽容度，灵敏度总要受到较大损失。

(3) 黑度范围 小径管焊缝和热影响区的黑度范围一般可控制在 1.5~4.0。当有意提高局部区域的检出灵敏度时，可将该区黑度控制在 2.5~4.0。

(4) 椭圆开口度 射线底片上的椭圆开口度太小会使射线源侧与胶片侧焊缝根部热影响区缺陷产生混淆，开口度太大又不利于根部裂纹、未焊透之类面状缺陷的检出。通常椭圆开口度应大致为一个焊缝宽度。

(5) 标记 小径管透照时，在源侧焊缝附近必须放置中心定位标记、片号、及透照顺序号（表明某一接头的透照次数）等识别标记。评片时，通常以中心标记短矢所指位置作为 12 点，以钟点定位法标定缺陷位置。

三、T 形接头射线检测技术

T 形接头射线照相问题，基本仍属于变截面射线照相问题，技术方面的问题主要有两个方面，一是透照方向的选取，二是如何确定透照电压。

按照接头的坡口型式，T 形接头的透照方向基本有两种，即 30°或 45°，如图 6-5 所示。采用不同的透照方向应取的透照厚度不同，透照方向为 30°时透照厚度为

$$T_A = 1.1(T_1 + T_2)$$

透照方向为 45°时透照厚度为

$$T_A = 1.4(T_1 + T_2)$$

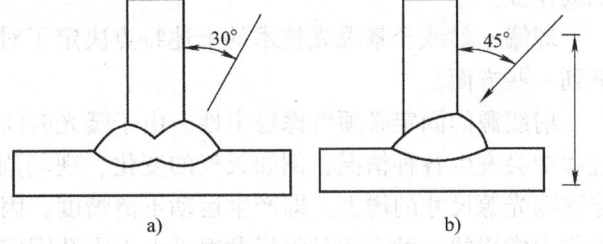

图 6-5 T 形接头射线照相的透照方向

按上述的透照厚度可确定透照电压。对于形状规则的 T 形接头，可采用补偿块，使透照区厚度均匀。实际上在确定透照方向时，还应考虑待检测缺陷的要求。

一些管座角接接头可视为 T 形接头，其射线照相的基本技术如上文所述。需要进一步考虑的是透照方向，对小直径的管座角焊缝，透照时经常采用的透照方向如图 6-6 所示。

在小直径管对接接头讨论的近似假设（射线束平行入射）下，无论从肩部透照或从腹部透照，可认为透照区内任一点的透照厚度比均服从小直径管对接接头讨论的结论。

此外，小管角接接头的最大透照厚度比不仅与接管管径与主管管径之比有关，也与主管的壁厚与主管管径有关。当接管管径与主管管径之比不大时，无论从肩部透照或从腹部透照，在焊缝半圆周的透照区内，最大透照厚度比均不会超出对接接头关于二次透照的规定，即在多数情况下，管座角接接头焊缝可进行二次透照。

对小直径的管座角接接头，在实际的射线照相检测中，当主管管径较小时，经常采用从腹部方向椭圆成像或垂直透照的方式，原因是这种方式更有利于检验肩部存在的根部缺陷。

在 T 形接头的射线照相检测中，需要解决的另一个问题是未焊透深度的测定。确定未焊透深度目前采用的方法有三种：二次透照法、试块比较法和黑度计算法。黑度计算法依据的

基本理论是射线照相对比度公式

$$\Delta D = -\frac{0.434\mu G \Delta T}{1+n}$$

按底片上的黑度差 ΔD 给出缺陷与周围背景的厚度差 ΔT。由于从理论上很难给出公式中与技术因素相关参数的准确值，因此，黑度计算法必须采用试块，通过试块影像的黑度确定对比度公式中 μG 的准确值。实际的黑度计算常需采用扫描仪器，将底片黑度转换为灰度，这样才适于实际应用。

四、球罐 γ 射线全景曝光工艺

球罐焊接接头射线照相检测最典型和最常用的方法是 γ 射线全景曝光技术。这种技术将 γ 射线源置于球罐中心，对球罐上各方向的焊

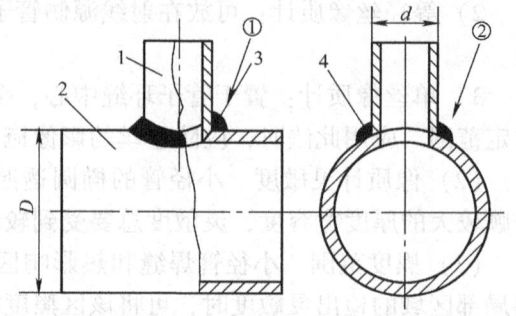

图6-6 管座角接接头射线照相的透照方向
1—接管 2—主管 3—肩部 4—腹部（鞍部）
① 中心射线束以与接管成30°左右
　（或更小角度）指向肩部焊缝区
② 中心射线束以与接管成30°左右
　（或更小角度）指向腹部焊缝区

缝全景曝光，一次可完成数百张甚至上千张胶片的曝光。透照过程大体上可分为下面一些步骤：划线→编号与标记→布片→送源→曝光→预处理→收源→取片。与一般的射线照相检测相比，其主要的特点（或不同）是，一次透照的胶片数量多，一次透照的时间长，可野外现场作业。

球罐 γ 射线全景曝光技术的上述特点决定了对其工艺必须作出一些特殊的考虑，主要是下列一些方面。

射线源的固定必须考虑稳定性。由于曝光时间长，又可能处于野外环境，因此在曝光的过程中会发生各种情况，例如天气的变化、现场周围情况的变化等，都可能引起源的晃动，导致曝光源尺寸的增大，即产生运动不清晰度，因此必须对射线源的稳定性作出要求。实际工作中常用的一种方法是将尼龙绳沿上下人孔固定、绷紧，然后将源导管捆在尼龙绳上。

同样，考虑到曝光时间长、野外作业等，布片时必须采取一些措施防风、防雨、防晒等。此外还必须考虑的是背散射防护问题，罐体周围有脚手架等辅助装备，下人孔附近与地面接近等原因均会造成较多的背散射，对此必须采取措施进行防护。

为避免由于曝光不足或过度造成大量的废片，在透照过程中应增加预处理环节，即在曝光时间达到设定的80%（或90%）左右时，取1张胶片进行暗室处理，并测定黑度，以此监测或修改设定的曝光时间。

在球罐 γ 射线全景曝光中，位于输源导管下方的焊缝（主要是下人孔接管和极板区）将处于死区，即 γ 射线源透照不到，这些区的焊缝应单独透照。对不同的 γ 射线机，这个区的范围可能不同，有的 γ 射线机的死区角度约为26°。

此外，为保证曝光的均匀性，送源时间不应超过总曝光时间的10%。

球罐 γ 射线全景曝光时，必须考虑的另一个重要方面是辐射防护。相关国家标准对此作出了具体规定，在编制有关规定时应依据这个标准操作中应规范控制区和管理区的设定、现场的辐射防护方面的标志设置、工作人员的辐射防护监测等。

球罐 γ 射线全景曝光的曝光量可依据有关数据通过计算得出。主要的数据可分为三个方面：源的数据（活度、照射率常数、半值层、散射比等）、球罐的数据（材料、厚度、半径

等）和胶片的数据（达到一定黑度所需的曝光量）。源的半值层厚度、散射比及胶片达到一定黑度所需的曝光量常需通过试验确定。

计算曝光量可用公式或计算尺，实用的计算公式可写成

$$t = \frac{XR^2 2^{(T/T_{1/2})}}{AK_r(1+n)} \qquad (6\text{-}2)$$

式中 A——射线源的活度（Bq）；

K_r——γ 射线源的照射量率常数（$cm^2/(h \cdot kg \cdot Bq)$）；

$T_{1/2}$——γ 射线源的半值层厚度（mm）；

n——γ 射线源的散射比；

R——球罐的半径（m）；

T——球罐的壁厚（mm）；

X——胶片达到要求黑度所需的照射量（C/kg）；

t——所需的曝光时间（h）。

应注意，射线源的活度是透照时的活度，而不是出厂时的活度。

图 6-7 所示是一种计算 γ 射线曝光量的计算尺，计算尺的基本原理是利用对数将乘除运算转换为加减运算，这样就可以通过尺的移动完成计算过程。这种计算尺的使用方法是：

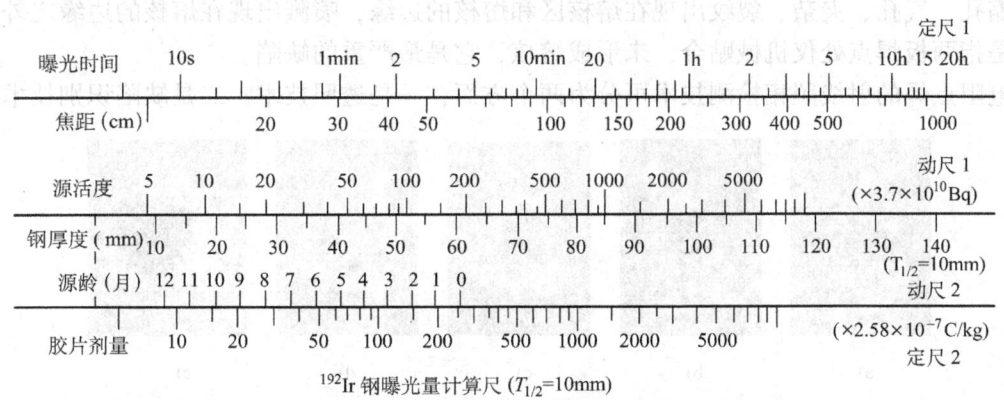

图 6-7 γ 射线曝光量计算尺（^{192}Ir）

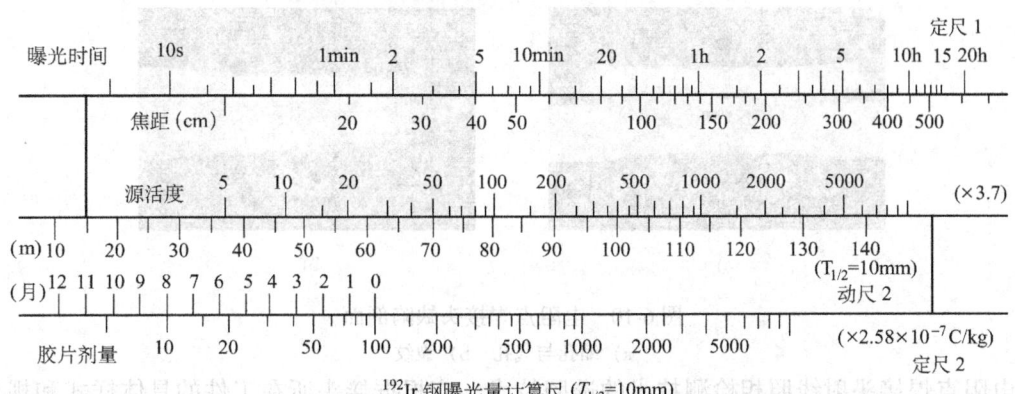

图 6-8 γ 射线曝光量计算尺应用举例

在定尺2上确定所需的胶片剂量→移动动尺2，使相应源龄对准胶片剂量→移动动尺1，使相应源活度对准动尺2上的厚度→找到动尺1的焦距在定尺1上的对应点。此对应点的时间值即为所求的曝光时间。例如，源的当前活度为$50 \times 3.7 \times 10^{10}$Bq，达到规定黑度的胶片剂量为$100 \times 2.58 \times 10^{-7}$C/kg，钢厚度为70mm，图6-8所示是此计算的实际位置，从图中可以得到：焦距为100cm时，曝光时间约为32min；焦距为200cm时，曝光时间约为2.2h；焦距为500cm时，曝光时间约为13h。这些值与按公式计算的值基本相同（两者均未考虑散射）。

模块二　特殊焊接接头射线检测技术

一、电阻点焊接头射线检测技术

电阻点焊是一种常用的连接工艺，用于板—板的搭接连接，其工艺的主要过程是：

预处理→夹紧加压→通电→断电

通电时在电极下两板处的金属被加热熔化，形成熔核，断电冷却后形成焊点，通过这些焊点实现板—板连接。电阻点焊工艺可能产生的主要缺陷是缩孔、气孔、夹杂、裂纹、喷溅、未熔合等，图6-9所示是常见的主要缺陷影像，图6-10所示是缩孔和裂纹缺陷的剖面影像。缩孔、气孔、夹杂、裂纹出现在熔核区和熔核的边缘，喷溅出现在熔核的边缘之外，未熔合是指两板焊点处仅机械贴合，未形成熔核，它是最严重的缺陷。

电阻点焊的射线照相检测技术可分为两个方面，一是透照技术，二是缺陷识别技术。

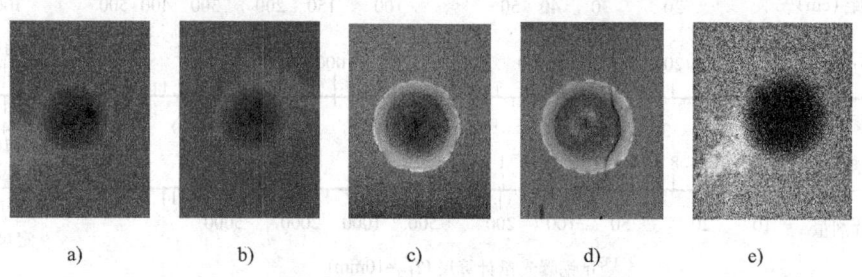

图6-9　电阻点焊接头的主要缺陷
a)、b) 缩孔与气孔　c)、d) 裂纹　e) 喷溅

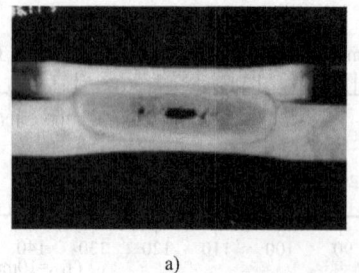 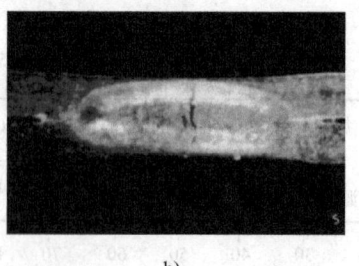

图6-10　电阻点焊接头缺陷剖面
a) 缩孔与气孔　b) 裂纹

电阻点焊接头射线照相检测技术的透照技术，应根据接头所在工件的具体样式和规格确定。例如，对于平板工件或筒形工件，确定透照技术时只需按这些工件的一般射线照相检测

技术处理，电阻点焊接头本身并没有特殊的要求。

电阻点焊接头射线照相检测技术需要解决的主要问题是缺陷识别问题，主要是未熔合缺陷的检测问题。缩孔、气孔、夹杂、裂纹、喷溅等缺陷的识别相对简单。由于工艺过程存在夹紧加压环节，接头焊点处总有一凹坑，在底片上会形成焊点的影像，但判断该点是否经过熔化、形成熔核，然后形成焊点，则存在困难。

对于含铜的铝合金，目前基本的判断依据是熔核边缘是否存在偏析环，图6-9c、d所示是含铜铝合金的焊点影像，焊点影像边缘的不规则亮环（低黑度环）是铜偏析环，它们的存在表明焊接过程中经过了熔化、形成熔核，然后形成焊点的过程，即该焊点不存在未熔合缺陷。

对一些不含铜的铝合金，焊点是否存在未熔合还没有明确的判断依据。图6-9a、b所示是不含铜的铝合金的焊点影像，它们不存在明显的偏析环，但存在模糊的低黑度环，一些试验证明，此低黑度环的状况与熔核形成状况有关，一般而言，此环比较清晰和完整时，可认为焊点不存在未熔合缺陷；此环很模糊并较小时，应怀疑焊点可能存在熔化不足的问题，严重时，可能存在未熔合缺陷，这还需要系统的试验证明。在所给出的图像中，从焊点熔核内存在的缺陷可以判断它们不存在未熔合缺陷。

二、钎焊接头射线检测技术

钎焊是一种特殊的焊接连接工艺，其工艺的基本过程是：

预处理→涂布钎料→加热保温→冷却→清洗

所用钎料的熔点应低于钎焊接头金属的熔点，在加热保温过程中，钎料熔化、润湿扩散，在钎焊接头界面形成连接层，即通常说的钎焊缝，通过它实现不同部分的连接。钎焊工艺在一些精密器件的制造中经常使用，可能产生的主要缺陷是钎焊缝存在孔洞（钎料未扩散到的区域）和钎焊缝边缘腐蚀坑。射线照相检测主要针对钎焊缝存在的孔洞。

钎焊接头，粗略地说主要有两种类型：缝型和面型。二者钎焊接头的间隙都很小，这是钎焊接头射线照相检测技术应考虑的基本特点。

对缝型钎焊接头的射线照相检测，技术上应特殊考虑的主要措施是采用较大的焦距、严格控制照射角度，以保证钎焊缝处于近似直线入射的方式下透照，特别是对于厚度较大的缝型钎焊接头的射线照相检测。

面型钎焊接头的射线照相检测，主要是检测具有一定面积的未钎上区（无钎料区），检测过程应注意提高射线照相影像的对比度，特别是当所用的钎料与接头金属对射线的吸收性能相近时，提高影像的对比度是检测获得成功的关键。

钎焊接头射线照相检测技术的基本点是采用细颗粒的胶片、低能量的射线和较大的焦距。图6-11所示是铝波导钎焊缝和旋转关节钎焊缝的射线照相检测图像。钎焊缝的宽度约为0.05mm，铝波导的壁厚较小，透照焦距为100cm，旋转关节钎焊部位厚度为

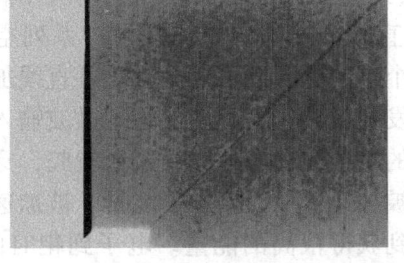 

a)   b)

图6-11　钎焊接头的射线照相检测图像
a）铝波导钎焊缝　b）旋转关节钎焊缝

10mm，采用了 180cm 的焦距。如图 6-11a 所示，铝波导钎焊缝全长上存在孔洞，右上半区孔洞严重；如图 6-11b 所示，旋转关节钎焊部位钎焊缝上面约 1/3 区域存在孔洞。

模块三　其他射线检测方法与技术

一、高能射线照相

能量在 1MeV 以上的 X 射线被称为高能射线。工业射线检测使用的高能射线大多数是通过电子加速器获得的，常用的加速器有两种，即回旋加速器和直线加速器。

1. 电子回旋加速器和电子直线加速器

（1）电子回旋加速器

电子回旋加速器采用变压器的磁感效应使电子加速。变压器的一次绕组和交流电源连接，使铁心上的二次绕组产生的电压等于二次绕组的匝数与磁通量的时间变化率的乘积，产生的电子流由存在于导线中的自由电子构成。电子回旋加速器本质上是一个变压器，如图 6-12 所示。

二次绕组是一个抽成

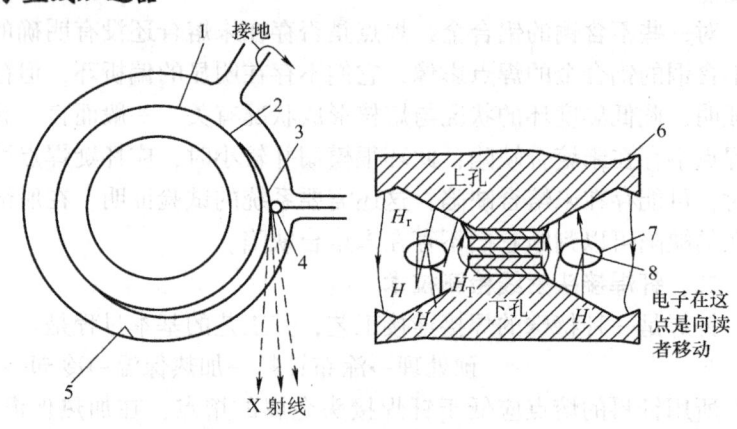

图 6-12　电子回旋加速器示意图
1—平衡轨道　2—盘形轨道　3—靶结构
4—发射器　5—内部深靶　6—钢片
7—环形室　8—电子轨道

真空的环形管，又称为环形真空室。环形管通常是瓷制的，内侧涂有导电的靶层并接地，除了代替导线之外，环形管还用来容纳被加速的电子。

环形真空室位于产生脉冲磁场的电磁体的两极之间，射入管中的电子由于磁场作用将在环形通道中被加速，作用在粒子上的力与磁通量变化速率及磁场大小成正比。被加速的电子在撞击靶之前要环绕轨道转几十万圈，以获得足够的能量。

电子回旋加速器的焦点很小，照相几何不清晰度小，可以获得高灵敏度的照片，但设备复杂、造价高、体积大、射线强度低，影响了它的应用。

（2）直线加速器　直线加速器的主体是由一系列空腔构成的加速管，空腔两端有孔，可以使电子通过，从一个空腔进入到下一个空腔。直线加速器使用射频电磁场加速电子，利用磁控管产生自励振荡发射微波，通过波导管把微波输入到加速管内。加速管空腔被设计成谐振腔，由电子枪发射的电子在适当的时候射入空腔，穿过谐振腔的电子正好在适当的时候到达磁场中某一加速点被加速，从而增加了能量，被加速的电子从前一腔体出来后进入下一个空腔被继续加速，直到获得很高的能量。电子到靶时的速度可达光速的 99%，高速电子撞击靶产生高能 X 射线。目前用于探伤的有两种直线加速器，一种采用行波加速，另一种采用驻波加速。

与电子回旋加速器相比，直线加速器焦点稍大，但其体积小、电子束流大，所产生的 X

射线强度大，更适合用于工业射线照相。

2. 高能射线照相的特点与技术数据

（1）高能射线照相的特点

1）射线穿透能力强，透照厚度大。常规 X 射线检测设备对钢板的穿透厚度通常小于 100mm，^{60}Coγ 射线对钢的穿透厚度极限约为 200mm，而工业应用的高能射线能量范围在 1~24MeV，对钢的透照厚度可达 400mm 以上，因此，200mm 以上大厚度工件的射线检测，采用高能射线照相最适合。

2）焦点小，焦距大，照相清晰度高。高能 X 射线设备体积比一般 X 射线检测设备要大得多，散热问题比较容易解决，所以焦点可以做得很小。电子回旋加速器焦点只有 0.3~0.5mm，直线加速器的焦点也只有 1~3mm。另外，为保证足够大的辐照场，高能射线照相应选用大焦距，而小焦点和大焦距均有利于提高照相清晰度。

3）散射线少，照相灵敏度高。在高能范围内，射线光量子与物质的作用主要是康普顿散射和电子对效应，散射比变化趋势是随着射线能量的提高散射比不断降低。另一方面，由于相互作用过程所产生的次级粒子具有很高的能量，所引起的进一步散射主要集中在一次射线方向，大角度散射总量少。因此，高能射线照相散射比小（图6-13），照相灵敏度高。

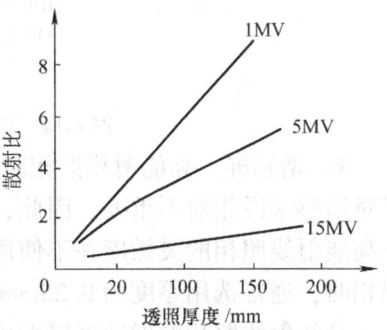

图 6-13　高能射线照相散射比

4）射线强度大，曝光时间短，可以连续运行，工作效率高。直线加速器距离靶 1m 处的剂量可达 4~100Gy/min，大大高于应用于工业检测的各种 γ 射线源的剂量率。普通工业 X 射线设备工作与间歇时间之比一般为1:1，而加速器可以连续运行不需间歇，因此，采用直线加速器照相透照工件的曝光时间很短，尤其对于大厚度工件照相的工作效率很高，透照 100mm 厚的钢工件曝光时间约为 1min 左右，这是其他设备所无法比拟的。

5）照相厚度宽容度大。物质对高能射线吸收规律明显不同于低能射线，其吸收系数随能量的变化较缓慢。大致在 1~10MeV 范围内时，物质的射线吸收系数随能量增高而缓慢减小，而在 10~100MeV 范围内时，物质的射线吸收系数随能量增高缓慢增大，这种变化规律使高能射线照相具有很大的厚度宽容度。

应用高能射线照相对厚度差异大的试件，如曲轴、涡轮叶片等进行检测，可不需要考虑采用补偿块或其他特殊的工艺措施，即使工件的厚度相差一倍也能达到一般标准所规定的黑度要求，而低能射线照相则达不到这样的厚度宽容度。

（2）高能射线照相的几个技术数据

1）固有不清晰度。高能 X 射线设备焦点小，且高能射线照相时，为了得到足够大的照射场，通常采用较大的焦距，因此，几何不清晰度较小，而固有不清晰度却因为射线能量高而较大。与低能 X 射线照相检测相反，固有不清晰度成为影响高能射线照相清晰度的主要因素。表 6-2 给出的是不同能量下高能射线照相的固有不清晰度值。

2）灵敏度。对于大多数的材质和厚度范围，如果采用工艺正确，高能射线照相灵敏度都能够达到或低于 1%，图 6-14 所示为钢的高能射线照相的线型像质计的灵敏度曲线。

表 6-2　高能射线照相的固有不清晰度

能量/MeV	1	2	4	8	10	16
U_i/mm	0.15	0.3	0.4	0.6	0.8	1.0

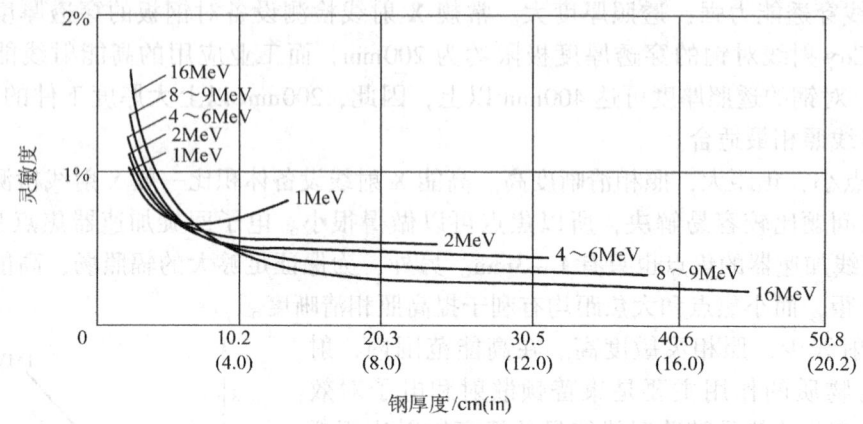

图 6-14　钢的高能射线照相的线型像质计的灵敏度

3）增感屏。高能射线照相时，前屏的厚度对增感和滤波作用的影响较大，而后屏的厚度对增感来说相对不重要，因此，高能射线照相时可以不使用后屏。实验证明，在某些条件下高能射线照相的灵敏度在不使用后屏时反而有所提高，这一点与常规射线照相不同。实际照相时，通常选用厚度为 0.25mm 左右的铅增感前屏，如使用后屏，厚度可与前屏相同。

高能射线照相的增感屏厚度可根据表 6-3 的数据选择。

表 6-3　增感屏的选择

能量/MeV	1	2	4	8	16
最大增感时前铅屏厚度/mm	0.12	0.25	0.51	1.02	1.52
最佳影像时前铅屏厚度/mm	0.05～0.13	0.13～0.25	0.25～0.51	0.51～0.76	0.76～1.27

为满足不同的需求，还可采用铜、钽、钨等材料做增感屏。

（3）高能射线的辐射防护　加速器产生的高能射线，不但能量高，而且强度也很大，被高能射线误照是十分危险的，因此必须做好安全防护工作。

1）加速器的防护主要采用屏蔽保护，加速器屏蔽室必须进行专门的安全防护设计，室外的剂量率必须低于国家卫生标准。

2）因为高能 X 射线对空气进行电离后产生的臭氧和氮氧化物对人体有害，故室内必须安装通风机。

3）对于直线加速器来说，除了高能 X 射线的误照防护之外，还应进行微波辐射防护，同时还要预防高压电、氟利昂气体等对人体的危害。

二、射线实时成像检测技术

射线实时成像检测技术是指在物体透照的同时就可观察到所产生的图像的检测技术。所产生的图像能随着成像物体的变动而迅速改变，一般要求图像的采集速度至少达到 25 帧/s。能符合这一要求的检测装置有应用较早的 X 射线荧光检测系统，以及目前正在应用的图像增强器工业射线实时成像检测系统。

1. 射线实时成像检测系统的发展

射线实时成像检测技术与射线照相检测技术几乎是同时发展的。早期的射线实时成像检测系统是 X 射线荧光检测系统，它采用荧光屏将 X 射线照相的强度分布转换为可见光图像。但荧光屏图像存在图像亮度低、颗粒粗、对比度低等缺点，所以荧光屏图像的细节和灵敏度都低于胶片图像，这限制了这种技术的实际应用。20 世纪 50 年代初出现了图像增强器，早期的图像增强器的亮度增益为 1200～1500。现代的图像增强器的亮度增益高达 10000 以上，并具有较好的分辨力。这样，输出屏上图像的亮度可达 $0.3 \times 10^3 \text{cd/m}^2$，极大地促进了射线实时成像检测技术的工业应用。随着科技的发展，数字化图像处理技术的引入使得射线实时成像检测系统的图像具有了较高的清晰度，检测质量有了很大的改进，主要体现在：

1）采用图像增强器代替简单的荧光屏，实现图像转换。
2）采用小焦点或微焦点射线源，以投影放大方式进行射线照相。
3）引入数字图像处理技术，改进图像质量。

这种改进使射线实时成像检测技术取得了明显的进步，在中等厚度范围，其射线照相灵敏度已可接近胶片射线照相的水平，这极大地促进了射线实时成像检测技术的工业应用。

2. 射线实时成像检测系统的基本构成及工作过程

目前应用的射线实时成像检测系统有多种类型，如 X 射线荧光检测系统、图像增强器射线实时成像检测系统、成像板射线实时成像检测系统、线阵列射线实时成像检测系统等。各种射线实时成像检测系统的基本构成部分是：射线源、机械装置、射线转换器（含 A/D）、图像处理部分、图像显示与存储部分和控制部分。

射线源可以采用 X 射线机、γ 射线机、加速器等，不同的检测对象须采用不同的射线源，对一般的工业射线检测，主要是采用低能 X 射线机。机械装置是射线实时成像检测系统的重要组成部分，射线实时成像检测技术的扫描检测过程依靠机械装置完成，这部分的性能直接影响射线实时成像检测系统的综合性能和检测技术的实现。

以下重点介绍在工业中应用较多的图像增强器射线实时成像检测系统。

（1）图像增强器射线实时成像检测系统的组成 这种系统可分为六大部分，即射线源、机械装置、图像增强器、图像采集和处理单元、图像显示和存储单元、控制单元。图 6-15 所示是图像增强器实时成像检测系统的构成。

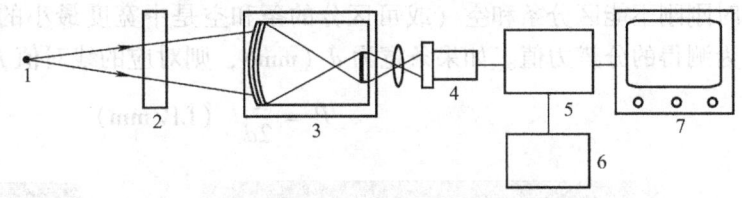

图 6-15 图像增强器实时成像检测系统
1—射线源 2—机械装置 3—图像增强器 4—摄像机 5—图像采集和处理单元 6—计算机和软件系统 7—图像显示和存储单元

图像增强器是该系统的核心器件，它完成射线的转换过程。图像增强器的基本结构如图 6-16 所示，它由外壳、射线窗口、输入屏、聚焦电极、输出屏构成。射线窗口由钛板构成，既具有一定的强度，又可以减少对射线的吸收。输入屏包括输入转换屏和光电层。输入转换屏不同于简单的荧光屏，现在它主要采用 CsI 晶体制做。聚焦电极加有 25～30kV 的高压。

（2）图像增强器工作的基本过程 图像增强器工作的基本过程如下：射线透过工件，穿过图像增强器的窗口入射到输入转换屏上，输入转换屏吸收射线的部分能量，将其能量转换为荧光发射。发射的荧光被光电层接收，并将荧光能量转换为电子发射。发射的电子在聚焦电极的高压作用下被聚焦和加速，高速撞击到输出屏上。输出屏将电子能量转换为荧光发射。在图像增强器中完成的转换过程是：

射线→荧光→电子→荧光

3. 射线实时成像检测系统的图像特性

（1）射线实时成像检测系统图像的构成要素

射线实时成像检测系统图像的构成要素包括像素和灰度。

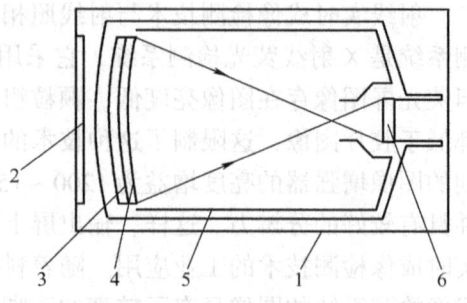

图 6-16 图像增强器
1—外壳 2—射线窗口 3—输入转换屏
4—光电层 5—聚焦电极 6—输出屏

1）像素是构成数字图像的基本单元，如果把数字图像放大许多倍，会发现一幅连续的图像由一系列小点组成，这些小点就是构成影像的最小单位"像素"。对一幅图来说，像素越多，单个像素的尺寸越小，图像的分辨率就越高。

2）像素的亮度称为灰度，每个像素的亮度可数字化为不同的级别，如用8位二进制数表示（8bit），则亮度可分为$2^8=256$个级别。像素的多少、亮度的级别，直接影响图像可能给出的对比度、清晰度和分辨力。

（2）射线实时成像检测系统图像的质量指标 工业射线实时成像检测系统图像质量的主要指标有空间分辨力（简称分辨率）、图像不清晰度和对比灵敏度。

1）空间分辨率（又称图像分辨率）表示的是图像细节的识别能力，它限定了所能揭示的、处于与射线束垂直平面内的缺陷的最小尺寸，通常用线对值（LP/mm，LP/cm）或不清晰度值表示。线对值是在1mm或1cm宽度内可识别的条空（占空比为1:1）对数。

空间分辨力采用双丝像质计或线对测试卡测定。线对测试卡的典型样式如图6-17所示，它由高密度材料（常用铅箔）的栅条和间距形成占空比为1:1的线对图样，密封在低密度材料（常用透明塑料薄板）中构成。塑料厚度约1mm，铅箔厚度等于最窄栅条的宽度。测定时刚刚不能区分条和空（或可区分的条和空是中宽度最小的条和空）时所对应的线对值即为测得的分辨力值。如果条宽为d（mm），则对应的线对值P为

$$P = \frac{1}{2d} \quad (LP/mm)$$

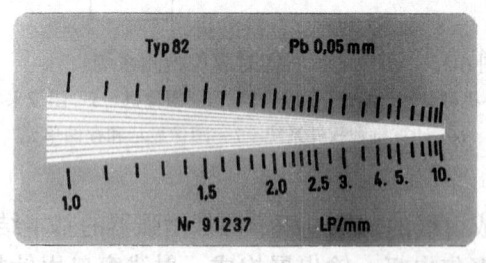

a)   b)

图 6-17 线对测试卡的两种典型样式
a）楔形线对测试卡 b）矩形线对测试卡

图6-17a所示的楔形线对测试卡使用方便，可直接读出分辨力值，但测定值不会很精确。图6-17b所示的矩形线对测试卡，应按线对上方的方块标记数出刚刚不能区分线对的顺

序位置,然后查表6-4得到相应的分辨力值,测定值比较精确。

表6-4 Typ56线对测试卡的分辨力值 （单位：LP/mm）

标记号	标记线对的分辨力值	后续线对的分辨力值
1	0.25	0.275、0.30、0.33、0.36、0.40、0.44
2	0.48	0.52、0.57、0.63、0.69、0.76、0.83、0.91
3	1.0	1.1、1.2、1.3、1.45、1.6、1.75、1.9
4	2.1	2.3、2.5、2.75、3.0、3.3、3.6
5	4.0	4.4、4.8、5.2、5.7、6.3、6.9、7.6、8.3、9.1
6	10.0	9.1、8.3、7.6、6.9、6.3、5.7、5.2

2) 图像不清晰度是指一边界明锐的工件成像后,其影像边界模糊区域的宽度。影响图像不清晰度的因素主要是几何不清晰度和荧光屏的固有不清晰度。射线实时成像检测技术中几何不清晰度会受到焦点尺寸和所选的放大倍数的影响。

3) 对比度灵敏度是可识别的 $\Delta T/T$（T 为透照厚度）的百分比,它限定了所能揭示的,沿射线束方向的缺陷的最小尺寸。

对比度灵敏度采用对比度灵敏度测试块测定。对比度灵敏度测试块为一矩形平板试块,试块上有四个平底方孔,它们的深度分别为对比度灵敏度测试块厚度的1%、2%、3%、4%,其基本样式如图6-18所示。测定时,由能够可靠地、可重复成像的最浅的平底方孔确定对比度灵敏度值。

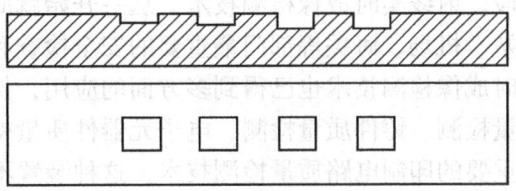

图6-18 对比度灵敏度测试块

4. 射线实时成像检测技术的工艺要点

(1) 最佳放大倍数 进行射线实时成像检测时,一般采用放大透照布置,图像放大后缺陷尺寸也放大了,这有利于细小缺陷的识别。但另一方面,随着放大倍数的增大,几何不清晰度也增大,这将导致影像模糊,不利于缺陷识别。因此,射线实时成像检测过程中应注意选取最佳放大倍数。

(2) 扫描速度和定位精度 射线实时成像检测过程包含动态检测和静态检测。动态检测除了按规定选取扫描面、扫描方位和移动范围等外,还必须正确选取扫描速度,即检测时工件相对于射线源的移动速度,它直接影响图像的噪声。所能采用的扫描速度与射线源的强度有关,射线源的强度高时,图像增强器在单位时间接受的光量子数量多,图像噪声降低,扫描速度可高些。对于静态检测,机械驱动装置必须具有一定的定位精度,一般要求定位误差不应超过10mm。

(3) 图像处理 射线实时成像检测技术中的数字图像处理技术包括一系列内容,主要有对图像进行数字化、编码处理,把图像从连续信号转换为离散数字,进行图像增强、恢复、重建,改善图像质量等。图像处理技术是根据图像质量的一般性质,选择性地加强图像的某些信息、抑制另一些信息,改善图像质量的方法。

经常采用的数字图像处理技术有,对比度增强、图像平滑（多帧平均法,常称为积分处理或降噪）、图像锐化和伪彩色显示等。

(4) 系统性能校验　为了保证射线实时成像检测结果的可靠、稳定，必须对射线实时成像检测系统性能进行定期校验核查，即对其空间分辨力和对比度灵敏度进行核查。同时，在检测过程中应结合进行像质计灵敏度的核查。最好的方法是采用具有应检出的缺陷，并与被检工件类似的物体，在实际检测的条件下进行检测。

核查的间隔应符合有关标准、规定的要求。采用像质计核查时，像质计的选择、数目、放置等应符合有关工业标准的规定。也可使用校验试块、线对卡、阶梯块等进行核查。

5. 图像增强器射线实时成像检测系统的优点和局限性

射线实时成像检测技术的主要优点是动态快速检测，可进行近似实时的质量评定。存在的主要问题是，多数射线实时成像检测技术的图像质量，特别是分辨力达不到胶片射线照相检测技术的水平，另外设备一次投资较大，体积也较大，使得检测系统的灵活性和适用性都受到了限制。

6. 射线实时成像检测系统的应用

射线实时成像检测技术的应用可分为三大方面，即医疗方面、安全检查方面和工业无损检测方面。医疗方面是射线实时成像检测技术最早应用的方面，现在它仍是重要的医疗诊断手段。射线实时成像检测技术，从一开始就应用在包裹的检查等安全检查方面，现在它已是车站、机场、海关等部门最重要的安全检查和反走私检查手段。在工业无损检测方面，射线实时成像检测技术也已得到多方面的应用，例如轮胎质量检测、炮弹和子弹装药检测、焊缝质量检测、铸件质量检测、电子元器件质量检测等。微焦点射线实时成像检测技术是电子工业重要的印制电路质量检测技术，这种装置不仅可以得到常规射线实时成像检测的结果，而且还可以得到层析图像。随着射线实时成像检测技术的发展，应用的范围还在不断的扩大。

三、数字化射线成像技术

一般认为，数字化射线成像技术包括计算机射线照相技术（CR）、线阵列扫描成像技术（LDA）及数字平板技术（DR）。

1. 计算机射线照相技术

计算机射线照相（computed radiography）是将 X 射线透过工件后的信息记录在成像板上，经扫描装置读取，再由计算机显示出数字化图像的技术。整个系统由成像板、激光扫描读出器、数字图像处理和储存系统组成。

计算机射线照相的工作过程如下：用普通的 X 射线机对装于暗盒内的成像板曝光，射线穿过工件到达成像板，成像板上的荧光发射物质具有保留潜在图像信息的能力，即可形成潜影。成像板上的潜影是由荧光物质在较高能带俘获的电子形成光激发射荧光中心构成的，在激光照射下，光激发射荧光中心的电子将返回它们的初始能级，并以发射可见光的形式输出能量。所发射的可见光强度与原来接收的射线剂量成比例。因此，可用激光扫描仪逐点逐行扫描，将存储在成像板上的射线影像转换为可见光信号，通过具有光电倍增和模数转换功能的读出器将其转换成数字信号，存入到计算机中（图6-19）。

数字信号被计算机重建为可视影像在显示器上显示，根据需要对图像进行数字处理。在完成对影像的读取后，可对成像板上的残留信号进行消影处理，为下次使用做好准备，成像板的寿命可达数千次。

计算机射线照相技术的优点和局限性：

1) 原有的 X 射线设备不需要更换或改造，可以直接使用。

2）宽容度大，曝光条件易选择。对曝光不足或过渡的胶片可通过影像处理进行补救。

3）可减小照相曝光量。计算机射线照相技术可对成像板获取的信息进行放大增益，从而可大幅度地减少曝光量。

4）计算机射线照相技术产生的数字图像存储、传输、提取、观察均较方便。

5）成像板与胶片一样，有不同的规格，能够分割和弯曲，成像板可重复使用几千次，其寿命决定于机械磨损程度，虽然单板的价格昂贵，但实际比胶片更便宜。

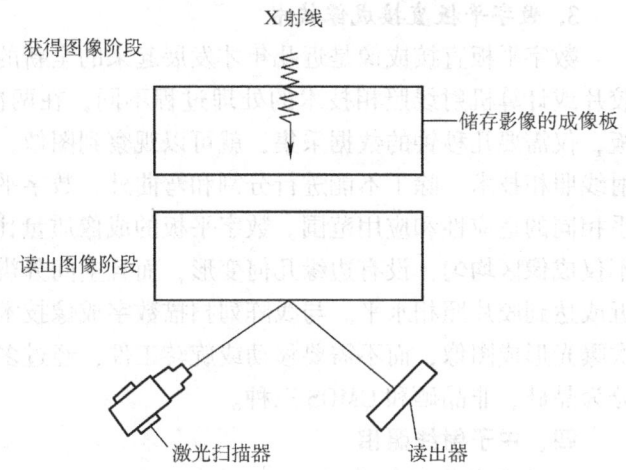

图 6-19　计算机射线照相原理示意图

6）计算机射线照相成像的空间分辨率稍低于胶片水平。

7）比胶片照相速度快一些，但是不能直接获得图像。

8）成像板与胶片一样，对使用条件有一定要求，不能在潮湿的环境中和极端的温度条件下使用。

2. 线阵列扫描成像技术

线阵列扫描数字成像系统工作原理如图 6-20 所示，由 X 射线机发出的经准直为扇形的一束 X 射线，穿过被检测工件，被线扫描成像器接收，将 X 射线直接转换成数字信号，然后传送到图像采集控制器和计算机中。每次线扫描成像器所生成的图像仅仅是很窄的一条线，为了获得完整的图像，就必须使被检测工件作匀速运动，同时反复进行扫描。计算机将多次扫描获得的线形图像进行组合，最后在显示器上显示出完整的图像，从而完成整个的成像过程。

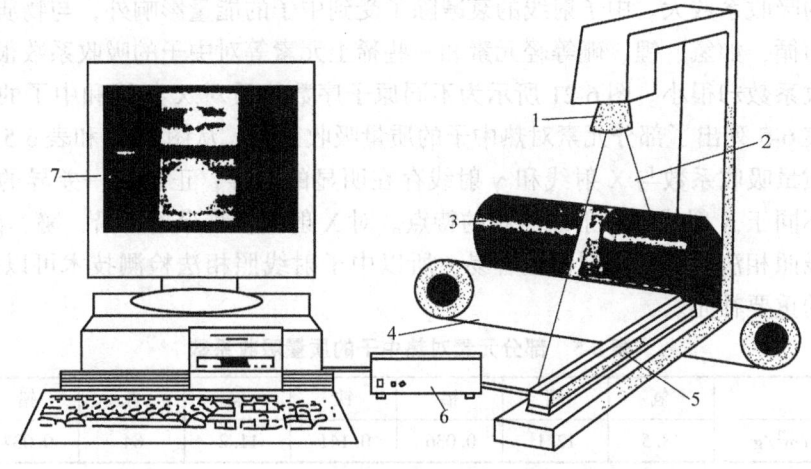

图 6-20　线阵列扫描数字成像系统
1—X 射线管　2—准直后的 X 射线束　3—工件　4—传送装置
5—探测器　6—数据采集和控制系统　7—显示器

3. 数字平板直接成像技术

数字平板直接成像是近几年才发展起来的全新的数字化成像技术。数字平板成像技术与胶片或计算机射线照相技术的处理过程不同，在两次照射期间，不必更换胶片和存储荧光板，仅需要几秒钟的数据采集，就可以观察到图像，检测速度和效率大大高于胶片和计算机射线照相技术。除了不能进行分割和弯曲外，数字平板与胶片和计算机射线照相技术具有几乎相同的适应性和应用范围。数字平板的成像质量比图像增强器射线实时成像系统好很多，不仅成像区均匀，没有边缘几何变形，而且空间分辨率和灵敏度要高得多，其图像质量已接近或达到胶片照相水平。与线阵列扫描数字成像技术相比，数字平板可做成大面积平板，一次曝光形成图像，而不需要移动或旋转工件，经过多次线扫描才获得图像。数字平板技术又分为晶硅、非晶硒和CMOS三种。

四、中子射线照相

1. 中子射线照相原理

(1) 中子射线的基础知识　中子是一种不带电荷的基本粒子，中子射线与X射线和γ射线的相同点是都属于不带电离子束流，具有很强的穿透物质的能力。在其他方面，中子射线与X射线和γ射线的性质完全不同。X射线、γ射线主要是与物质的核外电子相互作用，形成吸收和散射，而中子射线是不带电的中性粒子，与核外电子几乎不发生作用，它主要是与物质的原子核相互作用，形成吸收和散射。其作用机理也不同于X射线和γ射线，中子与物质作用的主要过程是弹性散射、非弹性散射、辐射俘获和核反应等。

中子在穿透物质时，其强度会衰减，衰减也服从指数衰减规律，即

$$I = I_0 e^{-\mu T}$$

式中　μ——衰减系数；
　　　T——物质的厚度。

但其衰减系数的变化完全不同于X射线和γ射线。X射线和γ射线与物质作用时，其衰减随物质原子序数的增大而平缓上升，氢、锂、硼等轻元素对射线的吸收系数小，而铅、铀等重元素的吸收系数大。中子射线的衰减除了受到中子的能量影响外，与物质的原子序数之间无规律而循，如氢、锂、硼等轻元素和一些稀土元素等对中子的吸收系数很大，而一些重元素的吸收系数却很小。图6-21所示为不同原子序数物质对X射线和中子的质量吸收系数的比较，表6-5列出了部分元素对热中子的质量吸收系数。从图6-21和表6-5可以清楚看到热中子的质量吸收系数与X射线和γ射线存在明显的差异，正是这一差异的存在，使中子照相具有不同于X射线和γ射线照相的特点。对X射线较难穿透的铅、铋、铀等重元素，采用中子射线照相法检测技术则比较容易，所以中子射线照相法检测技术可以作为X射线照相法检测的重要补充。

表6-5　部分元素对热中子的质量吸收系数

元素	氢	硼	铝	铁	镉	钆	铅	铀
吸收系数/$\mu/cm^2/g$	48.5	12.1	0.036	0.141	11.2	84	0.034	0.033

描述中子射线的参数有强度和能量。强度是指中子源单位时间里发射出的中子数目。能量与中子的速度有关，中子的速度不同则能量不同，中子能量的单位是电子伏（eV），常见中子能量区域是$10^{-3} \sim 10^7 eV$。习惯上把能量在0.1MeV以上的中子称为快中子；把能量在

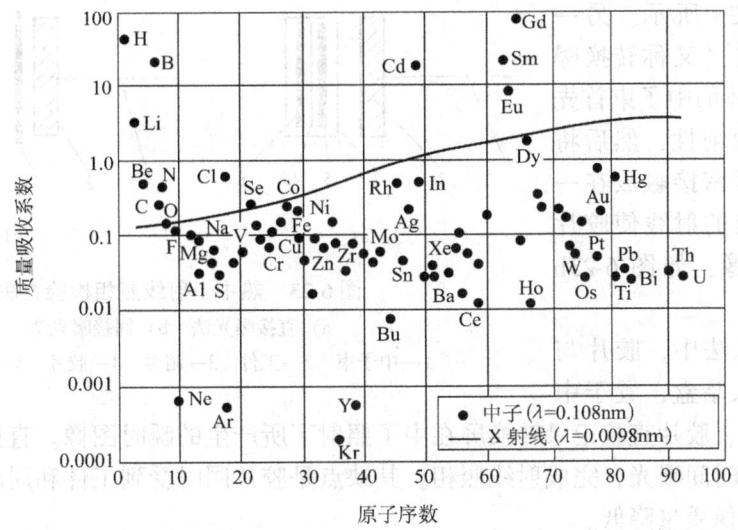

图 6-21 质量吸收系数

1keV 以下的中子称为慢中子；把能量在 10^{-2}eV 左右的中子称为热中子（由于它相当于分子、原子晶格处于热运动平衡的能量）；比热中子能量更低的称为冷中子。

目前无损检测广泛应用的是热中子射线照相技术，这主要是因为：

1) 不同元素或同位素的热中子质量吸收系数差异较大，因此检测灵敏度较高。

2) 容易得到足够强度的热中子源。

3) 热中子的检测比较容易。

（2）中子射线照相原理 中子射线照相原理与 X 射线和 γ 射线照相原理十分相近，如图 6-22 所示，中子源发出的中子束射向被检测的物体，由于物体的吸收和散射，中子的能量被衰减，衰减的程度则取决于物体的成分。穿过物体的中子束被影像记录仪所接收而形成物体的射线照片。在实际使用中，热中子是最普遍的，但它不能直接从有

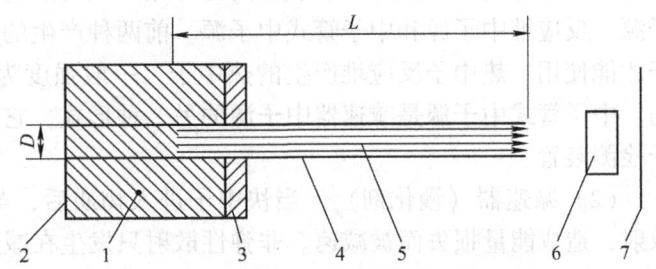

图 6-22 中子射线照相的基本透照布置
1—快中子源　2—慢化剂　3—中子吸收层
4—准直器　5—中子束　6—工件　7—胶片

关反应中制得，必须由快中子减速得到，因此，任何类型的中子源几乎都会使用体积庞大的慢化剂。对热中子来说，还需要进行准直，准直的目的是限制到达物体的中子束发散。

中子射线还有一个重要性质，即其本身几乎不具有直接使胶片感光的能力，但它能产生某些容易被胶片记录下来的二次射线，如带电粒子、光子等。因此，要在感光胶片上记录中子的信息，必须使用某些类型的转换屏，转换屏在中子照射下发生核反应产生 α 粒子、β 粒子和 γ 光子使胶片感光。

中子射线照相按转换方式的不同可以分为两种：一种是直接曝光法，胶片夹在两层屏之间，中子穿过物体落在屏上，使屏产生辐射而使胶片感光，产生的辐射通常是 β 射线或 γ

射线，如图 6-23a 所示。另一种是间接曝光法（又称转换曝光法），穿过物体的中子束首先使转换屏具有放射性，然后将转换屏与胶片紧密接触放在一起，转换屏发出的射线使胶片曝光而产生影像，如图 6-23b 所示。

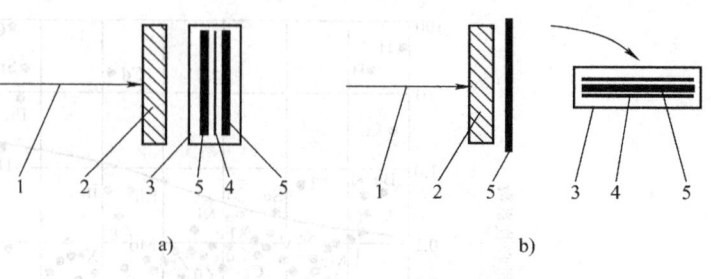

图 6-23 热中子射线照相检验方法
a) 直接曝光法 b) 间接曝光法
1—中子束 2—工件 3—暗盒 4—胶片 5—转换屏

在直接曝光法中，胶片与转换屏同时装入暗盒，置于中子束中进行透照，胶片直接记录转换屏在中子照射下所产生的瞬时图像。直接曝光法可以在低通量下进行长时间曝光，完成射线照相。其缺点是胶片同时受到工件和周围物体产生的射线照射，导致图像质量降低。

在间接曝光法中，首先是对工件和转换屏进行透照，在转换屏中形成工件的放射性影像。透照后，将转换屏移至暗盒中，置于胶片之上使胶片感光，形成胶片的射线照相影像。由于转换屏中放射性活度的积累服从指数规律，在长时间的中子照射下，转换屏的放射性活度将趋于饱和，所以，间接曝光法应注意正确选取曝光时间。这种方法的优点是能对具有放射性的物质进行照相。

2. 中子射线照相设备

中子射线照相设备包括：中子源、减速器（慢化剂）、准直器和转换屏（记录设备）。

（1）中子源 产生中子的方法很多，按中子源可分为四类：同位素中子源、加速器中子源、反应堆中子源和中子管式中子源。前两种产生的是快中子，需要通过慢化剂变成热中子才能使用。热中子反应堆产生的热中子，一般强度为 10^6 个中子$/$s·cm^2，可直接用于探伤。中子管式中子源是减速器中子源的另一种形式，它的体积小、价格低，可用作移动式中子检测装置。

（2）减速器（慢化剂） 当快中子进入物质后，与物质原子核发生弹性散射和非弹性散射，造成能量损失而被减速。非弹性散射只发生在减速过程开始时，减速主要由弹性散射过程实现。通过减速可使快中子慢化，使中子的平均能量达到与慢化剂原子核的平均动能相同。描述慢化剂材料的主要参数是慢化能力和减速比。慢化能力是在慢化剂单位行程内中子能量的对数平均降低量。减速比是慢化能力与宏观吸收截面积之比。选择慢化剂材料时，不仅要考虑慢化能力，更要考虑它的减速比，慢化能力大但减速比小的材料，由于宏观吸收面积大，不适宜作慢化剂材料。表 6-6 列出了一些慢化剂的减速特性，由表中数据可知，重水是中子慢化最好的慢化剂。

表 6-6 慢化剂的减速特性

慢化剂	慢化能力/cm^{-1}	减速比
水与其他含氢物质	1.53	60
重水	0.18	6000~20000
铍	0.16	135
石墨	0.063	175

(3) 准直器 准直器用铝或不锈钢等材料制成，是一个双层壁的圆筒，两壁间填充了强烈吸收热中子的物质（硼及硼的化合物或水泥），热中子通过准直器后，其能量减少为原来的1%。

(4) 转换屏（记录设备） 中子本身几乎不能使胶片感光，因此，在热中子射线照相中必须采用转换屏，转换屏在中子的照射下可以发射 α 射线、β 射线或 γ 射线等，利用这些射线使胶片感光，记录透射中子分布图像，完成中子射线照相。

转换屏分为两类：一类是钆、锂、硼、镉等，其中使用最多的是钆屏，它们在中子照射下瞬时发射射线，可用于直接曝光法；另一类是用于间接曝光法的铟、镝、铑转换屏，它们在受到中子照射时，可以俘获中子，形成具有一定寿命的放射性核，在以后的放射性衰变中放射出 γ 射线。

3. 中子射线照相应用简介

中子射线照相法探伤是 X 射线、γ 射线照相法探伤的补充，对一些特殊领域和特殊结构，中子射线照相技术具有特殊的意义。中子射线照相技术的主要缺点是中子源价格昂贵，使用时需特别注意中子的安全与防护问题，这就限制了中子射线照相技术的应用。中子射线照相可应用于核工业装置、爆炸装置、汽轮机叶片、电子器件及航空结构件等的检测。

练 习

1. 变截面工件可以采用哪些方法进行射线照相检测，各种方法有什么特点？
2. 环形熔焊接头射线照相检测时可采用哪些透照布置？各种透照布置有哪些特点？
3. 非金属制件射线照相检测时，与金属制件射线照相检测相比有哪些特点？
4. 复合材料制件射线照相检测时，技术上与金属制件射线照相检测相比有哪些特点？
5. 电子元器件进行射线照相检测时应注意哪些方面？
6. 对小直径管椭圆成像透照技术都有哪些方面的规定？
7. 射线照相检测时如何确定环焊缝的透照次数？
8. 球罐全景 γ 射线照相检测技术的工艺设计应注意哪些问题？
9. 简述高能射线照相的特点。
10. 高能射线的辐射防护应注意哪些方面的问题？
11. 简要说明工业射线实时成像系统的基本构成及工作过程。
12. 简述图像增强器的基本构造。
13. 射线实时成像检测技术的工艺要点有哪些？
14. 简述中子射线照相的基本原理。

第七单元 辐射防护

> **内容导入**：温度在绝对零度以上的物体都以电磁波的形式时刻不停地向外传送热量，这种传送能量的方式称为辐射。从射线与物质相互作用引起的电离情况可分为两类：电离辐射和非电离辐射。一切可引起物质电离的辐射统称为电离辐射，不能引起物质电离的辐射称为非电离辐射。可直接致电离的粒子有电子、β射线、质子、α粒子等带电粒子，X射线和γ射线是间接致电离的粒子。人们很早就认识到电离辐射对人体的危害作用，并注意到安全防护问题，辐射防护就是研究这方面的一个学科。

在19世纪末期，X射线被应用于医学实践时，人们很快就发现X射线对人体产生的有害效应极为明显，为此许多科学家开始致力于研究其同人体相互作用的机理及其防护。辐射与我们的生产和生活息息相关，为限制和减少辐射的危害，本单元将针对工业射线检测技术特点，介绍辐射防护的基本概念和相关规定。

模块一 辐射剂量的定义、单位与标准

一、照射量

当X射线或γ射线穿过空气时可以产生二次电子，二次电子和空气分子作用，使空气电离，形成带有正电荷的正离子和带有负电荷的负离子，照射量就是描述X射线或γ射线对空气电离能力大小的物理量，也是使用最广泛的表示辐射量大小的物理量。

照射量的定义为：X射线或γ射线在某一单位体积的空气中产生的全部电荷被完全阻留在空气中时，产生的任一种符号的电荷的绝对值与这个小体积空气质量之比，即

$$X = \frac{dQ}{dm} \tag{7-1}$$

式中 X——照射量；

dm——体积元中空气的质量；

dQ——在体积元空气中产生的一种符号电荷的电量。

照射量表示X射线或γ射线在单位质量的空气中所能产生的电荷数量。照射量常用的符号是X，其法定计量单位是库仑/千克（C/kg）。照射量的专用单位是伦琴（R），简称伦。两个单位的关系是

$$1R = 2.58 \times 10^{-4} C/kg$$

照射量只适用于X射线或γ射线对空气的效应，而且只适用于光子能量大约在几千电子伏到3兆电子伏之间的X射线或γ射线，它不适于其他辐射，也不适于其他物质。

单位时间的照射量称为照射量率，一般用符号$\dot{X}$表示，即

$$\dot{X} = \frac{dX}{dt} \tag{7-2}$$

式中　dt——时间间隔；

　　　dX——在此时间间隔中产生的照射量。

二、吸收剂量

当射线辐照物体时，可以将能量的一部分或全部传递给被辐照的物体，即被辐照的物体可以吸收电离辐射的一部分或全部能量。但是，在同样的条件下，不同的物质吸收射线能量的情况并不相同。照射量仅表示空气完全吸收 X 射线或 γ 射线能量的情况，而吸收剂量表示的是各种物质吸收电离辐射能量的情况。

吸收剂量定义为：电离辐射授予某一体积元中物质的平均能量与该体积元中物质质量之比

$$D = \frac{d\varepsilon}{dm} \tag{7-3}$$

式中　D——吸收剂量；

　　　$d\varepsilon$——授予体积元的平均能量；

　　　dm——体积元的物质质量。

也就是说，吸收剂量表示电离辐射传递给单位质量的被辐射物质的能量。吸收剂量常用符号是 D，其单位是戈瑞（Gy），即

$$1Gy = 1J/kg$$

吸收剂量的专用单位是拉德（rad），两者的关系是

$$1Gy = 100rad$$

在实际使用中常用较小的单位，如毫戈瑞（mGy）等。

吸收剂量适用于任何类型的电离辐射，也适用于任何物质，但必须注意的是，吸收剂量的大小不仅相关于电离辐射本身的类型和能量，而且也相关于被辐射的物质。同样的电离辐射辐射不同的物质时，产生的吸收剂量可能不同。

类似于照射量率的概念，相应地可以引入吸收剂量率

$$\dot{D} = \frac{dD}{dt} \tag{7-4}$$

它表示单位时间的吸收剂量，常用单位是戈瑞/小时（Gy/h）。

三、吸收剂量与照射量的关系

照射量仅表示了空气完全吸收 X 射线或 γ 射线能量的情况，而吸收剂量表示各种物质吸收电离辐射能量的情况。尽管照射量和吸收剂量是两个物理意义完全不同的物理量，但在相同的照射条件下，这两个量之间存在着一定的关系。

在实际工作中，直接测量吸收剂量是比较困难的，仪器测量和计算的只能是照射量，因此，要计算辐射场中某点被照物质的吸收剂量，就只能用该点的照射量来进行换算。常见的有以下两种换算方法：

1. 将空气中某点的照射量换算成该点空气的吸收剂量

在标准状态下 $1cm^3$ 的空气质量为 0.0013g，当它受到 2.58×10^{-4} C/kg（1R）的照射量照射时，产生的电离能量为 0.113×10^{-7} J，由此可得出空气在该照射量照射下吸收的能量为

8.69×10^{-3} J/kg。

一般地，如辐照场中某点的照射量为 X，该点空气的吸收剂量为 D_a，则可给出空气的吸收剂量与照射量的关系。当照射量的单位为库仑/千克（C/kg）时，它们的关系为

$$D_a = 33.7X \tag{7-5}$$

如果照射量的单位为伦琴（R），则它们的关系为

$$D_a = 8.69 \times 10^{-3} X \tag{7-6}$$

这样，只要知道了辐照场中某点的照射量，就可以计算出该点空气的吸收剂量。

2. 将空气中某点的照射量换算成该点被照物质的吸收剂量

在一定的条件（电子平衡）下，不同物质的吸收剂量之间存在一定的关系，因此，可以通过空气的吸收剂量求出其他物体的吸收剂量。所谓电子平衡，是指在某物质中，入射次级电子数目等于射出电子数目，电离电量开始趋于恒定的现象。

实际应用中常直接将这种关系写成物体的吸收剂量与照射量的关系

$$D_m = fX \tag{7-7}$$

式中 D_m——物体的吸收剂量（Gy）；

X——物体所在处的照射量（C/kg）；

f——转换因子或称为转换系数（Gy·kg/C）。

转换因子的值相关于射线的能量，也相关于被辐照物体的性质，可从有关手册查到人体的换算因子值。当照射量的单位采用伦琴（R）时，按照人体的肌肉、骨骼等的组成，通常对人体可取

$$f = 9.5 \times 10^{-3} \text{Gy} \cdot \text{kg/C}$$

用此因子，可从照射量得出全身受到均匀外照射时的近似吸收剂量。

转换因子值取决于光子能量和受照射物质的性质，表7-1中列出了水、肌肉和骨骼对不同能量光子的转换因子值。由表中的数据可见，对于低能光子，在照射量相同的情况下，骨骼的吸收剂量比肌肉高3~4倍，当光子能量超过0.2MeV后，对于相同的照射量，各种物质的吸收剂量都非常接近。

表7-1 几种物质的转换因子值

光子能量/MeV	转换因子/（Gy·kg/C）		
	水	骨骼	肌肉组织
0.010	0.00912	0.0354	0.00925
0.020	0.00881	0.0423	0.00916
0.050	0.00892	0.0358	0.00926
0.10	0.00948	0.0145	0.00948
0.20	0.00973	0.00979	0.00963
0.50	0.00966	0.00925	0.00957
1.0	0.00965	0.00922	0.00956
2.0	0.00966	0.00921	0.00954
5.0	0.00954	0.00934	0.00944
10.0	0.00935	0.00960	0.00929

四、剂量当量

为了统一评价不同类型的电离辐射对生物体产生的辐射损伤，引入了剂量当量的概念，它是将吸收剂量根据肌体组织的生物效应加权修正所得的剂量值。剂量当量是为了在执行辐射防护标准中，能统一衡量剂量限值而引入的一个量，这个量可以反映出不同电离辐射生物效应的大小，以及不同照射形式所致的危害程度，是个专用于辐射防护的物理量。

剂量当量定义为：吸收剂量与辐射品质因数及修正因子之积，常用符号 H 表示，即

$$H = DQN \tag{7-8}$$

式中　D——该点处的吸收剂量；

Q——辐射品质因数，表示吸收能量微观分布对辐射生物效应的影响；

N——其他修正因数的乘积，表示吸收剂量空间、时间等分布不均匀性对辐射生物效应的影响。

辐射品质因数 Q 与辐射引起的电离密度有关，亦相当于带电粒子在每单位径迹长度上损失的平均能量，这个能量称为线能量转移（LET）。不同射线的线能量转移引起的电离程度不同，如图 7-1 所示。

当辐射具有一定能谱时，可用给出的平均品质因数，常简单记为 Q。

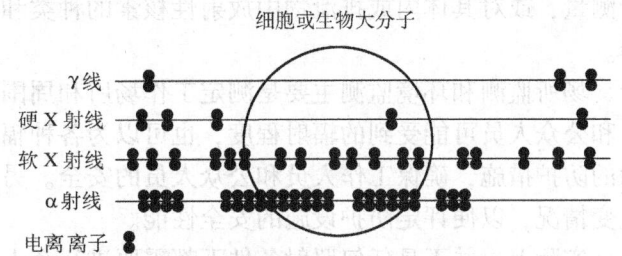

图 7-1　不同射线的线能量转移（LET）示意图

一些射线的平均品质因数列于表 7-2 中，修正因子一般都取为 1。

表 7-2　平均品质因数

照射类型	射线种类	Q
外照射	X 射线、γ 射线、电子	1
	热中子	3
	中能中子（0.02~0.1MeV）	5~8
	快中子（0.5~10MeV）	10
内照射	X 射线、γ 射线、电子	1
	α 粒子	10

对于 X 射线和 γ 射线，因为品质因数 $Q=1$，修正因数 $N=1$，且 Q 和 N 是无量纲的，因此剂量当量和吸收剂量具有相同的数值和量纲。

剂量当量的国际单位是焦耳/千克（J/kg），为了与吸收剂量相区别，剂量当量采用专有的国际单位名称——希沃特，符号为 Sv。

$$1\text{Sv} = 1\text{J/kg}$$

亦有毫希（mSv）、微希（μSv）等单位，其之间关系为

$$1\text{Sv} = 10^3 \text{mSv} = 10^6 \mu\text{Sv}$$

剂量当量也有专用单位——雷姆（rem），国际单位和专用单位的换算关系为

$$1\text{Sv} = 100\text{rem}$$

同样，单位时间内的剂量当量增量，称为剂量当量率，国际单位是希沃特/小时，即

$$\dot{H} = \frac{dH}{dt} \tag{7-9}$$

模块二 剂量测定方法和仪器

一、辐射监测的内容及分类

辐射监测包括个人监测、场所监测、环境监测、流出物监测和事故监测。对工业射线检测工作来说,主要是进行个人监测和场所监测。

个人监测主要是测量被辐射照射的个人所接受的剂量,通过这种测量可积累工作人员接受剂量的数据,避免工作人员受到超过剂量的照射,同时也有助于分析超剂量的原因,为治疗和研究辐射损伤提供数据。个人监测是一种控制性监测,它利用工作人员佩带的剂量计进行测量,或对其体内或排泄物中放射性核素的种类和活度进行的测量,并对测量结果进行解释。

场所监测和环境监测主要是测定工作场所和周围环境的辐射水平,从而可以预测工作人员和公众人员可能受到的辐射程度,也可以为各种辐射防护设计提供准确的数据,并采取正确的防护措施,确保工作人员和公众人员的安全。另外,还可测定增添防护设施后剂量场的改变情况,以便评定防护设施的安全性能。

实际上,并不是任何照射条件下都需要进行个人剂量监测,通常只有受照射剂量达到某一水平的地方或可能发生大剂量照射的地方,才需要进行个人剂量监测。

GB 18871—2002《电离辐射防护与辐射源安全基本标准》将辐射场所分为控制区和监督区。需要和可能需要专门防护手段或安全措施的区域定为控制区。确定控制区边界时应考虑预计的正常照射水平、潜在照射的可能性和大小、所需要的防护手段及安全措施的性质和范围。在控制区的进出口及适当位置应设立规定的警告标志,如图7-2所示。

通常不需要专门防护手段或安全措施,但需要经常对职业照射条件进行监督和评价的区域应定为监督区。应采用适当手段划出监督区边界,定期审查该区的条件。

图7-2 电离辐射标志

对于任何在控制区工作的工作人员,有时进入控制区工作并可能受到显著职业照射的工作人员,及职业照射剂量当量可能大于5mSv的工作人员,均应进行个人监测。

对在监督区或只偶尔进入控制区工作的人员,如果预计其职业照射剂量当量在每年1~5mSv范围内,则应尽可能进行个人监测。

如果可能,对所有职业照射的人员均应进行个人监测,但对受照剂量当量始终不可能大于1mSv的工作人员,一般可不进行个人监测。

工作场所监测的内容和频度,应根据工作场所内辐射水平、变化和潜在照射的可能性与大小确定。工作场所监测大纲应规定:拟测量的量,测量的时间、地点、频度,测量方法和程序,达到或超过参考水平时应采取的行动。

注册者、许可证持有者、用人单位必须为每一位工作人员都保存职业照射记录。在工作人员停止辐射工作后,其照射记录至少要保存30年。

关于X射线和γ射线工作场所的分区管理和辐射监测的相关规定详见国家标准GB/T 18871—2002。

二、剂量仪器的工作原理

众所周知，人的感觉器官不能察觉电离辐射的存在，要完成辐射监测的任务，必须依靠专门的探测装置，即辐射监测仪。剂量仪器之所以能够测量电离辐射，其基本原理是根据电离辐射的物理和化学效应，利用这些效应制成各种不同型号和用途的剂量仪。

辐射剂量仪可分为探测器和测量装置（电子线路）两部分，前者是选用某种物质按一定方式对辐射产生响应（即物理、化学反应）；后者是选用电子线路测量响应的程度。常见剂量仪的探测器主要是利用射线的电离性质制成的，如电离室、正比计数器、盖革—弥勒计数管，以及各种半导体探测器等。此外还有利用与电离同时产生的激发等其他性质进行探测的，如闪烁计数器、化学剂量计，以及固体剂量计等。

个人剂量监测常用的剂量计有胶片个人剂量计、光致荧光个人剂量计、热释光个人剂量计。场所剂量监测常用的剂量计有携带式照射量率计和巡测仪。巡测仪主要分为电离室、闪烁计数器、G-M计数管和正比计数器剂量仪。其中充气电离室是最原始，也是最标准的测量装置。

三、剂量仪器的选择及校准

1. 仪器的选择

辐射监测仪器种类很多，并且发展和更新很快，仪器选择主要从以下四方面考虑：

（1）监测射线的种类　对于X射线、γ射线、α射线、β射线、中子射线或混合射线场应分别测定。

（2）仪器的能量响应、方向响应和可测能量范围　对探测X射线、γ射线的仪器来说，能量响应是评价其性能的重要指标之一。所谓能量响应是指仪器的探测元件在不同能量X射线、γ射线照射下，照射引起的仪器响应（即读数）随光子能量的变化，如果这种差别小，就称为能量响应好或能量依赖性小。监控混合辐射场时，可用两台分别只对一种射线敏感的仪器测量，也可用两台对两种射线均敏感，但敏感范围不同的仪器测量。

（3）仪器的量程　在使用监测仪器时需注意量程是否符合要求。闪烁计数监测仪最灵敏，能测量"μR"级天然本底水平；计数管监测仪，低档达"mR"级；电离室仪最灵敏档为"mR/h"，高档达数十"R/h"。

（4）仪器使用条件和现场测量要求　仪器使用过程中应考虑现场有无可能引起的干扰，如热、光、射频辐射及机械冲击。无放射性场所测量时，可使用造价低、耗电量低的便携式计数率辐射仪；放射性场所外监测照射剂量时，对高剂量固定监测，要求用遥测电缆和自动报警系统；个人剂量监测则应用累积剂量可佩带仪器，常用的有剂量胶片、剂量笔、玻璃剂量计、热释光剂量计等。

2. 仪器的校准

辐射剂量仪应定期进行维护和检验，根据国家计量标准进行校准，并保存校准记录。仪器校准的目的是保证仪器正常工作，满足仪器测量结果总的误差要求，包括能量响应、方向响应、环境效应等。校准仪器的基本方法有两种，即标定法和替代法。标定法是一种利用性质已充分了解的辐射场、标准源标定；当对辐射场不十分了解时则采用替代法，可用标准仪器比对基准、次级标准、工作标准的误差传递。

由于国际辐射单位与测量委员会报告（ICRU）对于剂量限制值的推导是在偏于保守的方式下导出的，所以在辐射防护监测中可适当降低准确度：

1）当最大剂量当量与最大容许剂量可以比拟时，准确度应达 ±30%。
2）当剂量水平为最大容许剂量的 1/100 时，误差达 3 倍是可以接受的。
3）遇到剂量水平比最大容许剂量大得多的时候，应尽量提高辐射测量准确度。

四、场所辐射监测仪器

用于场所辐射监测的仪器按体积、重量和结构可分为携带式和固定式两类。携带式仪器体积小、重量轻，具有合适的量程，便于个人携带使用。固定式监测装置，一般由安装在操作室的主机和通过电缆安装在监测处的探头两部分组成。还可采用带有声音或灯光信号的报警装置，一旦场所的剂量超过某一预定值时，仪器能自动给出信号。在场所辐射监测中，有用射线束在照射场内辐射水平很高，而一般散、漏射线的辐射水平较低，必须选用适当的仪器进行测量，常用的几种仪器见表 7-3，有关性能介绍如下：

表 7-3 剂量监测仪器

名称	型号	测量范围	用途	备注
γ 射线微伦计	FJ—311G$_2$	0.2 ~ 2000μR/s	测量 γ 射线照射量	G-M 计数器
袖珍 X 射线、γ 射线个人剂量仪	FJ—2000	0.0μSv ~ 99.99mSv 0.1μSv/h ~ 99.99mSv/h	测量 X 射线、γ 射线剂量和剂量率	G-M 计数器
X 射线、γ 射线剂量仪	FJ—347	0 ~ 10^{4}mrad/h	测量 X 射线、γ 射线剂量率	电离型
X 射线剂量仪	FJ—365	0mR/h ~ 10^{4}mR/h	测量 X 射线剂量率	电离型

1. 电离室巡测仪

电离室巡测仪的典型组成包括电离室、弱电流测量电路（如静电计）、显示电表（如微安表）及电源线路等部分。探测照射量的电离室可以用胶木、聚苯乙烯之类的塑料（如 FJ—311G$_2$ 型 γ 射线微伦计、FJ—365 型 X 射线剂量仪）及铝等材料作室壁。非金属室壁上要涂以导电石墨，中央电极用涂石墨的塑料或铝制成。室内充满空气，大多不密封。

电离室巡测器结构简单，使用方便，可以测量多种射线，能响特性较好。虽然灵敏度不是很好，但也足够常规防护监测的需要，故使用广泛。仪器故障经常是由于温湿改变，尘埃引起的绝缘不良，故应注意干燥保管。

2. G—M 计数器

G—M 计数器最适宜用于测量放射性活度，但由于它比电离室灵敏度高，在少数场合也用来粗略地检测剂量。只需将其和计数率表连接就构成了巡测仪器，可以在表头上指示出平均计数率。该仪器对低于 0.3 MeV 的 γ 射线能量依赖性特别严重。在很强的辐射场中，如果计数率太大会发生"饱和"，使电路不能正常工作，表头指示为零。要注意，太强的辐射极易损坏计数管。

3. 闪烁计数器

闪烁计数器也部分用于检测场所照射量或物质吸收量，使用时把闪烁探头同放大器、计数率表等连接组成巡测仪器。其主要探测对象是低水平的 γ 射线、中子等辐射，灵敏度比 G-M 计数器高，时间响应快，但是对能量的依赖性限制了它在强辐射场中的应用，一般探测照射量小于 5mR/h。

五、个人剂量监测仪器

个人剂量监测仪器的探测器件通常佩带在人体身上，以监测个人受到的总照射量或者组织的吸收剂量。因此，探测元件或仪器必须非常小巧、轻便、牢固、容易使用、佩带舒适，而且能量响应要好，并不受所测辐射以外的因素干扰。

携带式 X 射线、γ 射线辐射剂量监测仪是当 X 射线或 γ 射线的空气吸收剂量率超过某一预定值或预定范围时，通常便发出可见的或声音的报警信号。

个人剂量监测仪的基本要求如下：

1）应只对欲测的一种或几种辐射响应，其响应应不受诸如温度、湿度、灰尘、风、光和磁场等环境因素影响。

2）应具有能覆盖监测范围的量程。

3）能量响应和角响应共同引入的误差应不大于 30%（95% 置信度）。

4）在一个监测周期内累计剂量的损失应不大于 10%。

5）剂量计应具有足够的机械强度，其大小、形状、结构和重量应不得影响个人的工作。

剂量计的佩戴要求是：对于比较均匀的辐射场，当辐射主要来自前方时，剂量计应佩戴在人体躯干前方中部位置，一般在左胸前；当辐射主要来自人体后方时，剂量计应佩戴在背部中间。

常用的个人剂量监测仪有电离室式剂量笔、胶片剂量计，以及属于固体剂量仪的玻璃剂量仪和热释光剂量仪，目前使用较多的是固体剂量仪。几种典型个人剂量监测仪的原理和性能如下：

1. 个人剂量笔

个人剂量笔（个人剂量计）实际上是一种直读式袖珍电离室，又称为携带剂量表，是一种形似钢笔的小验电器，如图 7-3 所示，其基本结构包括两个电极，一个带正电（中心电极），另一个带负电（外电极），中心电极（阳极）与外电极（阴极）绝缘，中心电极有一个活动丝，当电离室充电后，因同性电相斥，活动丝被固定中心电极推开，把刻度按活动丝到固定电极的距离与剂量的关系校准，电荷最多，斥力最大的刻度为零位，依据活动丝位置表示 X 射线剂量。当 X 射线与电离室的空气或电离室壁相互作用形成正、负离子对时，电离室两极板电荷减少、斥力减弱，活动丝下垂，即可直接读出 X 射线剂量。

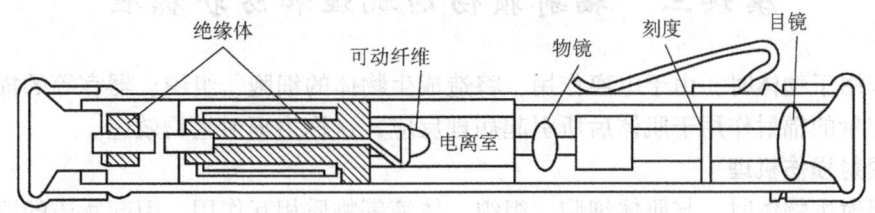

图 7-3 个人剂量笔

这种个人剂量笔，能量响应较差，并且常由于绝缘性能不良或受到冲撞震动而引起错误的读数，但它具有读数迅速、简便的优点。国产剂量笔（γ 射线及 X 射线个人剂量计）是一种石英丝验电器型直读式剂量剂，它主要用于测量在 γ 射线及 X 射线辐射场中作业人员等所受到的 γ 射线及 X 射线的累积照射量。

2. 盖革·弥勒计数器

盖革·弥勒计数器是一种充气计数器，在每一脉冲的量值与激发它的离子数无关的条件下工作。

3. 热释光剂量计

热释光剂量计利用某些材料受辐射诱发可增强发光的性质，而制成的一种个人辐射剂量计。该释光剂量计具有较高的灵敏度和精度，可重复使用，体积小，有代替胶片剂量计的趋势。

4. 半导体探测器

半导体探测器是由加有适当电压的半导体二级管所组成的探测器。在二极管中，入射使电离粒子所产生的瞬时导电性，可给出一电荷脉冲输出。

5. 闪烁计数器

闪烁计数器可对在荧光材料中由电离辐射所产生的闪烁进行检出和测量的一种计数器。这种探测器灵敏度很高，不仅可以满足日常防护监测的要求，而且可以用于探测很微量的射线。

6. 胶片（襟章）剂量计

胶片剂量计涉及放射性工作的人员或在射线源附近工作的人员所佩带的一种装在特殊套中的胶片，它可对所吸收的辐射剂量进行测量。工作人员在有射线辐射的环境中停留若干时间后，将胶片剂量计送卫生监督机构按照标准方法进行检测，由底片的黑度和胶片的感光特性曲线可求得该工作人员接受的射线照射剂量。胶片剂量计的发放、处理、剂量检定和管理，应由专门机构执行。这种方法适于全身照射的个人累计剂量的监督，能较好地测出工作人员实际接受的射线剂量。但是，当发现超过安全剂量时，工作人员已受到了射线辐射的伤害，这是这种方法的缺点。

按照 GB/T 17150—1997 的规定，用于放射防护监测的仪器每年至少由法定计量部门检定一次。有效期内的监测仪器经可能涉及计量刻度的重大维修后，必须重新进行检定。

【试一试】

利用网络了解一下国内外最新研制的剂量测定仪器。

模块三 辐射损伤的机理和防护标准

辐射作用于物体时，由于电离作用，将造成生物体的细胞、组织、器官等的损伤。辐射损伤是一定量的辐射作用于肌体后所引起病理反应，这称为辐射生物效应。

一、辐射损伤机理

射线照射生物体时，与肌体细胞、组织、体液等物质相互作用，引起物质的原子或分子电离，因而可以直接破坏机体内某些大分子结构，如使蛋白质分子链断裂、核糖核酸或脱氧核糖核酸的断裂、破坏一些对物质代谢有重要意义的酶等，电离辐射不仅可以扰乱和破坏机体细胞和组织的正常代谢活动，而且可以直接破坏细胞和组织的结构，引起损伤的方式既有直接的作用，也有间接的作用，而间接的作用是主要的。电离辐射把能量传递给物质，从原子水平的激发或电离开始，继而引起分子的破坏，又进一步影响到细胞、组织、器官，还可以引起机体继发性的损伤，进而使机体组织发生一系列生物化学变化、代谢的紊乱、机能的失调及病理形态等方面的改变，损伤严重则导致机体死亡。图 7-4 所示为 X 光子在生物组织中的吸收及其引起生物效应的过程。

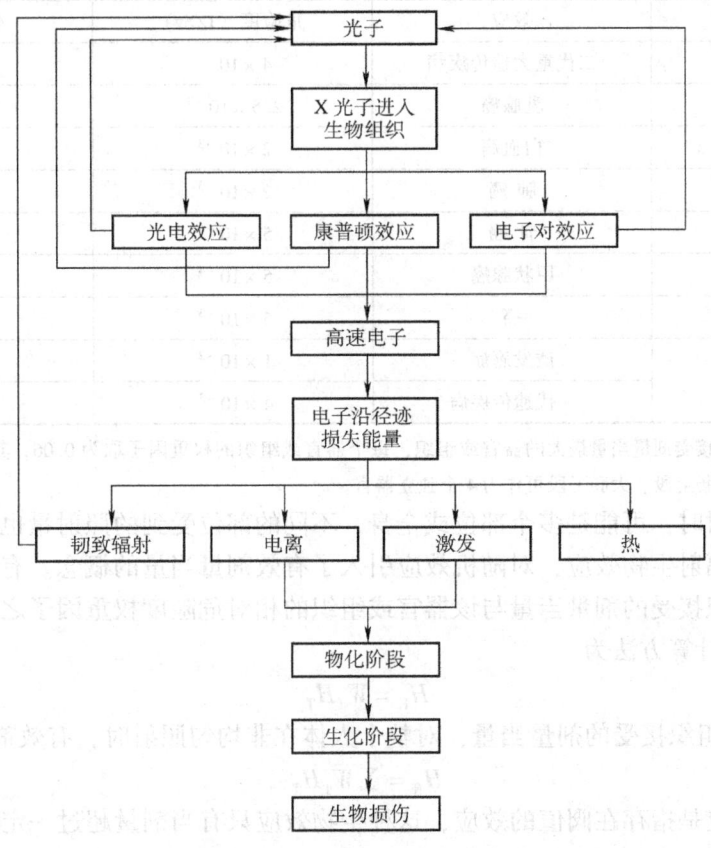

图 7-4　X 光子在生物组织中的吸收及其引起生物效应的过程

辐射对生物体的作用是一个极其复杂的过程，生物体从吸收辐射能量开始到产生生物效应，要经历许多不同性质的变化，一般认为将经历 4 个阶段的变化，即物理变化阶段、物理—化学变化阶段、化学变化阶段、生物变化阶段。辐射生物效应可以表现在受照者本身，也可以出现在受照者的后代。表现在受照者本身的称为躯体效应，出现在受照射者后代时称为遗传效应。躯体效应按照显现的时间早晚又分为近期效应和远期效应。小剂量所致的 DNA 变化可使被照射者产生慢性疾病，使他们的后代发生遗传学缺陷。需要指出的是，辐射损伤没有特殊的现象和症状，不过一些现象和症状的综合可能是辐射损伤所特有的。

从辐射防护的观点讲，全部辐射生物效应可分为两类：随机性效应和非随机性效应（在 ICRP 第 60 号报告中改称为"确定性效应"）。

随机性效应是效应的发生几率（不是严重程度）与剂量的大小有关的辐射生物效应。对于正常的低剂量照射情况，从辐射防护的目的出发，常假定随机性效应的发生率与剂量之间存在线性关系，即剂量越大，随机性效应的发生率越大。

对随机性效应进行定量描述的重要概念有危险度、权重因子等。

危险度的定义为：单位剂量当量在受照器官或组织诱发恶性疾患的死亡率，或出现严重遗传疾病的发生率。权重因子的定义为：各器官或组织的危险度与全身受到均匀照射的危险度之比，记为 W_T。表7-4列出了人体各器官和组织的危险度和权重因子。

表7-4 人体各器官和组织的危险度和权重因子

器官或组织	效应	危险度（1/Sv）	权重因子 W_T
生殖腺	二代重大遗传疾病	4×10^{-3}	0.25
乳腺	乳腺癌	2.5×10^{-3}	0.15
红骨髓	白血病	2×10^{-3}	0.12
肺	肺癌	2×10^{-3}	0.12
骨	骨癌	5×10^{-4}	0.03
甲状腺	甲状腺癌	5×10^{-4}	0.03
其他组织	癌	5×10^{-3}	0.30①
全身	诱发癌症	1×10^{-2}	
	一代遗传疾病	4×10^{-3}	

① 选取其他五个接受剂量当量最大的器官或组织，每个器官或组织的权重因子取为0.06，其他器官或组织不计。胃、小肠、大肠上段、大肠下段可作为4个独立器官。

身体受到照射时，可能是多个部位或全身，不同的部位受到的照射量也可能不同，为了评价这时产生的辐射生物效应，对随机效应引入了有效剂量当量的概念。有效剂量当量的定义为：器官或组织接受的剂量当量与该器官或组织的相对危险度权重因子之积。有效剂量当量一般记为 H_E，计算方法为

$$H_E = W_T H_T$$

H_T 为器官或组织接受的剂量当量，对整个人体在非均匀照射时，有效剂量当量为

$$H_E = \sum W_T H_T$$

非随机性效应是指存在阈值的效应，这种生物效应只有当剂量超过一定的数值之后才发生，效应的严重程度也与剂量的大小相关。因此，只要限制剂量当量就可以避免随机性效应的发生。一些器官或组织的非随机性效应的剂量阈值见表7-5。随机性效应与非随机性效应的基本特点比较见表7-6。

表7-5 部分非随机性效应的剂量阈值

器官或组织	效应	单次照射的剂量阈值	多次照射累积剂量阈值
生殖腺	永久性不育	3Gy	—
眼晶体	晶体浑浊	$0.5 \sim 2.0$Sv	>15 Gy
红骨髓	造血机能损伤	1.5Sv	>20 Gy
皮肤	难以接受的变化	—	>20 Gy

表7-6 随机性效应与非随机性效应的基本特点

效应类型	效应发生	效应严重程度
随机性效应	不存在剂量阈值，发生概率与剂量相关	与剂量无关
非随机性效应	存在剂量阈值	与剂量相关

二、影响辐射损伤的因素

辐射损伤是一个复杂的过程，它与许多因素相关，主要有辐射性质、剂量、剂量率、照射方式、照射部位和范围等。

1. 辐射性质

辐射性质包括辐射的种类和能量。不同性质的辐射生物效应是有差别的，如 X 射线和 γ 射线的生物效应基本一致，而中子射线和 γ 射线相比，中子射线产生的生物效应要比 γ 射线大得多。对同一种类型的辐射，由于射线能量不同，产生的生物效应也不同。例如低能 X 射线造成皮肤红斑所需的照射量小于高能 X 射线，这是因为低能 X 射线主要被皮肤所吸收，而高能 X 射线照射时，会将能量同时分布到较深的组织中去。

2. 剂量

剂量与生物效应之间存在着复杂的关系，一般来说，吸收剂量越大，生物效应也越大。以一次全身照射为例，不同剂量的照射对人体损伤及病理表现见表 7-7。

表 7-7 一次全身照射（急性损伤）的主要损伤及病理表现

剂量/Gy	可能产生的效应
0～0.25	无可检出效应（观察不出明显的病理变化），可能无迟发效应
0.5	血象轻度暂时变化，可能有迟发效应
1	恶心、疲劳
2	受照后 24h 内出现恶心、呕吐，一周潜伏期后出现毛发脱落、厌食、虚弱、腹泻、喉炎等病理表现
4（半致死剂量）	受照后几小时出现恶心、呕吐，两周内出现毛发脱落、厌食、虚弱、体温增高，第三周出现紫斑、口腔和咽部感染，第四周出现苍白、腹泻、迅速消瘦，50% 个体可能死亡
≥6（致死剂量）	受照后 1～2h 出现恶心、腹泻，一周出现呕吐等，体温升高，迅速消瘦，第二周出现死亡，死亡率可达 80%～100%

3. 剂量率

由于人体对射线的生物损伤有一定的恢复作用，故在受照总剂量相同时，小剂量的分散照射比一次大剂量率的急性照射所造成的生物损伤要小得多，甚至不产生辐射损伤。例如，若一次全身均匀照射的累积剂量为 2Gy，并不会发生急性生物损伤，而一次急性照射的剂量为 2Gy，则可能产生严重的躯体效应，在临床上表现为急性放射病。因此，进行剂量控制时，应在尽可能低的剂量水平下分散进行。

根据剂量和剂量率的大小，辐射损伤可分为急性损伤和慢性损伤。

急性损伤是短时间内全身受到大剂量，例如，数戈瑞剂量的照射产生的辐射损伤。典型的急性损伤常表现为 3 个阶段：

1）前驱期：受照者出现恶心、呕吐等症状，约持续 1～2 天。

2）潜伏期：一切症状消失，可持续数日或数周。

3）发症期：表现出辐射损伤的各种症状，如呕吐腹泻、出血、嗜眠、毛发脱落等，严重者导致死亡。

急性损伤主要是指中枢神经系统损伤、造血系统损伤、消化系统损伤，也可以造成性腺损伤、皮肤损伤等。由于急性损伤将造成严重后果，所以必须防止短时间大剂量的照射情况发生。

慢性损伤是长时间受到超过容许水平的低剂量的照射时，在受照后数年甚至数十年后出现的辐射生物效应。对慢性损伤目前尚难以判定辐射与损伤之间的因果关系，目前认为慢性损伤主要有白血病、癌症（皮肤癌、甲状腺癌、乳腺癌、肺癌、骨癌等）、再生不良性贫血、白内障等。

4. 照射方式

照射方式包括外照射、内照射两种。对于射线检测工作者来说，主要是外照射。在外照射的情况下，单方向与多方向进行照射的生物损伤不一样；一次照射与多次照射，或多次照射之间的时间间隔不同所产生的生物损伤也有差别。

5. 照射部位

生物损伤与受照射部位有关，受照射部位不同，其辐射敏感性不同，产生的生物损伤也不同。例如以 6Gy 的剂量照射全身可致死，而同样的剂量照射手足，可能不会发生明显的临床症状。在相同剂量和剂量率照射条件下，不同部位的辐射敏感性由高到低依次排列为：腹部、盆腔、头部、胸部、四肢。因此，要特别注意腹部的防护。另外，肌体内细胞转化越快，对辐射的敏感性越大，淋巴细胞最敏感，其次依次为性腺、增殖的骨髓细胞、肠上皮细胞、表皮、肝细胞等。孕妇应特别注意胎儿发育初期的辐射防护。

6. 照射面积

在相同剂量照射下，受照面积越大，产生的效应也越大。以 6Gy 的剂量照射为例，在几平方厘米的面积上照射，仅会引起皮肤暂时变红，不会出现全身症状；受照面积增大到几十平方厘米，就会有恶心、头痛等症状出现，但经过一个时期就会消失；若再增大受照射面积，症状就会更严重，如受照面积达到全身的 1/3 以上，就有致死的危险。因此，应尽量避免大剂量的全身照射。

当然，照射面积所产生影响还与照射部位密切相关，如果受照部位是重要的器官所在，即使是小面积的照射也会造成该器官的严重损伤。

三、我国现行的辐射防护标准

辐射防护是涉及社会安全和环境保护的一个重大问题，为了保障我国从事放射性工作的人员和广大居民的健康和安全，近些年，我国先后制定了一系列有关辐射防护的标准，这些标准应作为实施辐射防护和处理辐射防护问题的依据。

2002 年 10 月 8 日，国家质量监督检验检疫总局批准了新的辐射防护标准，即 GB/T 18871—2002《电离辐射防护与辐射源安全基本标准》，成为我国新的辐射防护方面的基本标准。其主要相关内容如下：

辐射防护的目的是防止发生有害的非随机性效应，限制随机性效应的发生率在被认为是可以接受的水平范围之内，从而尽量降低辐射可能造成的危害。为了实现上述的防护目的，在辐射防护中应遵循 3 项原则：正当化原则、最优化原则和限值化原则。

（1）正当化原则　在任何包含电离辐射照射的实践，应保证这种实践对人群和环境产生的危害小于这种实践给人群和环境带来的利益，否则不能进行这种实践。

（2）最优化原则　应当避免一切不必要的照射，如无法避免，应将照射危害减小到最低水平，包括剂量大小、受照人数等。

（3）限值化原则　在符合正当化原则和最优化原则下所进行的实践中，应保证个人接受的照射剂量当量不超过规定的限值。其关于剂量当量限值的主要规定如下：

1）对非随机性效应，规定了不同器官或组织的最大容许剂量当量限值。

2）对随机性效应，依据可以接受的水平，以危险度为基础规定全身均匀照射的年剂量当量限值和非均匀照射时各器官和组织容许的有效剂量当量限值。

放射工作人员的年剂量当量是指一年工作期间所受到照射的剂量当量与摄入的放射性核素所产生的待积剂量当量之和，但不包括天然本底照射和医疗照射。表7-8列出了标准 GB 18871—2002 关于个人剂量当量限值的主要规定。此外，在特殊情况下，允许放射性工作人员经主管部门批准后，可以例外地把剂量平均期延长到10年，在此期间，年平均剂量当量限值为20mSv，并且任何一年的有效年剂量当量限值不能超过50mSv。对年龄为16～18岁的学徒工和学生所受到的职业性照射，年有效剂量当量限值为6mSv，眼晶体的年剂量当量限值为50mSv，四肢和皮肤的年剂量当量限值为150mSv。

表7-8 个人剂量限值的主要规定

效应	照射对象或方式	年剂量当量限值/（mSv）	
		职业人员	公众人员
非随机性效应	眼晶体	150	50
	四肢或皮肤	500	50
随机性效应	全身，连续5年平均	20	—
	全身，任何一年	50	1

女性工作人员发觉自己怀孕后要及时通知用人单位，以便必要时改善工作条件。孕妇和哺乳期妇女应避免受到内照射。用人单位不得把怀孕作为拒绝女性工作人员继续工作的理由，且有责任改善怀孕女性工作人员的工作条件。

年龄小于16周岁的人员不得接受职业照射。

审管部门或健康监护机构认定某一工作人员由于健康原因不再适于从事涉及职业照射的工作时，用人单位应为该工作人员调换合适的工作岗位。

辐射防护中所谓的"可以接受的水平"，是把放射性工作的危险度与其他被认为安全标准比较高的职业的危险相比较提出的，不同的职业都具有一定的危险度，国际上公认的比较安全行业的危险度是10^{-4}。放射性工作全身均匀照射时，按照目前辐射防护标准中常规定的年剂量当量限值为50mSv，以此可以得到放射性工作的职业危险度（发生癌症的几率）为5×10^{-4}，这个危险度与许多行业（石油：5×10^{-4}、化工：3×10^{-4}、冶金：3×10^{-4}等）的危险度是相近的。实际上接近剂量当量限值的人数是很少的，多数人接受的年剂量当量不超过5mSv，若按照这个值计算，则危险度为5×10^{-4}，这是比较低的危险度。

2003年6月28日颁布，同年10月1日起实施的《中华人民共和国放射性污染防治法》是我国现行的关于放射性污染防治的最高法规，其主要相关规定如下：

生产、销售、使用放射性同位素和射线装置的单位，应当按照国务院有关放射性同位素与射线装置放射防护的规定申请领取许可证，办理登记手续。生产、销售、使用放射性同位素和加速器、中子发生器及含放射源的射线装置的单位，应当在申请领取许可证前编制环境影响评价文件，报省、自治区、直辖市人民政府环境保护行政主管部门审查批准；未经批准，有关部门不得颁发许可证。国家建立放射性同位素备案制度。

新建、改建、扩建放射工作场所的放射防护设施，应当与主体工程同时设计、同时施工、同时投入使用。放射防护设施应当与主体工程同时验收，验收合格的，主体工程方可投入生产或者使用。

放射性同位素应当单独存放，不得与易燃、易爆、腐蚀性物品等一起存放，其储存场所应当采取有效的防火、防盗、防射线泄漏的安全防护措施，并指定专人负责保管。储存、领取、使用、归还放射性同位素时，应当进行登记、检查，做到账物相符。

国家环保总局（现环保部）颁布的《放射性同位素与射线装置安全许可管理办法》，主要相关规定如下：

在中华人民共和国境内生产、销售、使用放射性同位素与射线装置的单位，应当依照本办法的规定，取得辐射安全许可证。

根据放射源与射线装置对人体健康和环境的潜在危害程度，从高到低，将放射源分为Ⅰ类、Ⅱ类、Ⅲ类、Ⅳ类、Ⅴ类，将射线装置分为Ⅰ类、Ⅱ类、Ⅲ类。生产放射性同位素、销售和使用Ⅰ类放射源、销售和使用Ⅰ类射线装置的辐射工作单位的许可证，由国务院环境保护主管部门审批颁发。前款规定之外的辐射工作单位的许可证，由省、自治区、直辖市人民政府环境保护主管部门审批颁发。

另外，从事辐射工作的单位应设置独立于生产部门的辐射防护和环境保护机构。辐射工作单位必须建立辐射防护和环境保护岗位责任制。从事辐射工作的人员必须经过辐射防护的培训和考核，取得合格证方可工作。辐射工作人员应享受劳动保护和相应待遇，不得以特殊补偿、缩短工作时间或以休假、退休金或特种保险等方面的优待安排代替符合标准要求所需要采取的防护与安全措施。

总之，为了保障放射工作人员、公众及其后代的健康与安全，应严格按标准中的有关条款执行。

【试一试】

查一查国家颁布的关于辐射防护方面的最新标准。

模块四　辐射防护的基本方法和防护计算

辐射防护的目的在于控制辐射对人体的照射，使之保持在可以合理控制最低水平，保障个人所受到的剂量当量不超过国家规定的标准。

按照受照的行为或状态，辐射照射可分为外照射（体外源的照射）和内照射（体内源的照射）。对工业射线检测而言，只需要考虑外照射的防护。外照射的防护比内照射的防护容易得多。

一、辐射防护的基本方法

对于外照射防护，主要应考虑下面三个基本因素：

1) 时间——要控制射线对人体的曝光时间。
2) 距离——要控制射线源到人体间的距离。
3) 屏蔽层——在人体和射线源之间隔一层吸收物质。

下面分别论述这三个因素：

1. 时间

众所周知，在具有恒定剂量率的区域内工作的人，其累积剂量正比于他在该区域内停留的时间，即

$$剂量 = 剂量率 \times 时间$$

从上式可以看出，在照射率不变的情况下，照射时间越长，工作人员所接受的剂量越大。为了控制总剂量，有时一项工作需要几个人来接替完成，此时应确保每个工作人员均在允许的剂量水平下完成操作，达到确保人员安全的目的。对于个人来说，这就要求操作熟练，动作尽量简单迅速，减少不必要的照射。时间防护的要点是尽量减少人体与射线的接触时间（缩短人体受照射的时间）。

2. 距离

增大与辐射源间的距离可以降低受照剂量，这是因为，在辐射源（点源）一定时，照射剂量或剂量率与离源距离的平方成反比，即

$$\frac{D_1}{D_2} = \frac{F_2^2}{F_1^2} \text{ 或 } D_1 F_1^2 = D_2 F_2^2 \tag{7-10}$$

式中 D_1——距辐射源距离为 F_1 处的剂量或剂量率；
D_2——距辐射源距离为 F_2 处的剂量或剂量率；
F_1——辐射源到 1 点的距离；
F_2——辐射源到 2 点的距离。

从上式可知，当距离增加一倍时，剂量或剂量率减少到原来的 1/4，其余依次类推。在实际工作中，为减少工作人员所接受的剂量，在条件允许的情况下，应尽量增大人体与辐射源之间的距离，尤其是在无屏蔽的室外工作时，应充分利用联接电缆长度达到距离防护的目的。无论何时，不得用手直接抓取放射源。距离防护的要点是尽量增大人体与射线源的距离。另外，射线源附近的墙壁或其他物体会生成散射线，因此实际应用时应适当增大距离以确保安全。总之，距离防护是一种简单却又行之有效的方法，尤其在进行野外施工时。

3. 屏蔽层

在实际工作中，当人与辐射源之间的距离无法改变，而时间又受到工艺操作的限制时，欲降低工作人员的受照剂量水平，只有采用屏蔽防护。屏蔽防护就是根据辐射通过物质时强度被减弱的原理，在人与辐射源之间加一层足够厚的屏蔽，把照射剂量减少到容许剂量水平以下。

（1）屏蔽方式　根据防护要求的不同，屏蔽物可以是固定式的，也可以是移动式的。属于固定式的屏蔽物包括防护墙、地板、天花板、防护门等，属于移动式的屏蔽物包括包装容器、防护屏及铅房等。

（2）屏蔽材料　用作 X 射线和 γ 射线的屏蔽材料是多种多样的。尽管任何材料对射线强度都有程度不同的削弱，但原子序数高或密度大的防护材料，其防护效果更好。在实用中，铅和混凝土是最常用的防护材料。铅的防护效果最好，但对环境有污染。现在的防护材料多为复合材料。辐射防护领域中使用的射线防护器材按防护对象分，有个人防护用品（如防护衣、铅玻璃、铅玻璃眼镜等）、防护装置（如防护门、防护窗等）；按材料分有建材类、金属类等。建材类防护材料主要指的是各种类型的混凝土、砖、重晶石、防护涂料（填料）、成型防护板材等；金属类防护材料指的是用金属材料经机加工而组装成的各种射线屏蔽防护装置，如各种规格的电动射线防护铅门、防护屏风、射线探伤用的防护铅室、移动照相用的防护车等。射线防护门是一种比较常用的防护器材，有的厂家已将红外线、超声波或无线电传感技术等用于防护门的自动控制和防碰撞，可有效地防止意外挤伤人员的事故发生。在实际应用中，应根据射线源的种类、强度、能量和防护材料的特性来设计符合防护

要求的屏蔽设施。

屏蔽材料的屏蔽效果多用铅当量表示。用铅作为比较各种防护材料的屏蔽性能标准,把具有一定厚度的某屏蔽材料对应相同屏蔽效果的铅层厚度,称为该屏蔽材料在该厚度下的铅当量,单位是mmPd,单位厚度的铅当量称为比铅当量。

对X射线和γ射线常用的屏蔽材料是铅和混凝土。采用半值层厚度概念常可以近似估计出所需的屏蔽材料厚度,表7-9和表7-10是宽束X射线和宽束γ射线的近似半值层厚度。图7-5、图7-6所示分别是宽束X射线在铅和混凝土中的衰减曲线,图7-7、图7-8所示分别是宽束γ射线(^{60}Co源和^{192}Ir源)在铅和混凝土中的衰减曲线,衰减曲线给出了透射因子(透射强度与入射强度之比)与屏蔽厚度的关系。

表7-9 宽束X射线的近似半值层厚度

管电压/kV	铅/mm	混凝土/mm	管电压/kV	铅/mm	混凝土/mm
50	0.06	4.3	250	0.88	28.0
75	0.17	8.4	300	1.47	31.0
100	0.27	16.0	400	2.5	33.0
150	0.30	22.4	1000	7.9	44.0
200	0.52	25.0	2000	12.5	64.0

表7-10 宽束γ射线的近似半值层厚度 (单位:mm)

屏蔽材料	^{60}Co	^{192}Ir	^{169}Yb	^{170}Tm
铝	70	50	27	20
混凝土	70	50	27	—
钢	24	14	9	5
铅	13	3	0.8	0.6
钨	10	2.5	—	0.09
铀	6	2.3	—	0.035

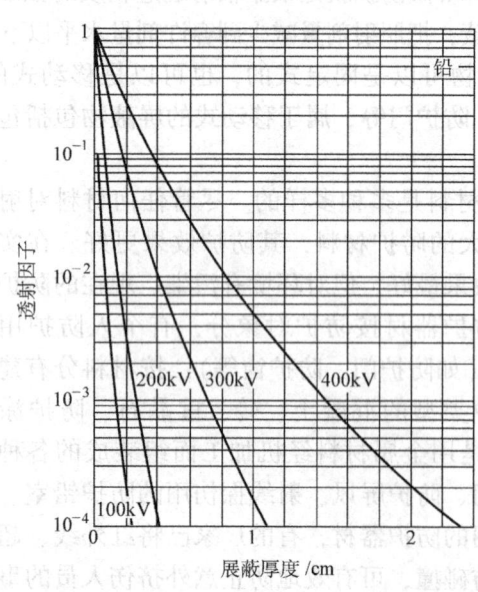

图7-5 宽束X射线在铅中的衰减曲线

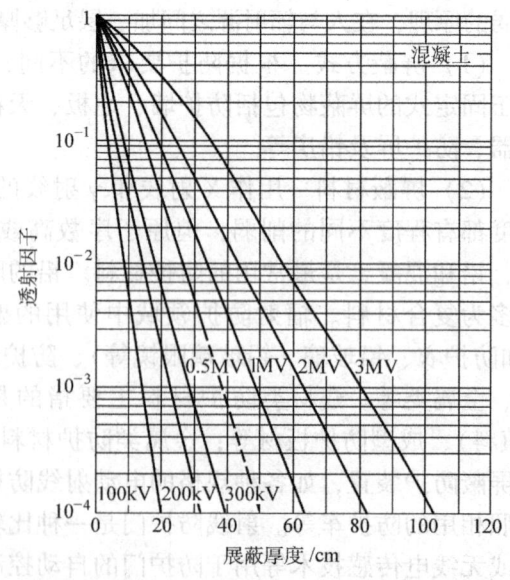

图7-6 宽束X射线在混凝土中的衰减曲线

总之，屏蔽材料必须根据辐射源的能量、强度、用途和工作性质等来具体的选择，同时还必须考虑成本和材料来源。但不管采用何种屏蔽防护手段（包括空气或距离），均应使辐射剂量率达到国家标准规定的水平。

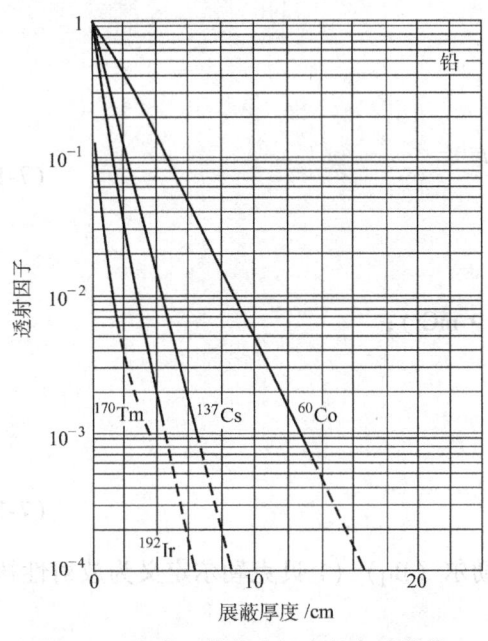

图 7-7　宽束 γ 射线在铅中的衰减曲线

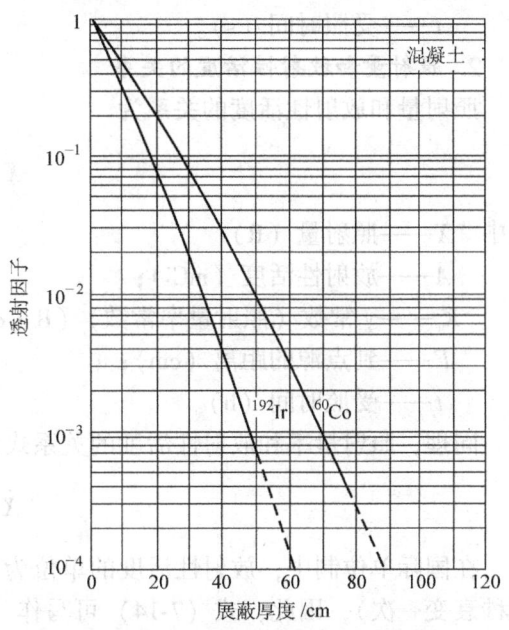

图 7-8　宽束 γ 射线在混凝土中的衰减曲线

二、照射量的计算

放射源的照射强度（又叫辐射强度）通常用照射量或照射量率表示。照射量率通常用毫克镭当量或放射常数来表示，其关系如下：

1. 照射量和毫克镭当量的关系

经实验测定，1mg 镭当量的 γ 射线源在空气中距源 1cm 处的照射量率为 8.4R/h。若任何其他 γ 放射性物质在完全相同的情况和 1mg 镭所产生的电离度相同，则该放射性物质的放射量被称为 1mg 镭当量。照射量与毫克镭当量的关系为

$$X = \frac{8.4Mt}{F^2} \tag{7-11}$$

式中　X——照射量（R）；

　　　M——以毫克镭当量为单位的射源强度；

　　　F——距射源的距离（cm）；

　　　t——受照时间（h）。

由上式可知照射量率与毫克镭当量的关系为

$$\dot{X} = \frac{X}{t} = \frac{8.4M}{F^2} \tag{7-12}$$

采用国际单位制单位，即 1mg 镭当量的 γ 射线源在距源 1m 处的照射率为 6.02×10^{-11} C/（kg·s），则式（7-11）可写成

$$X = \frac{6.02 \times 10^{-11} Mt}{F^2} \tag{7-13}$$

式中 X——照射量（C/kg）；
M——以毫克镭当量为单位的射源强度；
F——距射源的距离（m）；
t——受照时间（s）。

2. 照射量和放射性活度的关系

照射量和放射性活度的关系为

$$X = \frac{AK_r t}{F^2} \tag{7-14}$$

式中 X——照射量（R）；
A——放射性活度（mCi）；
K_r——γ 常数（照射量率常数）（R·cm²/h·mCi）；
F——到点源的距离（cm）；
t——受照时间（h）。

同理，照射量率和放射性活度的关系式为

$$\dot{X} = \frac{AK_r}{F^2} \tag{7-15}$$

在国际单位制中，放射性活度的单位为贝克勒尔（Bq）（1贝克勒尔定义为放射性核素每秒衰变一次），因此，式（7-14）可写作

$$X = \frac{AK_r t}{F^2} \tag{7-16}$$

式中 X——照射量（C/kg）；
A——放射性活度（Bq）；
K_r——γ 常数（C/kg·m²）；
F——到点源的距离（m）；
t——受照时间（s）。

同样，采用国际单位制，式（7-15）的照射量率可写成

$$\dot{X} = \frac{AK_r}{F^2} \tag{7-17}$$

K_r 是放射性同位素本身的一种属性，表示从1mCi（或1Ci）点源释放出的未经过滤的 γ 射线在距源1cm（或1m）处所造成的单位面积照射量率（R/h），探伤中常见放射源的 K_r 常数与 γ 当量的单位与数值见表7-11。

表7-11 常见放射源的 K_r 常数与 γ 当量的单位与数值

γ 射线源名称	K_r		γ 当量	
	常用单位：R·cm²/(h·mCi)	国际单位：C·m²/kg	常用单位：mg·Ra/mCi	国际单位：C/(kg·s)
^{60}Co	13.2	2.56×10^{-16}	1.57	9.45×10^{-11}
^{137}Cs	3.28	6.36×10^{-17}	0.39	2.35×10^{-11}
^{170}Tm	0.013	2.52×10^{-19}	0.002	1.20×10^{-13}
^{192}Ir	4.72	9.16×10^{-17}	0.56	3.37×10^{-11}
^{75}Se	2.04	3.96×10^{-17}	0.24	1.44×10^{-11}

上面列出的照射量（或照射量率）与放射性活度的关系式适用的条件是：射线源必须是点源。所谓点源，是指测量点到源的距离（F）应至少比源的尺寸大 5~10 倍，满足此条件即可把该源看作点源。

三、防护计算

辐射防护计算是一个比较复杂的问题，简单的外照射辐射防护计算一般包括下列内容：
1) 确定辐射场的照射剂量数据（确定辐射源的输出数据）。
2) 确定所采用的剂量当量限值。
3) 按等式关系、衰减规律等计算。

关于确定辐射场的照射剂量数据（确定辐射源的输出数据），要求概念清晰，掌握较多的手册数据。在计算时需要的一个重要数据是 X 射线源或 γ 射线源的照射量。如图 7-9、图 7-10 所示分别是 X 射线和 γ 射线源的照射量率曲线。下面仅就一些简单的防护计算进行举例。

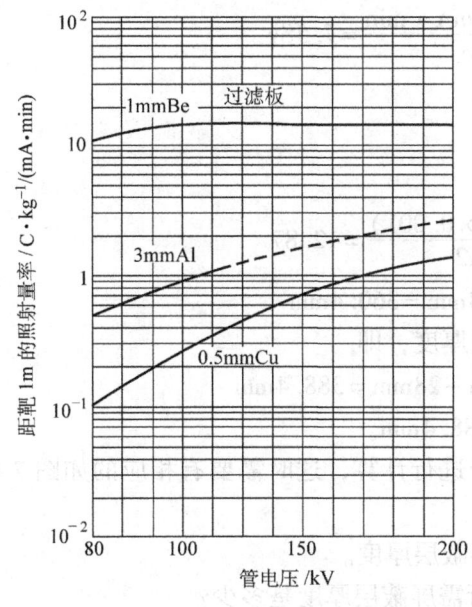

图 7-9 X 射线的照射量率曲线

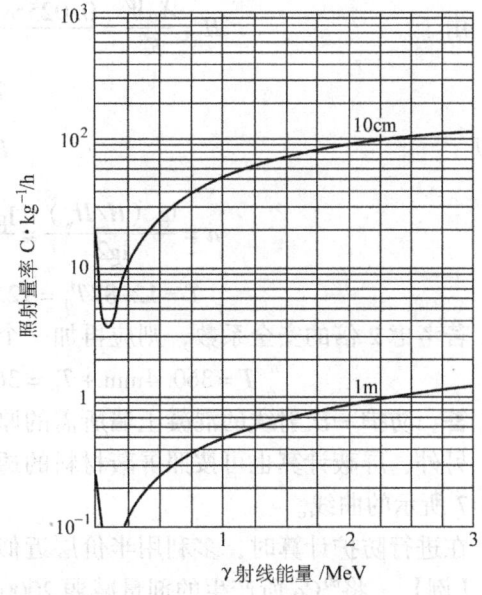

图 7-10 γ 射线源的照射量率曲线

注：源活度为 0.037Bq，每次衰变发射一个 γ 射线光子。

【例】 辐照场中距源 2m 处的剂量率是 90×10^{-6}Sv/h，若工作人员每周工作 25h，按照标准 GB 18871—2002 的规定，工作人员与源的最小距离应不小于多少？

解：由于 $H_0 = 90 \times 10^{-6}$Sv/h，$F_0 = 2$m，$t = 25$h，从 GB 18871—2002 规定得到的周剂量当量限值 $H_w = 1$mSv。

设 F 为工作人员与源的最小距离；H 为工作人员每周工作 25h 允许的照射剂量率，则

$$H = \frac{H_w}{t} = \frac{10^{-3}\text{Sv}}{25\text{h}} = 40 \times 10^{-6}\text{Sv/h}$$

由于某点的照射剂量与该点离源的距离平方成反比，即

$$\frac{H_0}{H} = \frac{F^2}{F_0^2}$$

所以 $F = F_0 \sqrt{\left(\dfrac{H_0}{H}\right)} = 2\text{m} \times \sqrt{\dfrac{90 \times 10^{-6}\text{Sv/h}}{40 \times 10^{-6}\text{Sv/h}}} = 3\text{m}$

答：工作人员与源的最小距离应不小于 3m。

【例】 一台最高管电压为 250kV 的 X 射线机在 1m 处 1mA·min 产生的剂量是 0.02Sv，探伤人员使用射线该机每周工作 5 天，每天开机工作时间 4h，使用的管电流是 5mA，工作点距 X 射线机的距离为 4m，按照 GB 18871—2002 标准的规定，求防护一次射线的混凝土墙所需的厚度？

解：已知从 GB 18871—2002 得到的周剂量当量限值 $H_w = 1\text{mSv}$；探伤人员每周的工作负荷 $W = 5\text{mA} \times 4\text{m} \times (60 \times 5)\text{min} = 6000\text{mA}\cdot\text{m}\cdot\text{min}$；混凝土对 250kV 的 X 射线机的半值层厚度 $T_0 = 28\text{mm}$（表 7-9）；$X_0 = 0.025\text{Sv}$；$F = 4\text{m}$。

设 H 为无屏蔽墙时，在 4m 处探伤人员每周接受的剂量当量；T 为所需的混凝土防护墙厚度；T 为 T_0 的 n 倍。

由于
$$H = \dfrac{X_0 W}{F^2} = \dfrac{0.025\text{Sv} \times 6000\text{mA}\cdot\text{min}}{4\text{m}\cdot 4\text{m}} = 7.5\text{Sv}$$

$$T = nT_0$$

所以
$$H_w = \dfrac{H}{2^n}$$

$$n = \dfrac{\lg(H/H_w)}{\lg 2} = \dfrac{\lg(7.5 \times 0.001)}{\lg 2} = 12.87$$

则
$$T = 12.87 T_0 = 12.87 \times 28\text{mm} = 360.4\text{mm}$$

若考虑 2 倍的安全系数，则应再加一个半值层厚度，即

$$T = 360.4\text{mm} + T_0 = 360.4\text{mm} + 28\text{mm} = 388.4\text{mm}$$

答：防护一次射线的混凝土墙所需的厚度为 388.4mm。

另外，屏蔽计算也可按照屏蔽材料的透射因子进行计算，这时需要有相应的如图 7-4 ~ 图 7-7 所示的曲线。

在进行防护计算时，多利用半价层近似计算屏蔽层厚度。

【例】 将 ^{60}Co 所产生的剂量减弱 2000 倍，所需屏蔽层厚度是多少？

解：由于
$$\dfrac{I_0}{I} = 2000 = 2^n$$

$$n\lg 2 = \lg 2000$$

$$n = \dfrac{\lg 2000}{\lg 2} = 10.96 \approx 11$$

查表 7-10 知 ^{60}Co 的近似半值层 $T_h = 13\text{mm}$，所以：

$$d = nT_h = 11 \times 13\text{mm} = 143\text{mm}$$

答：所需铅防护层厚度为 140mm。

【做一做】

辐照场中工作人员所在处的剂量率为 $50 \times 10^{-6}\text{Sv/h}$，按照 GB 18871—2002 标准的规定，为限制随机性效应，工作人员一周最多可工作多少小时？

模块五　事故的处理程序

尽管当今的辐射安全技术已经有相当的发展，但事故仍可能发生，并造成对人员的伤害。最近几年，涉及辐射源的事故有所增加，这种事件的受害者常常没有意识到他们可能已受到辐射照射。

任何引起异常的或未预料到的辐射危害的情况，都称为辐射事故。辐射事故或称为放射事故，可按不同的方面分类，对于不同类别或级别的事故管理控制也不同。《放射事故管理规定》作出的分类如下：

辐射事故按性质分为3类：一类事故、二类事故、三类事故。一类事故是人员受超剂量照射的事故，二类事故是放射性物质污染事故，三类事故是丢失放射性物质事故。

辐射事故按后果的严重程度分为4级：放射事件（零级事故）、一级事故、二级事故、三级事故。对一类事故的分级规定见表7-12，对三类事故的分级规定见表7-13。

表7-12　人员受超剂量照射事故分级

受照人员	受照部位	剂量当量/Sv			
		放射事件	一级事故	二级事故	三级事故
放射工作人员	全身或局部	H_E＞年限值/2	H_E＞0.05	H_E＞0.25	H_E＞1.0
	眼晶体	H_E＞年限值/2	H_E＞0.15	H_E＞0.75	H_E＞3.0
	单个器官或组织	H_E＞年限值/2	H_E＞0.5	H_E＞3.0	H_E＞6.0
公众	全身或局部	H_E＞年限值	H_E＞0.01	H_E＞0.05	H_E＞0.1
	单个器官或组织	H_E＞年限值	H_E＞0.1	H_E＞0.5	H_E＞1.0

表7-13　丢失放射性物质事故分级

物质类别	放射性活度/Bq			
	放射事件	一级事故	二级事故	三级事故
密封型	＞豁免水平	＞4×10^6	＞4×10^8	＞4×10^{10}
非密封型	＞豁免水平	＞4×10^5	＞4×10^7	＞4×10^9

对于射线探伤来说，事故一般指操作事故。用X射线探伤只要严格遵守安全操作规程，一般不会发生事故。用γ射线探伤，可能发生放射源与机械手脱开的事故，即机械手已退回到原位，源却没有回到储存容器内，造成失去屏蔽；另一类事故是因操作不当使操作系统发生故障，源退不回储存容器内。

放射性事故是可以预防的，关键在于平时加强安全意识，严格遵守操作规程。采用新技术、新方法时，应在正式操作前熟悉操作的内容。对难度较大的操作，要事先用非放射性物质作模拟操作试验，经反复练习，确定有把握以后，才能操作设备。工作人员在操作放射性物质前，应充分做好准备工作，拟定周密的工作计划，检查剂量仪表是否正常，个人防护用品是否齐全，并根据具体的设备制定出事故的处理办法。

为了有效地处理放射性事故，应制定各种可能事故的应急措施。事故的种类千差万别，处理事故时应根据事故的具体情况，制定适宜于不同事故的处理方案。一般处理程序均应包括如下内容：

1) 事故发生后，当事人应立即通知同工作场所的工作人员离开，并报告防护负责人及单位领导。

2) 由单位领导召集专业人员，根据具体情况迅速制定事故处理方案。

3) 事故处理必须在单位负责人的领导下，在有经验的工作人员和卫生防护人员的参加下进行。未取得防护监测人员的允许不得进入事故区。

除上述工作外，防护监测人员还应进行以下几项工作：

1) 迅速确定现场的辐射强度及影响范围，划出禁区，防止外照射的危害。

2) 根据现场辐射强度，决定工作人员在现场工作的时间。

3) 协助和指导在现场执行任务的工作人员佩戴防护用具及个人剂量仪。

4) 对严重剂量事故，应尽可能记下现场辐射强度和有关情况，并对现场重复测量，估计当事人所受剂量，根据受照剂量情况决定是否送医院进行医学处理或治疗。

各种事故处理以后，必须组织有关人员进行讨论，分析事故发生原因，从中吸取经验教训，采取措施防止类似事故重复发生。凡属大事故或重大事故，应向上级主管部门报告。

【做一做】

查找国务院第44号令作出的有关放射性物质管理的相关规定。

练　　习

1. 引入剂量当量的目的是什么？在 X 射线和 γ 射线防护中，剂量当量和吸收剂量怎样换算？
2. 居里作为单位，其物理意义是什么？
3. 什么是照射量？它的单位是什么？
4. 什么是吸收剂量？它的单位是什么？
5. 什么是剂量当量？它的单位是什么？
6. 什么是最高允许剂量？
7. 我国是如何规定最高允许剂量的？
8. 射线照相对，为了做好辐射防护，应准备哪些器材？

第八单元 射线检测工艺文件的编制

> **内容导入**：射线检测工艺文件是进行射线检测的依据，主要有射线检测通用工艺规程和射线检测工艺卡等。射线检测通用工艺规程指用于指导射线检测工程技术人员和实际操作人员进行射线检测工作，处理检测结果、进行质量评定并做出合格与否的结论，从而完成射线检测任务的技术文件。射线检测工艺卡是简要规定具体产品射线检测的具体技术和要求的图表，用于控制具体产品射线检测的技术和指导检验操作。

模块一 射线检测通用工艺规程

射线检测通用工艺规程是指用于指导射线检测工程技术人员和实际操作人员进行射线检测工作、处理检测结果、进行质量评定并做出合格与否的结论，从而完成射线检测任务的技术文件。

通用工艺规程是根据本单位所有应检产品的结构特点和射线检测器材的现有条件，按法规、标准要求制定的技术规程或通则。通用工艺规程应有一定的覆盖性、通用性和可选择性，主要内容应包括：

1) 适用范围。
2) 引用标准。
3) 人员要求。
4) 外观质量要求。
5) 设备、器材选择原则：机型、焦点尺寸、胶片、增感屏、像质计、观片灯、黑度计等。
6) 透照布置及选择原则。
7) 画线、编号方法。
8) 像质计摆放规定、标记、标识的规定。
9) 工艺基础数据：一次透照长度、最少透照次数的数据表。
10) 防止散射线的措施。
11) 暗室处理的有关规定。
12) 底片像质的要求：不允许的伪缺陷、像质计灵敏度、黑度范围。
13) 记录、报告及存档的规定。
14) 编制、审核、批准及资格的规定。

模块二 射线检测工艺文件

一、射线检测工艺卡

射线检测工艺卡是简要规定具体产品射线检测的具体技术和要求的图表,用于控制具体产品射线检测的技术和指导检测操作。

射线检测工艺卡一般应包括下列方面的内容:
1) 编号。
2) 产品的有关资料。
3) 检测设备与器材。
4) 检测技术标准。
5) 检测方法与技术参数。
6) 检测部位示意图。
7) 检测质量主要控制指标。
8) 签名。

工艺卡的内容应达到的要求是:按照工艺卡的规定,不同的具有相同资格的射线检测人员,对同一工件可以重复地得到基本相同的检测结果。射线检测工艺卡由持有高级或中级技术资格的人员编制,由具有资格的负责射线检测的无损检测责任工程师审核。

射线检测工艺卡,应按射线检测工艺规程的规定编制,其某些方面将引用射线检测工艺规程的内容。

二、工艺稳定性控制

为了保证按照同一射线检测工艺可以得到基本相同的检测结果,必须保证射线检测工艺过程的稳定,也就是应进行工艺稳定性控制。工艺稳定性控制主要是曝光曲线的定期修正、溶液(显影液)有效性试验和系统稳定性试验。

曝光曲线定期修正主要是由于 X 射线机的主要性能,特别是其辐射强度,会随着使用时间的增加而降低,因此,名义上未变的曝光量数据实际上可能已发生了改变。为此,必须进行曝光曲线的定期修正,以保证透照参数的稳定。

溶液(显影液)有效性试验是控制溶液,特别是控制手工处理时显影液有效性的措施,以保证暗室处理质量的稳定。

系统稳定性试验是核查整个射线照相检测系统,主要是射线机性能、自动胶片处理系统性能的试验。有的标准规定,每班开始工作前应首先进行系统稳定性试验,因此实际工作中,一般用每班透照的第一张胶片进行系统稳定性试验。

系统稳定性试验是用按曝光曲线给定的数据透照一张胶片,并按曝光曲线规定的条件进行暗室处理,当处理此胶片得到的底片黑度、灵敏度均正常时,则认为系统稳定,如果偏离曝光曲线给定值超出 $\pm 0.15\%$,则认为系统存在一定问题,这时应对系统进行分析,找出原因,排除问题,系统才能投入工作。溶液(显影液)有效性试验的基本规定与此相同。

这些是日常控制射线检测工作质量的措施,用于保证射线检测得到的底片质量处于比较稳定的状态。

三、新技术、新工艺、新材料、新设备使用的控制

在射线检测中采用一般的新技术、新工艺、新材料、新设备时,需经充分试验验证,并经主管部门批准后方可投入使用。

对较重大的技术、工艺、材料改变,除了必须经过充分的试验验证外,还应经过获得批

准的必要的试用期,使技术走向成熟,并经专家评审通过,才能逐步转为正式使用。

慎重地采用重大改变的新技术、新工艺、新材料,是保证质量、避免错误的正确态度。

四、射线检测工艺卡编制

编制射线检测工艺卡的依据是关于工件(产品)的法规、规程、质量标准或技术文件及射线检测规程的有关规定。编制射线检测工艺卡的主要工作是分析工件的特点,按照射线检测技术标准的规定,利用已有的技术数据、资料确定应采用的透照布置、透照参数和应采取的辅助措施,保证所得到的射线照片质量符合射线检测技术标准的规定,给出的检测结果满足针对工件(产品)的法规、规程、质量标准或技术文件的要求。编制的程序应符合射线检测工艺规程的规定。

射线检测工艺卡的编制过程大体可分为下面五个步骤:

1. 准备

熟悉、理解有关产品的法规、规程、质量标准或技术文件及射线照相检测标准,按有关规定确定产品的检测部位、比例和射线检测技术、技术级别。

2. 规定射线检测技术

分析工件特点,根据工件特点、射线检测技术数据(如曝光曲线、胶片特性曲线等)或必要的试验数据,确定应选用的透照布置、射线照相设备、器材、透照参数、透照辅助措施等。

3. 验证

对所规定的射线检测技术,必要时应进行一定的试验验证。

4. 编写射线检测工艺卡书面文件

编制出射线检测工艺卡。

5. 审批

对编制出的射线检测工艺卡完成审核、批准手续,形成正式的射线检测工艺卡文件。

具体的射线检测工作必须依据相应的射线检测工艺卡进行,对已形成的射线检测工艺卡,不同人员负有其相应的责任。在执行过程中,由于技术的发展、工作条件的改变等,如发现存在的问题,应及时修改射线检测工艺卡。

射线检测工艺卡的样式可根据各部门的有关标准、法规等确定,表8-1是可参考的射线检测工艺卡样式。

表8-1 射线检测工艺卡

卡号:

名 称	—	焊接种类	氩电联焊
图 号	—	坡口形式	V
材 质	20	检查比例	工艺管道100%
厚 度	4~6mm	验收规范	SY0402-2000
规 格	各种	检测标准及合格级别	SY/T4109-2005 Ⅱ级

(续)

透照示意及布片图:

胶片牌号	AGFA/C7	透照对象	管道环焊缝			
胶片尺寸 (mm×mm)	180×80 300×80	序号及焊缝类别 (mm×mm)	φ57×4	φ76×4	φ89×4	φ108×6	φ159×6	φ219×7
增感屏	Pb 0.03mm	射线机型号	XXQ 2005	XXQ 2005	XXQ 2005	XXQ 2005	XXQ 2005	XXQ 2005

像质计要求	黑度范围	1.5~4.0	焦点尺寸 (mm×mm)	1.5×1.5	1.5×1.5	1.5×1.5	1.5×1.5	1.5×1.5	1.5×1.5
	像质计型号	R10/10Fe16 及专用像质计	焦点—工件距离 L1/mm	440	430	410	150	150	150
	应显丝径 最小值编号	13 和 14	工件—胶片距离 L2/mm	57	76	89	108	159	219
	像质计位置	胶片侧	管电压/kV	155	170	180	140	160	175
注意事项	1. φ57mm, φ76mm, φ89mm 用14号小管专用像质计		管电流/mA	5	5	5	5	5	5
	2. φ108mm, φ159mm, φ219mm 用 R10/10Fe16 像质计		曝光时间/min	1.0	1.0	1.0	1.0	1.0	1.5
			透照方式	双壁双影	双壁双影	双壁双影	双壁单影	双壁单影	双壁单影
			分段数 N	2	2	2	4	4	4
备注			一次透照长度 L3/mm	圆周	圆周	圆周	85	125	172
			焊缝长度/mm	179	239	279	339	499	688
			摄片数(张)	2	2	2	4	4	4

编制人(资格): 　　年　月　日　　审核人(资格): 　　年　月　日

五、焊缝透照的基本操作

透照操作应严格遵守工艺规定，操作程序、内容及有关要求简述如下：

1. 试件检查及清理

试件上如有妨碍射线穿透或妨碍贴片的附加物，如设备附件、保温材料等，应尽可能去除。试件表面质量应经外观检查合格，如表面不规则状态可能在底片上产生掩盖焊缝中缺陷的图像，应对表面进行打磨修整。

2. 划线

按照工艺文件规定的检查部位、比例、一次透照长度，在工件上划线。采用单壁透照时，需要在试件两侧（射线侧和胶片侧）同时划线，并要求两侧所划的线段应尽可能对准。采用双壁单影透照时，只需在试件一侧（胶片侧）划线。

3. 像质计和标记摆放

按照标准和工艺的有关规定摆放像质计和各种铅字标记。

线型像质计一般应放置在射线源侧的工件表面上，位于被检焊缝区的一端（被检长度的 1/4 左右位置），金属丝横跨焊缝并与焊缝方向垂直，细丝置于外侧。当一张胶片上同时透照多条焊接接头时，像质计应放置在透照区最边缘的焊缝处。具体放置原则见标准 JB/T4730—2005 的相关规定。

各种铅字标记应齐全，至少应包括：中心标记、搭接标记、工件编号、焊缝编号和部位编号。返修透照时，应加返修标记 R。对余高磨平的焊缝透照，应加指示焊缝位置的圆点或箭头标记。

各种标记的摆放位置应距焊缝边缘至少 5mm。其中搭接标记的位置为：当使双壁单影或源在内，焦距大于内半径的透照方式时，应放在胶片侧，其余透照方式应放在射源侧。

4. 贴片

采用可靠的方法（磁铁、绳带等）将胶片（暗盒）固定在被检位置上，胶片（暗盒）应与工件表面紧密贴合，尽量不留间隙。

5. 对焦

将射线源安放在适当位置，使射线束中心对准被检区中心，并使焦距符合工艺规定。

6. 散射线防护

按照工艺的有关规定执行散射线防护措施。

7. 曝光

在以上各步骤完成，并确定现场人员放射防护安全符合要求后，方可按照工艺规定的参数和仪器操作规则进行曝光。

曝光完成即为整个透照过程结束，曝光后的胶片应及时进行暗室处理。

射线照相检测工艺是决定射线照相检测工作质量的具体过程，显然，必须对其进行严格的控制，才能保证射线照相检测的工作质量，也才能保证射线照相检测结果的可靠性，给出符合要求的结论。对射线照相检测工艺的控制，主要是通过射线照相检测规程、射线检测工艺卡、工艺稳定性控制和新技术新工艺控制完成。通过这些方面的控制，使采用的射线照相检测技术符合有关标准的要求，并使其处于严格受控的状态。

练 习

1. 什么是射线检测通用规程。
2. 射线检测通用规程包括哪些内容?
3. 什么是射线检测工艺卡。
4. 焊缝透照步骤有哪些?
5. 射线检测工艺卡有哪些内容?

第九单元 射线检测的质量管理

> **内容导入**：射线检测是保证产品可靠性和进行产品质量控制的主要手段之一。检测结果准确与否不仅取决于射线检测技术的优劣，还取决于射线检测质量控制水平的高低，二者密切联系，相辅相成。制造、安装、检测等单位建立并有效实施质量管理体系是取得制造、安装和检测等资格的基本条件，因此，必须建立射线检测质量管理体系，并使之有效运行。

模块一 全面质量管理

一、全面质量管理概述

质量管理是现代企业管理的重要组成部分，随着市场竞争的日趋激烈，人们越来越清楚地认识到，市场竞争的实质是产品（或服务）质量的竞争。从 20 世纪 60 年代初发展至今的全面质量管理方法正是保证质量的有效手段。

全面质量管理是以系统的观点对待产品质量，对一切与产品质量有关的因素进行系统的管理，力求建立一个能够有效确保质量和不断提高质量的质量保证体系。它将过去的以事后检验和把关为主的质量控制方法转变为预防和改进为主，从管结果转变为管质量影响因素，发动全员、全部门参加，依靠科学管理理论、程序和方法，使生产的全过程都处于受控状态。

全面质量管理概括起来就是对"三全"的管理，即：

1) 全面的质量。不仅包括产品质量，而且包括服务质量和工作质量等在内的广义质量。

2) 全过程。不仅包括生产过程，而且包括市场调研、产品开发设计、生产技术准备、制造、检验、销售、售后服务等质量环节的全过程。

3) 全员参加。不只限于领导和管理干部的参与，而是全体工作人员都要参加。

全面质量管理涉及五个方面的因素：人的因素、设备的因素、材料的因素、方法的因素和环境的因素，即通常所称的"人、机、料、法、环"五大因素。

二、全面质量管理和 ISO9000 族标准

实施质量管理需要有一个载体，这就是质量管理体系。尽管全面质量管理的内容、指导思想、原则和基础工作大致是一致的，但运用到不同国家、行业、企业和部门时，其运作方式和管理水平却可能有很大的不同，这就要求要有一种公认的质量管理体系和一套公认的质量管理标准，并通过权威的认证机构对其质量管理工作进行评价，确认其是否合格。ISO9000 族标准及有关认证制度就是在这一背景下产生并迅速被各个国家采用的。

ISO9000 族标准是由国际标准化组织的 TC176 技术委员会制定的，它的四个核心标准

是：
1) ISO9000：2000 质量管理体系基础和术语。
2) ISO9001：2000 质量管理体系要求。
3) ISO9004：2000 质量管理体系业绩改进指南。
4) ISO19011 质量和（或）环境管理体系审核指南。

ISO9000 表述了质量管理体系的基础，并确定了相关的术语，提出了质量管理的八项原则，其中一些相关术语是：
1) 质量：一组固有特性满足要求的程度。
2) 质量管理：在质量方面指挥和控制组织协调的活动。
3) 质量控制：质量管理的一部分，致力于满足质量要求。
4) 质量保证：质量管理的一部分，致力于提供质量要求会得到满足的信任。
5) 管理体系：建立质量方针和目标并实现这些目标的体系。
6) 质量管理体系：在质量方面指挥和控制组织的管理体系。

三、质量保证体系

实施全面质量管理的关键是建立一套完善的、符合企业实际的、切实可行的质量保证体系。

质量保证体系是企业以保证和提高产品质量为目标，运用系统的概念与方法，把各阶段、各环节的质量管理职能组织起来，形成一个既有明确的任务、职责、权限，又能互相协调、互相促进的有机整体。它可以把全体职工组织起来，明确各部门、各环节的质量管理职能，使质量管理工作制度化、标准化、程序化。

一套完整的质量保证体系应包括以下方面的内容：
1) 有明确的质量方针、质量目标、质量计划。
2) 建立严格的质量责任制。
3) 设立专职质量管理机构。
4) 实行管理业务标准化和管理流程程序化。
5) 建立高效灵敏的质量信息反馈系统。
6) 开展群众性的质量管理活动。
7) 组织外协厂、外购厂的质量保证活动。

模块二 射线检测的质量管理

射线检测是射线检测人员利用一定的设施、设备、器材和检测技术等得出射线检测结论的过程。没有稳定的过程就没有稳定的质量，为保证射线检测结论的正确性和可靠性，必须对射线检测进行全面质量管理。全面质量管理对射线检测而言，就是将每一个影响射线检测质量的因素都纳入射线检测质量控制的范畴，对射线检测的全过程进行质量控制，使之完全符合法规、标准和顾客的要求，并超越顾客的期望。

射线检测的质量管理涵盖了两方面的内容，一是作为产品质量体系的一个环节，如何通过射线检测的实施对产品质量控制起到保证作用；二是作为一项技术业务工作，如何努力提高射线检测自身的质量。

在一个组织中，射线检测一般以一个部门或一个班组的形式存在，在组织的质量管理体系中，射线检测属于"检验和试验"的控制内容，但站在部门或班组从事质量管理的角度上，它又与组织质量管理体系有着密切的联系。

射线检测质量管理也应该有其质量方针、质量目标和质量承诺，并确保全体射线检测人员能够理解和贯彻执行。按照ISO9000族质量管理体系的基本要求，应对射线检测进行质量控制，对射线检测应如何进行，设备应如何操作等以程序文件或作业指导书的形式予以规定。

射线检测的质量管理，首先应建立组织机构，明确分工和责任。对于产品制造、安装、检测单位必须设置射线检测质控责任人，该责任人应具备相关专业知识和一定资历。应对射线检测责任工程师、现场操作人员、底片评定人员、审核人员、档案资料管理人员等依据所承担的工作，分别制定岗位职责，重点明确质量责任、职责范围和权限，做到事事有人管，人人有事管。其次应建立健全质量控制程序。按照取得制造、安装和检测等许可条件的基本要求，射线检测质量控制至少应包括如下质量控制程序：

1）应制定射线检测质量控制规定，包括检测方法的确定、标准规范的选用、工艺的编制批准、操作环节的控制、报告的审核签发和底片档案的管理等。

2）应编有射线检测工艺和记录卡，并且能满足所制造产品的要求。

3）应制定射线检测人员资格管理的规定。

4）射线检测分包时，应有分包管理规定，至少应包括对分包方评价的规定和对分包项目质量控制的规定。

上述射线检测质量控制程序，应以程序文件的形式予以规定，并有效的执行，即实施全面质量管理。所有的质量控制体系和程序，都不外乎要从人员、设备、材料、方法和环境这五个方面对产品和服务质量等进行控制。下文将主要从这五个方面说明射线检测质量管理的有关要求。

一、射线检测人员的管理

射线检测人员的管理是射线检测质量管理的首要因素。检测质量与从业人员的素质有着密切的关系，对射线检测人员进行资格鉴定和认证是保证人员素质的基本要求。资格鉴定是对从业人员正确执行射线检测任务所需专业知识、技能、经验和身体适应性等所做的验证。人员管理主要包括以下几个方面：

1. 人员资格

凡从事射线检测的人员须按照各个行业的规定要求经过严格技术培训并进行考核，取得相应的技术资格证后，方可从事该方法和相应级别的射线检测工作，并承担相应的技术责任。

按照国内外标准的规定，技术资格分为Ⅰ、Ⅱ、Ⅲ三个级别，Ⅰ级为初级资格，Ⅱ级为中级资格，Ⅲ级为高级资格，不同技术资格具有不同的能力。由于技术的发展，标准的修订，知识和经验也需要更新，取得资格的人员应按资格标准的规定，定期参加资格更新培训和考核，资格证有效期一般为4年。此外，从事射线检测的人员上岗前，未经矫正或经矫正的近距离视力和远距离视力应不低于5.0。对于底片评定人员，必要时应进行灰度识别测试。

2. 人员培训

应根据企业生产、检测工作需求配备足够的、能胜任工作的管理人员、技术人员和检测作业人员。所配备的人员资格等级、数量应满足有关基本条件的需求，并应根据工作情况变化，及时进行人员的调整和补充，根据企业技术发展的需要，指定人员发展和人力资源储备计划。

射线检测责任工程师应经过任职资格岗位培训，具备履行射线检测质量管理和控制的知识和能力。

企业应根据本单位射线检测质量管理文件和岗位设置情况，对所有射线检测人员进行经常性培训，使每位员工熟悉本岗位的职责、权限和工作要求，并自觉转化到工作实践中。

3. 岗位职责

除质量管理体系中已经明确规定的有关人员的岗位职责外，射线检测人员按照级别的不同，其职责和工作权限也是不同的，其规定如下：

Ⅰ级（初级）人员可在Ⅱ、Ⅲ级人员指导下进行射线检测操作，记录检测数据，整理检测资料。

Ⅱ级（中级）人员可编制一般的射线检测程序，按照射线检测工艺规程或在Ⅲ级人员指导下编写工艺卡，并按射线检测工艺独立进行检测操作，评定检测结果，签发检测报告。

Ⅲ级（高级）人员可根据标准编制射线检测工艺，审核或签发检测报告，协调Ⅱ级人员对检测结论的技术争议。

射线检测人员应当客观、公正地出具检测结果和鉴定结论，并对检测结果或鉴定结论负责。

4. 监督管理

射线检测持证人员不得同时在2个以上单位中执业，其射线检测工作质量应当接受各级质量技术监督部门的监督检查。企业应建立必要的监督、质量考核和质量统计机制，把射线检测人员对岗位职责的完成情况和职、权、利结合起来。同时，应建立射线检测人员技术档案，内容可包括检测人员的基本情况、工作经历、检测质量方面的奖惩情况、拍片合格率、评定准确率等。

5. 建立健康档案

射线检测属于对健康有害的特殊工种，应对相关人员的健康情况和接受照射的情况予以记录。同时，应按照有关部门的规定对射线检测人员发放必要的劳保用品、保健费及组织参加健康检查等。射线工作人员的个人剂量档案和职业健康监护档案应当长期保存。

6. 考核

为确保射线检测质量管理实现预定目标，必须做好人员考核工作，考核的主要内容有：

1）按岗位职责的规定，评价每个人员的工作业绩。
2）考核每个人员的业务技术水平，评价其技术素质和分析、解决问题的能力。
3）考核每个人员在射线检测质量保证体系的保持和持续改进中的表现和贡献。

二、射线检测设备及器材的管理

射线检测设备与器材的管理在ISO9000质量管理体系中为"监视和测量装置的控制"的内容。射线检测设备的检测能力、精度和数量应严格满足相关法规、制造许可条件和标准等要求，以保证检测结果的可靠性、可比性和可再现性。

1. 设备与器材的采购管理

为保证射线检测设备器材符合规定的质量要求，满足检测工作的需要，应选择资质合格、信誉良好、质量管理完善、供货及时、价格合理、服务周到的厂家作为供货方。购置的设备和器材入厂时，应按严格的程序入厂验收，验收合格并履行完相应的手续后方可投入使用。

1) 开箱点数：按说明书和设备清单核查设备名称、型号、数量与订单是否一致，是否有损坏。

2) 技术性能验收：核查设备主要技术性能与合同规定技术条款是否一致，必要时要进行测试、校准及检定。

3) 技术资料归档：核查有关技术资料是否齐全，包括合格证、质量证明书、使用说明书等并及时归档。

4) 建立台账、编制操作规程：验收合格后要建立台账，需要时应编制操作规程，经有关部门或领导批准后投入使用。

2. 设备与器材的保管、使用与维护

设备与器材应由专人统一保管，不同设备要有相应的保管环境。其中γ射线源的保管储存应满足以下要求：γ射线源的存放场所必须经当地环保、公安、卫生部门进行环境评估、审定批准；应放在专用的储藏箱内，不得与易燃、易爆、腐蚀性物品一起存放；γ射线源储藏箱的存放室不得设置在人员密集的场所或施工（交通）道两旁；γ射线施工现场不得存放射线源，工作完毕应及时把γ射线源运送到储存室内；γ射线源存放后，应指定专人保管，严格执行领用制度，射线源存放场所必须设有两道安全锁的防盗门。

领用仪器设备时应办理领用手续并做好记录，归还时，设备领用人应将设备清理干净，与设备管理员共同对设备状态进行验证后办理归还手续。

所有设备（包括X射线机、γ射线源、自动洗片机、黑度计等）的使用操作人员都应经过严格培训，应熟悉仪器设备的使用保养知识，严格执行操作规程，正确操作仪器设备。当检测过程中设备发生异常或故障时，应及时填写故障报告单，分析其发生的原因，并制定和实施必要的纠正措施。

设备管理员应对损坏的设备及时维修、校准和鉴定。对各种设备进行定期保养和维护，对主要射线检测设备最好实行定机定人，有交接班时，应建立设备的交接班记录，记录中应认真填写设备的运行情况、完好状况和维护保养情况等。对设备的状态进行标识，设备状态分为三种：合格、准用、停用。暂不使用的设备应按规定办理手续并贴上停用标识，停用设备重新启用时应办理手续，经检定合格并贴上合格标识后方可投入使用，确保仪器设备性能满足检测工作的需要。另外，在γ射线源和X射线装置上，应有明显的放射性标识和中文警示说明。

3. 仪器设备的校验

为保证检测结果的准确有效和可追溯性，射线检测设备和器材应按规定的周期进行检定和校验，确保检测设备处于良好状态。

1) X射线机的主要性能包括有效焦点尺寸、辐射强度、辐射角最大透照厚度等，应定期进行测定。应定期制作曝光曲线，以保证底片黑度的稳定性。X射线机上的电流表、电压表应定期进行校验。γ射线机的屏蔽性能、安全连锁装置、驱动机构也应按规定定期检验，以确保安全。

2）黑度计可测的最大黑度应不小于 4.5，测量值的误差应不超过 ±0.05。黑度计应至少每 6 个月校验一次，所使用的标准阶梯黑度片至少每 2 年送计量单位检定一次。

3）射线检测用像质计必须有出厂质量证明书，其生产厂家应为经国家计量部门认可的像质计专业生产厂。

4）观片灯的最大亮度应满足评片的要求。

5）辐射剂量检测仪应送卫生防疫部门或计量部门检定。

4. 设备与器材的档案管理

为保证检测设备的基本情况、使用情况、检定情况、维修情况、故障情况等能得到及时准确的记录，所有射线检测设备和器材应建立台账和使用登记卡，主要设备应建立设备档案。档案内容应包括以下内容：仪器设备名称、型号、编号，制造厂名称，接收时的状态及验收记录，接受和启用日期，放置地点，使用说明书或复印件，鉴定/校准日期和结果、下次鉴定/校准日期，维护记录和维护计划，损坏、故障及修理记录。对于 γ 射线源和 X 射线装置的台账应长期保存。

三、射线检测消耗材料的管理

射线检测消耗材料主要是射线胶片和显影、定影用的化学药品等。对消耗材料的采购应按照质量管理体系的有关要求进行，特别是胶片的采购，应严格按照采购过程中的有关规定，对供方进行评审。对消耗材料应严格执行进货检验、登记、保管、领用制度。胶片的进货检验应特别注意生产日期和有效期，应在恒温恒湿度条件下保存。胶片不得大量存放在暗室，应随用随领，以防变质。显影液、定影液应按规定的比例和顺序进行配制。对使用中的显影液、定影液应注意检查其效力，效力下降时应及时补充或更换。对废弃的显、定影液应妥善处理，以减少对环境的危害。

四、射线检测工艺的管理

射线检测工艺管理是射线检测质量控制的关键环节，其范畴最广。需射线检测的产品，必须在产品图样和技术条件中明确规定检测方法、标准和检测比例。在条件许可的情况下（如设计和制造为同一单位），对规定的检测方法和标准须经射线检测专业人员会签，以保证在产品检测中的可执行性。

对于射线检测工作而言，射线检测工艺管理主要包括射线检测通用工艺规程和工艺卡的编制；工艺稳定性的控制；工艺纪律的执行与监督；新技术、新工艺的鉴定、检测报告及有关技术文件的管理等。典型的射线检测工艺管理流程如图 9-1 所示。

射线检测工艺管理的目的是为了保证射线检测结果的一致性和可靠性，其最终体现在两个方面：

1）射线底片质量。射线底片质量必须满足所执行射线检测标准规定的质量要求，一般包括四个方面：黑度、灵敏度、标记和表观质量。

2）评定结论的正确性。评定结论是依据射线底片提供的信息对被检产品做出的质量结论，结论正确与否，直接相关于射线底片本身的质量，也相关于评定人员对射线底片上信息的正确提取能力、对相关技术条件或标准正确理解和运用的能力。

另外，工艺文件的正确性及执行工艺文件的严肃性也非常重要。例如，选择很小的焦距，虽然底片上的像质计灵敏度满足要求，但细小的裂纹却可能漏检；没按工艺规定使主射线束垂直于工件表面透照，透照角度过大时，可能从底片上看不出任何异常，但裂纹漏检的可能性却增大了。

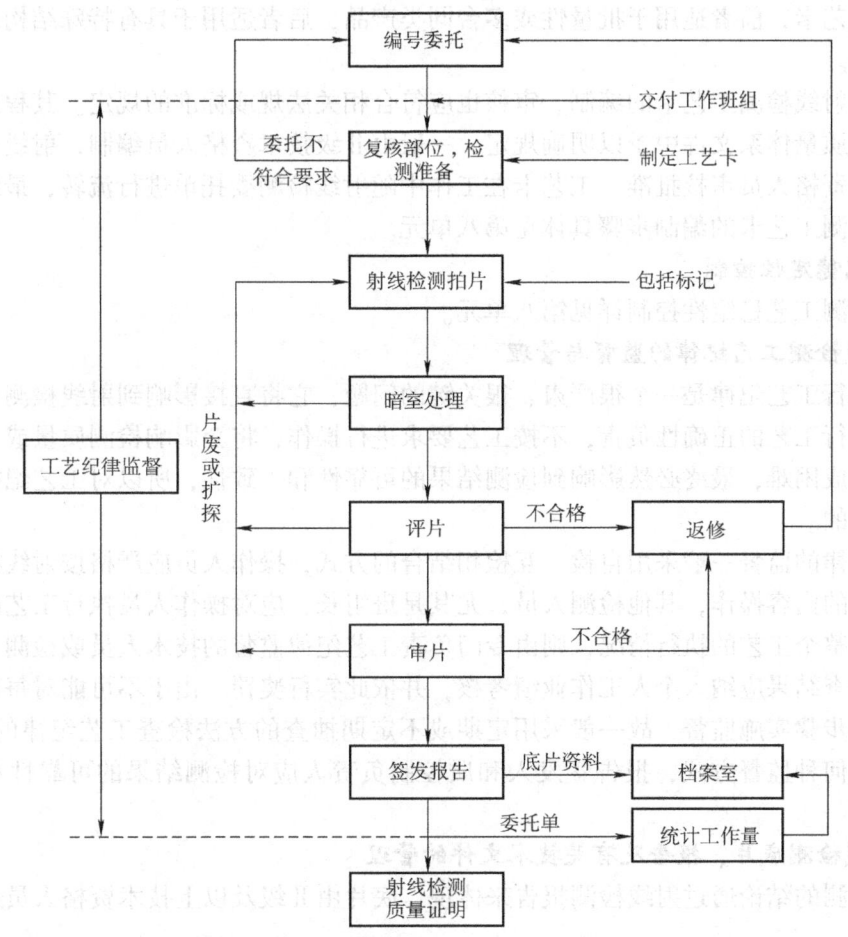

图 9-1　一种典型的射线检测工艺管理流程图

1. 射线检测通用工艺规程的编制、审核和批准

射线检测通用工艺规程应根据相关法规、产品标准、有关的技术文件和检验标准等要求，并针对检测机构的特点和检测能力进行编制，射线检测通用工艺规程应涵盖本单位（制造、安装或检测单位）产品的检测范围。该规程有的放在程序文件中，有的以作业指导书的形式出现。

射线检测通用工艺规程的编制、审核及批准程序应符合相关法规或标准的规定，其程序应在质控手册予以明确规定。一般由Ⅱ级技术资格人员编制，射线检测责任师或Ⅲ级技术资格人员审核，总工程师批准。工艺规程一旦批准生效后，即成为一种强制性的文件，射线检测的操作人员应严格遵守，并对执行工艺规程的正确性负责。

2. 射线检测工艺卡的编制、审核与批准

对具体产品的射线检测还应根据其结构特点编制工艺卡，作为射线检测人员具体操作的规定性工艺文件。工艺卡应根据射线检测工艺规程、产品标准、有关技术文件的要求编制。编制射线检测工艺卡的主要工作是分析产品（工件）的特点，按照射线照相检测技术标准的规定，利用已有的技术数据、资料确定应采用的透照布置、透照参数和必要的辅助措施等，以确保所得到的射线底片质量符合射线检测技术文件的要求。工艺卡又可分为通用工艺卡和专用工艺卡，前者适用于批量性或多台同类产品，后者适用于具有特殊结构或特殊要求的单台产品。

同样，射线检测工艺卡的编制、审核也应符合相关法规或标准的规定。其程序应在质控手册或相关质量体系文件中予以明确规定，一般由Ⅱ级技术资格人员编制，射线检测责任师或Ⅲ级技术资格人员审核批准。工艺卡在工作中随射线检测委托单进行流转，最终存档。

射线检测工艺卡的编制步骤具体见第八单元。

3. 工艺稳定性控制

射线检测工艺稳定性控制详见第八单元。

4. 射线检测工艺纪律的监督与管理

正确执行工艺纪律是一个很严肃、很关键的问题，它将直接影响到射线检测质量。操作人员应对执行工艺的正确性负责，不按工艺要求进行操作，将会影响检测质量或对下一道工序的实施造成困难，最终必然影响到检测结果的可靠性和一致性，所以对工艺纪律进行监督是十分必要的。

工艺纪律的监督一般采用自检、互检相结合的方式，操作人员应严格按射线检测工艺规程或工艺卡的内容操作，其他检测人员，尤其是班组长，应对操作人员执行工艺的正确性进行监督。对整个工艺的执行情况，则由专门负责工艺纪律监督的技术人员或检测人员进行监督。有关检查结果应纳入个人工作业绩考核，并依此实行奖罚。由于不可能对每次射线检测操作的每一步骤实施监督，故一般采用定期或不定期抽查的方法检查工艺纪律的执行情况，但无论采用何种监督方式，报告签发人和质控制负责人应对检测结果的可靠性和准确性负责。

5. 射线检测底片、报告及有关技术文件的管理

射线检测的结论通过射线检测报告来体现，底片由Ⅱ级及以上技术资格人员进行评定并签发报告。

(1) 射线底片的评定　射线底片（含非底片成像技术）在评定前，评定人员应先了解试件情况和实际透照条件后再进行底片评定，然后签发射线检测报告。实际透照条件必须是实际操作的数据，不得抄录工艺规程上规定的数据。底片的评定应严格执行对底片本身质量的检查，尤其要注意底片的像质指数（或灵敏度）和黑度的检查，因为底片本身的质量将直接影响到缺陷的检出能力和评定结果的正确性。评定时，观片灯的亮度应满足相关标准的要求。射线底片的评定应执行初评、复评制度。复评人员要特别注意底片端部、热影响区和由于结构原因造成底片上影像黑度变化较大的部位（如焊缝表面成形较差）的观察。当影像性质不易定性时，应结合成形工艺综合分析判断，必要时还应辅以其他检测手段进行判定。

(2) 射线检测报告　射线检测报告至少应包括下述内容：
1) 委托单位。
2) 被检工件：名称、编号、规格、材质、焊接方法和热处理状况。
3) 检测设备：名称、型号和焦点尺寸。
4) 检测标准和验收等级。
5) 检测规范：技术等级、透照布置、胶片、增感屏、射线能量、曝光量、焦距、暗室处理方式和条件等。

6）工件检测部位及布片草图。

7）检测结果及质量分级。

8）检测人员和相关责任人员签字及技术资格。

9）检测日期。

(3) 射线检测资料的监督检查　按照国家相关法规的规定，射线检测资料要提交相应的监督检验机构进行审核。审核内容一般包括检查布片（排版）图和探伤报告，核实探伤比例和位置，对局部探伤产品的返修焊缝还应检查扩探情况。监检人员还应不定期到现场对产品进行实地监检。在监督检查时应严格按规定要求达到抽查数量，且所抽底片应具有随机性和代表性，注意底片的前后搭接、T形焊缝等，为产品的安全性进一步提高提供保证。

(4) 射线检测资料的管理和存档　射线检测资料的管理和保存应在相关控制程序中予以明确规定，且应专人负责。对于计算机报告资料、实时成像资料等的存储和保存，应建立专门的文件管理制度或规定，确保资料的及时存储、备份和刻录等。一般射线检测资料经射线检测责任师审核后，即可转发和存档。

对于射线底片，在评定后应理顺装袋，按检测编号顺序分捆包扎，存放在档案室中。档案室的温、湿度等应符合底片长期保存的要求。底片不得重叠摆放或堆放，一般应将底片垂直置于架子上，以防底片变形、变质。为了查找方便，能及时将需要的底片调出，应按照档案管理的要求，按年、月、出厂编号、台号进行分类整理，并建立台账。

底片和档案资料保存期一般规定为7年。

6. 射线检测新技术、新工艺的应用程序

随着射线检测技术的发展，各种射线检测新技术、新工艺、新设备不断出现，许多新的成像技术不断向传统记录媒介——胶片提出挑战，这些新技术、新工艺能否在日常的射线检测工作中应用，成为一种规定的工艺方法，应通过必要的工艺评定或鉴定，以确保新技术、新工艺检测结果的可靠性。

对于新技术的使用必须慎重，引进的新技术应进行全面试验，充分消化吸收。其正式应用至少应完成以下三个方面的工作：工艺鉴定评审，人员资格鉴定，以及应用标准的制定。工艺鉴定评审应组织专家进行，其中最主要的内容是评价其可靠性；检测人员必须经过国家指定权威部门的资格鉴定考核，仅由仪器销售商培训是不够的；应编制包括工艺和检测结果分级等内容在内的完整的技术文件。

对于超出常规方法的新技术、新工艺，如计算机实时成像检测技术等，使用单位应向所属行业的技术监督管理部门提交有关技术资料，管理部门组织专家对申请单位编制的标准案例进行评审，并履行批准手续，以保证新技术、新工艺应用的可靠性、规范性和合法性。

五、射线检测过程的管理

射线检测过程管理是指从接受委托开始，经工艺文件编制、检测工作实施、检测结果评定、签发检测报告直至检测资料归档的全过程管理。

1. 接受委托

射线检测委托是编制射线检测工艺的依据，也是实施射线检测的任务书。射线检测委托的内容，直接影响检测的实施和检测结果的准确性。尽管射线检测委托是否正确主要责任在委托方，但接受委托的射线检测人员有义务从射线检测技术方面审核委托单和被检对象。对射线检测委托的管理，应至少做到：

（1）审核检测内容是否正确　关于检测方法、执行标准、检测技术等级的选择，主要审核其是否低于相关法规、产品标准和检测标准等的要求。射线检测技术等级的选择应符合制造、安装、在用等有关标准及设计图样的规定。承压设备对接接头的制造、安装、在用的射线检测，一般应采用 AB 级射线检测技术进行检测。对重要设备、结构、特殊材料和特殊焊接工艺制作的对接接头，可采用 B 级技术进行检测。

（2）核实检测对象　确定检测实施的可行性和实际检测能力。

（3）检查检测部位的表面质量　射线检测要求表面的不规则状态在底片上的影像不得掩盖或干扰缺陷影像，否则应对被检表面做适当处理。

（4）解决发现的问题并双方签字　对射线检测委托中发现的问题或缺少的内容（如检测技术等级等），应及时向委托方进行反馈，必要时应予以指导。由于结构、环境条件、射线设备等方面的限制，检测的某些条件不能满足 AB 级（或 B 级）射线检测技术要求时，应经过委托方技术负责人批准，在实施有效补偿措施（如选用更高类别的胶片等）的前提下可实施检测，必要时，还应同时采用其他射线检测方法进行补充检测。

2. 检测准备

在接受委托后，射线检测人员对检测的具体实施进行准备和策划，主要应考虑下面一些因素。

（1）检测人员　人员的资格和技术水平应满足检测技术的要求，人员的数量应满足检测进度的要求。

（2）检测设备　检测设备、器材、场所等满足使用、计量和安全的要求。

（3）检测工艺　根据已有的通用工艺和常规的专用工艺卡，编制产品检测专用工艺。

（4）检测方案　根据实际情况，确定检测实施方案。

（5）检测状态　必要时，对被检表面进行处理，确保检测效果和成像质量。

3. 实施检测

由持证人员在规定的检测工作范围内，按照预先编制的工艺实施检测。

（1）初探　对于射线检测初探应重点控制透照方式、透照参数、有效片长、底片质量、检测比例、检测部位的覆盖等，并做好操作过程的各项记录，如与工件有关的内容、实际检测参数等。其中要特别注意局部检测部位和比例要符合相关法规、标准的规定，及抽检部位的随机性。对底片进行评定时应记录缺陷的位置、尺寸、数量，评定结果应以射线检测合格通知单、返修通知单等形式通知委托方。在检测过程中，应对被检产品保护好，经射线检测合格的产品、工件等，应在产品上做好唯一性的标识，条件允许时要求标识为永久性的（如打钢印或其他标识方法），并可追溯。

（2）复验扩探　重点对扩探伤比例和扩探部位进行控制。

4. 签发报告

（1）编制报告　报告的内容和格式应符合相应产品法规、标准的要求。检测报告上的检测位置、缺陷示意图及有关数据应和实物对应，并可追踪检查核对。

（2）报告审核、批准　所有射线检测报告均应经射线检测责任工程师的审核和单位射线检测技术负责人的审批后方可签发。检测报告的编制人、审核人的持证项目不符合要求或签发单位与签发人、审核人所持证件中注明的聘用单位不一致时，该检测报告无效。对于制造企业，射线检测室可对检出的缺陷进行分类统计和分析，为制造产品的工艺质量改进提供依据和参考。

5. 分包控制

制造单位的射线检测任务可以分包给若干个具有相应资格或能力的企业，分包协议需向许可证发证机构备案。射线检测任务的分包质量控制要求分包企业具备并承诺执行发包方的质量手册及相关规定。所委托的工作由被委托企业出具相应报告和射线底片，所有检测报告应有相关技术负责人签字。

六、射线检测设施与环境的管理

射线检测的设施与环境应满足相关要求，射线检测企业或部门应具有能满足防护要求和产品需要的射线检测场地，具有能保证底片冲洗质量和底片保存的基本条件，确保射线检测工作质量、产品安全、人员安全，并不造成环境污染。其中最重要的是对透照室、暗室和评片室的要求。

1. 透照室

透照室一般设在厂房内的一角，面积大小根据被检产品确定，一般不设窗户，但必须有机械通风装置，这是因为放射工作场所由于辐射的电离效应，空气中含有较多的臭氧和氮氧化合物，这些气体对人体有害。

对于透照室的使用，国家相关部门制定了一系列的规定。按照《放射性同位素与射线装置安全许可管理办法》规定，使用放射性同位素和射线装置的单位应取得"辐射安全许可证"。根据放射源与射线装置对人体健康和环境的潜在危害程度，从高到低，将放射源分为Ⅰ类、Ⅱ类、Ⅲ类、Ⅳ类、Ⅴ类，将射线装置分为Ⅰ类、Ⅱ类、Ⅲ类。对Ⅰ类放射源和射线装置由国家环保主管部门颁发许可证，其余由省级环境保护主管部门颁发，有效期为5年。在申请"辐射安全许可证"前，应由具有相应环境影响评价资质的机构对透照室进行环境影响评价。环评内容还包括从事相应辐射活动的技术能力、辐射安全和防护措施、完善的辐射事故应急措施等。使用放射性同位素的单位应当有满足辐射防护和实体保卫要求的放射源暂存库或设备。废弃的放射源应由有资质的单位回收。在放射性工作场所必须设置安全防护装置，入口处必须设置放射性标志、报警装置和工作信号灯及安全联锁装置。

现场进行X射线检测时，应按照相关标准的规定划定控制区和管理区、设置警告标志。检测人员应佩戴个人剂量计，并携带剂量报警仪器。现场进行γ射线检测时，除上述要求外，还应在检测作业时，围绕控制区边界测定辐射水平。

2. 暗室

暗室的光线应符合相关规定，并设有通风设施。

3. 评片室

评片室应整洁、安静，温度适宜，光线应暗且柔和。评片人员在评片前应经历足够的暗适应调整。

七、射线检测质量管理的持续改进

为了保证射线检测质量，提高射线检测结果的准确性和可靠性，提高各方对检测质量的满意度，增强企业的竞争力，同时使射线检测质量管理体系更为完善，必须持续改进射线检测质量管理。对射线检测可从以下几个方面来实现质量管理的持续改进：

1) 收集各种质量信息，如质量管理评审报告、内审报告、射线检测满意度调查报告等，进行分类整理和分析，根据射线检测质量体系文件的规定，对体系运行的有效性、可执行性进行评价，找出存在的问题及产生原因，制定纠正预防措施。

2）接受各方（包括上级主管部门、第三方、认证机构、用户、内部审核等）的监督检查，主动配合提供各种与检测质量有关的信息，对监督检查中提出的各种问题应立即组织整改。

3）营造一种和谐的工作氛围，鼓励并动员每一位射线检测人员积极参与射线检测质量管理的持续改进活动。

4）经常进行射线检测市场调研，掌握新技术、新工艺的动态，与竞争对手的质量业绩进行比较，找出差别和差距，持续改进提高。

模块三 射线检测人员的健康管理

关于放射工作人员的健康管理，卫生部颁布的《放射工作人员健康管理规定》做出了具体的规定，放射工作人员的健康标准按照 GBZ 98—2002 执行。放射工作单位应有专（兼）职辐射安全管理人员，对射线检测人员健康管理的最基本内容是实行持证上岗和个人剂量管理。

1．"放射工作人员证"制度

国家对放射工作人员上岗实行"放射工作人员证"制度，工作人员必须接受放射防护培训，持证后可从事所限定的放射工作。申请人员应具备下列基本条件：

1）年满18周岁，经健康检查，符合放射工作职业的要求。

2）遵守放射防护法规和规章制度，接受个人剂量监督。

3）掌握放射防护知识和有关法规，经培训、考核合格。

4）具有高中以上文化水平和相应的专业技术知识和能力。

"放射工作人员证"每年复核一次，每5年换发一次。

2．个人剂量管理

个人剂量管理是剂量管理的基础和关键控制点，放射工作单位对于剂量的管理应做到如下要求：

1）所有从事或涉及放射工作的单位或个人，必须接受个人剂量监测，建立个人剂量档案。

2）工作人员在工作期间必须佩戴省级以上卫生行政部门认可的个人剂量计。

3）个人剂量计的测读周期一般为90天，也可视情况改变，但最长不得超过90天，个人剂量监测结果应抄录在各自的"放射工作人员证"中。

4）放射工作人员调动时，个人剂量档案应随其转给调入单位，在其脱离放射工作后继续保存20年。

5）放射工作人员的受照剂量高于年剂量限值的3/10时，个人剂量监测单位应督促放射工作人员所在单位查明原因，并采取改进措施。

一、常规医学监督

放射工作人员必须进行就业前或操作前的医学检查，和就业后工作过程中的定期医学检查。未经就业前医学检查者，不得从事放射工作。就业前医学检查是放射工作人员健康标准的重要部分，是全部医学检查的基础资料，必须全面、系统、仔细、准确地询问和检查并详细记录，为就业后定期或意外事故等检测作对比和参考。

按照 GBZ 98—2002 的术语定义，放射工作人员的工作条件分为两种：甲种工作条件和乙种工作条件。甲种工作条件是指：工作人员在此条件下连续工作一年所受的照射有可能超过年剂量当量限值的 3/10。乙种工作条件是指：工作人员在此条件下连续工作一年所受的照射很少有可能超过年剂量当量限值的 3/10；但有可能超过 1/10。放射工作人员接受的照射分为：职业性照射、医疗照射、过量照射、异常照射等，其术语定义见表 9-1。

表 9-1 放射工作人员受照射类型分类

照射类型	术 语 定 义
职业性照射	放射工作人员在从事放射工作时间内所受的内、外照射（不包括医疗照射和天然辐射）
医疗照射	人员为疾病的诊断或治疗目的而有意识接受的照射
过量照射	人员受到大于年剂量当量限值的外照射，或摄入放射性核素大于年摄入量限值的内照射
异常照射	人员在辐射源失控时而受到的可能超过剂量当量限值的照射，分为应急照射和事故照射
应急照射	在事故情况下，人员在为抢救受辐射危害的人或财产、防止事故扩大而采取的紧急行动中所受到的照射，为自愿接受的，可控制一定的剂量
事故照射	由于辐射事故，人员在毫无准备的情况下，所接受的意外照射，为非自愿接受的，所受到的剂量是无法预计和控制的
事先计划的特殊照射	在正常运行中偶尔会发生一些情况，有必要允许少数工作人员去接受已知的超过剂量当量限值的照射

就业后定期医学检查的目的是判断放射工作的人员对其工作的适应性和发现就业后可能出现的某种辐射效应或其他疾病。就业后定期检查的频度为：甲种工作条件者，每年进行全面医学检查一次；乙种工作条件者，每 2~3 年进行全面医学检查一次。检查要求与就业前检查相同，检查结果应与就业前进行对照、比较，以判断是否适应继续放射工作，或需调整其他工作。如发现异常，应根据具体情况，增加检查频度及检查项目。

放射工作人员所在单位必须为所有放射工作人员建立个人健康档案，详细记录历次医学检查结果及评价处理意见，主要包括从事放射工作的工种、工龄及剂量；对放射工作的适应情况；从事放射工作后，患有何种疾病及治疗情况；有无受过医疗照射、过量照射、应急照射和事故照射等情况及就业后至本次检查累积受照剂量当量等。

对职业性放射病的诊断，按照国家已发布的放射病诊断标准和规定进行诊断和处理，实行诊断组集体诊断的原则，并以个人健康档案、个人剂量档案和放射事故档案等文字记载为依据，对没有上述档案记录者，不得进行放射病诊断。

二、放射工作人员的健康要求

放射工作人员健康标准基本要求包括病史和体格检查两部分。放射工作人员必须具备在正常、异常和紧急情况下，都能准确无误地、安全地履行其职责的健康条件。就业前后凡是存在以下条件（或情况）之一者，不应（或不宜）从事放射工作。

1) 严重的呼吸系统疾病、循环系统疾病、消化系统疾病、造血系统疾病、神经和精神系统疾病、泌尿生殖系统疾病、内分泌系统疾病、免疫系统疾病和皮肤疾病等。

2) 严重的视听障碍（例如高度近视、严重的白内障、青光眼、视网膜病变、色盲、立体感消失、视野缩小等），严重的听力障碍等。

3）恶性肿瘤，有碍于工作的巨大的、复发性良性肿瘤。

4）严重的、有碍于工作的残疾，先天畸形和遗传性疾病。

5）手术后不能恢复正常功能者。

6）未完全恢复的放射性疾病（指就业后）或其他职业病。

7）其他器质性或功能性疾病、未能控制的细菌性或病毒性感染等，该项由授权的医疗机构和医师根据具体情况，综合衡量确定。

8）有吸毒、酗酒或其他恶习而不能改正者。

9）未满18岁，不宜在甲种工作条件下工作；16～17岁允许接受为培训而安排的乙种工作条件下的照射。

10）已从事放射工作的孕妇、授乳妇不应在甲种工作条件下工作，妊娠六个月内不应接触射线。

11）以前已经接受过5倍于年剂量限值照射的放射工作人员，不应再接受事先计划的特殊照射。

12）对放射工龄长、受过专业训练、具有专门技术、经验丰富的放射学专家或技术人员，其健康情况有不符合健康标准者，授权的医疗机构和医师应慎重、仔细地权衡对社会和个人的利弊来决定是否继续某些限制的放射工作，或停止其放射工作。

三、放射工作人员的医学检查项目要求

对放射工作人员的健康检查应根据卫生部发布的《预防性健康检查管理办法》及有关标准进行检查和评价。对放射工作人员主要检查职业禁忌症、职业病及与职业有关的疾病，并统一使用预防性健康检查表——《放射工作人员健康检查表》。

四、特殊人员的健康管理

放射单位应对下列放射工作人员予以特别的关照：

1）对确诊已妊娠的放射工作人员，不应参与事先计划的照射和有可能造成内照射的工作，授乳妇女在其哺乳期间应避免接受内照射。

2）对接受计划照射和事故所致异常照射的工作人员，必须作好现场医学处理，根据估计的受照剂量和受照人员的临床症状决定就地诊治或送专门医疗机构治疗，并应将诊治情况记入本人的健康和剂量档案中。

3）对从事放射工作累计工龄20年以上，一次或几天内的照射剂量当量在0.1Sv以上，一年全身累积照射剂量当量在1.0Sv以上及确诊为职业性放射病者应每2年对其进行医学随访观察一次。

五、放射工作人员的保健

放射工作人员的保健津贴按照国家和地方的有关规定执行。临时调离放射工作岗位者，可继续享受保健津贴，但最长不超过三个月。正式调离放射工作岗位者，可继续享受保健津贴一个月，从第二个月起停发。根据工作场所类别与从事放射工作时间长短，在国家规定的其他休假外，放射工作人员每年可享受保健休假2～4周。对从事放射工作满20年的在岗人员，可由所在单位利用休假时间安排2～4周的健康疗养，享受寒、暑假的放射工作人员不再享受保健休假。对诊断为职业性放射病或不适宜继续从事放射工作的人员，所在单位应及时将其调离放射工作岗位，另行分配其他工作。对确诊为职业性放射病致残者，应按国家有

关规定、标准评定伤残等级并发给伤残抚恤金。因患职业性放射病治疗无效死亡的，按因公殉职处理。

练 习

1. 质量保证体系的概念是什么？完整的质量保证体系应包括哪些方面的内容？
2. 射线检测工作质量应从哪些方面进行控制？
3. 对射线检测人员应从哪些方面进行管理？
4. 对射线检测设备及器材应从哪些方面进行管理？
5. 对射线检测工艺技术应从哪些方面进行管理？
6. 射线检测通用工艺规程应包括哪些方面内容？
7. 如何编制射线检测工艺卡？
8. 从事射线检测人员应具备哪些基本条件？
9. 从健康管理方面考虑，存在哪些健康问题的人不能从事射线检测工作？

第十单元　射线检测实验

本单元主要简单介绍射线检测的几个基本实验。

模块一　板件对接焊缝 X 射线检测工艺实验

一、实验目的

1）掌握板件对接焊缝透照工艺。
2）掌握相关参数的确定。
3）掌握仪器的使用，及现场射线检测操作。

二、实验设备、工具、材料

对接钢板（300mm×300mm×12mm）、X 射线机、胶片、暗袋、像质计、铅字、增感屏、金属直尺等。

三、实验步骤

1）装底片。
2）选择射线机。
3）确定焦距。
4）确定参数。
5）曝光。
6）暗室处理。

四、实习报告

实习报告的内容见表 10-1。

表 10-1　实习报告内容

实验名称	射线检测操作
实验设备	仪器型号，辅助材料种类
实验项目及结果分析	
实验者单位	
实验者签名	
实验日期	
评分	
实习教师签名	

模块二　管件对接焊缝 X 射线检测工艺实验

一、实验目的

1）掌握管件对接焊缝透照工艺。
2）掌握相关参数的确定。
3）掌握仪器的使用。

二、实验设备、工具、材料

对接钢管（φ60mm×5mm、φ610mm×8mm、φ159mm×8mm）、射线机、胶片、暗袋、像质计、铅字、增感屏、显影药液、定影药液、金属直尺等。

三、实验步骤

1. 透照方式

1）外径大于89mm的钢管对接焊缝可采用双壁单影法分段透照。

2）外径小于或等于89mm的钢管对接焊缝，采用双壁双影法，射线束的方向应满足上、下焊缝的影像在底片上呈椭圆形显示，焊缝投影间距以3～10mm为宜，最大间距不超过15mm。

3）只有当上下两焊缝椭圆显示有困难时，才可做垂直透照。垂直透照可以适当提高管电压。

2. 分段透照的数量

1）采用双壁单影法透照时，当射线源距钢管外表面的距离小于或等于15mm时，可分为不少于三段进行透照，间隔中心角为120°；当大于15mm时，可分为至少四段进行透照，间隔中心角不大于90°。

2）对外径大于76mm且小于或等于89mm的钢管，其焊缝以双壁双影法透照时，至少分两次透照，两次间隔90°。

3）对外径小于或等于76mm的钢管，其焊缝以双壁双影法透照时，如能保证其检出范围不小于周长的90%，可允许椭圆一次成像。

3. 像质计放置位置

1）外径大于89mm的钢管，其像质计一般放置于底片有效长度的1/4处。

2）外径小于或等于89mm的钢管，其像质计一般放置在环缝上余高中心处。

如数根管接头在一张底片上同时显示时，应至少放置一个像质计，如果只用一个，则必须将其放在最边缘的那根钢管上。

四、实习报告

实习报告的内容见表10-1。

模块三 X射线检测的评片及缺陷分析实验

一、实验内容

观察、分析X射线检测的实际底片，使用黑度计鉴别底片的黑度，结合国家标准初步评价不同缺陷的底片。

二、实验目的

1）通过评片了解X射线检测应用的重要性。
2）通过底片初步辨认焊缝中的各种缺陷。
3）通过评片了解焊缝质量评级的规定。

三、实验设备、工具、材料

底片观察灯、各种底片若干张、黑度计、金属直尺。

四、实验步骤

1) 接通观察灯，插上各种底片，观察焊缝处的缺陷并加以比较、区别。
2) 使用黑度计确定底片的黑度。

参考文献

[1] 美国无损检测学会. 美国无损检测手册：射线卷［M］. 上海：世界图书出版公司，1992.
[2] 日本无损检测协会. 射线探伤［M］. 李衍，译. 北京：机械工业出版社，1988.
[3] 刘德镇. 现代射线检测技术［M］. 北京：中国标准出版社，1999.
[4] 胡天明. 射线探伤［M］. 武汉：武汉测绘科技大学出版社，1994.
[5] 全国锅炉压力容器无损检测人员资格鉴定考核委员会. 射线探伤［M］. 北京：中国劳动出版社，1989.
[6] 无损检测学会. 射线检测［M］. 3版. 北京：机械工业出版社，2003.
[7] 孟庆荣，贾继莹. X射线管道爬行器的研制过程及发展方向［J］. 无损探伤，2002（6）：29-30.
[8] 杨福家. 原子物理学［M］. 上海：上海科学技术出版社，1985.
[9] 郑世才. 射线检测［M］. 北京：机械工业出版社，2004.
[10] 李家伟. 无损检测手册［M］. 北京：机械工业出版社，2002.
[11] 屠耀元. 射线检测技术［M］. 上海：世界图书出版公司，1997.
[12] 李讯茹. X线物理与防护［M］. 北京：人民卫生出版社，2002.
[13] 李少林. 核医学与放射防护［M］. 北京：人民卫生出版社，2003.